积极利用
科学发展
依法管理
确保安全

习近平

视听新媒体蓝皮书

中国视听新媒体发展报告
(2019)

ANNUAL REPORT ON DEVELOPMENT
OF CHINA'S AUDIO-VISUAL NEW MEDIA
(2019)

国家广播电视总局网络视听节目管理司
国家广播电视总局发展研究中心 编著

主　编　魏党军　祝燕南
副主编　董年初　张晨晓　杨明品　崔承浩（常务）

中国广播影视出版社

图书在版编目（CIP）数据

中国视听新媒体发展报告. 2019 / 国家广播电视总局网络视听节目管理司，国家广播电视总局发展研究中心编著 . --北京 ：中国广播影视出版社，2019. 5
ISBN 978-7-5043-8302-0

Ⅰ. ①中… Ⅱ. ①国… ②国… Ⅲ. ①传播媒介—发展—研究报告—中国—2019 Ⅳ. ①G219. 2

中国版本图书馆 CIP 数据核字（2019）第 067853 号

中国视听新媒体发展报告（2019）
国家广播电视总局网络视听节目管理司
国家广播电视总局发展研究中心　编著

责任编辑　黄月蛟
封面设计　嘉信一丁
责任校对　张　哲

出版发行　中国广播影视出版社
电　　话　010-86093580　010-86093583
社　　址　北京市西城区真武庙二条 9 号
邮　　编　100045
网　　址　www. crtp. com. cn
微　　博　http：//weibo. com/crtp
电子信箱　crtp8@ sina. com

经　　销　全国各地新华书店
印　　刷　三河市人民印务有限公司

开　　本　710 毫米×1000 毫米　1/16
字　　数　260(千)字
印　　张　20. 25
版　　次　2019 年 5 月第 1 版　2019 年 5 月第 1 次印刷

书　　号　ISBN 978-7-5043-8302-0
定　　价　68. 00 元

《中国视听新媒体发展报告（2019）》
编辑委员会

目　录

B.Ⅰ 总　论

B.Ⅱ 导向与管理

B.Ⅲ 行业扫描

B.Ⅳ 看大势·说未来

B.Ⅴ 附 录

CONTENTS

B. Ⅰ General

B. Ⅱ Guidance and Management

B. Ⅲ Industry Progress Report

B. Ⅳ Trends and Future

B. V Appendix

B. Ⅰ

总　论

视听新媒体发展亮点与展望

国家广播电视总局发展研究中心课题组

当前，我国互联网正在成为重塑社会政治、经济、文化等各个方面的革新性力量，其中视听新媒体以活跃的创新、高速的增长、广泛的辐射深度融入社会经济文化生活领域，成为舆论宣传的阵地、文化传承的载体、经济发展的动能、国际交流的桥梁。尤其当移动互联网进入5G时代，视听新媒体以更智慧、更便捷、更泛在的趋势演进，将经由各式智能显示终端，触达千家万户，打造网络意识形态新阵地、文化繁荣的新动能、经济加速的新引擎，以新气象新作为成为事业产业发展的最大增量。

一、新时代新思想为视听新媒体发展举旗定向、谋篇布局

党的十九大报告明确提出“加强互联网内容建设，建立网络综合治理体系，营造清朗的网络空间”，这一深刻表述为推动新时代网络视听有序繁荣发展提供了行动指南。2018年以来，习近平总书记多次在重大会议、重要场合、重要讲话中就网络安全与信息化、舆论宣传、文艺创作、媒体融合等方面发表重要讲话，为新形势下做好网络视听工作进一步指明了前进方向、提供了根本遵循。

（一）把统一思想、凝聚力量作为工作的中心环节

习近平总书记强调，人在哪儿，宣传思想工作的重点就在哪儿；要加

强网上正面宣传，构建网上网下同心圆；把统一思想、凝聚力量作为宣传思想工作的中心环节，自觉承担起举旗帜、聚民心、育新人、兴文化、展形象的使命任务，建设具有强大凝聚力和引领力的社会主义意识形态。人心是最大的政治，共识是奋进的动力。在宣传思想战线进入守正创新的新时代，网络视听行业要以习近平新时代中国特色社会主义思想为指导，树牢“四个意识”、坚定“四个自信”、做到“两个维护”，牢牢把握正确的政治方向、舆论导向、价值取向，强化政治责任、文化责任和社会责任，不断深化新时代中国特色社会主义和中国梦在网络视听节目中的宣传教育，不断推动社会主义核心价值观在网络视听节目中的体现表达，把统一思想、凝聚力量贯穿到网络视听创作、传播、管理等各方面各环节，推动网上宣传思想工作不断强起来，为党和国家事业发展提供坚强思想保证和强大精神力量。

（二）把以人民为中心作为价值底色和根本逻辑

习近平总书记指出，“文学艺术创造、哲学社会科学研究首先要搞清楚为谁创作、为谁立言的问题，这是一个根本问题”。要回答好为谁创作、为谁服务这个时代命题，就要求网络视听行业坚持以人民为中心的工作导向，把满足人民精神文化需求作为出发点和落脚点，以精品奉献人民。从创作的角度讲，要引导网络文艺工作者深入生活、扎根人民，把人民作为网络文艺表现的主体，把人民作为创作的源头活水，观照人民生活，表达人民心声，用心用情用功抒写人民、描绘人民、歌唱人民，谱写中华民族新史诗。从传播的角度讲，要把提高质量作为网络文艺的生命线，把人民满意不满意作为评判标准，坚守文化底线、价值底线、审美理念底线，持续推出健康优质的网络文艺作品，让主流价值充盈网络视听空间，不断增强人民群众的文化获得感、幸福感。

（三）把营造清朗网络空间作为发展的根本保障

习近平总书记指出，“网络空间已经成为人们生产生活的新空间，那就也应该成为我们党凝聚共识的新空间”“要提高网络综合治理能力，形成党委领导、政府管理、企业履责、社会监督、网民自律等多方参与，经济、法律、技术等多种手段相结合的综合治网格局”。这些重要论述，为加强网络空间治理，营造清朗网络空间提供理论和方法论的指导。把网络空间建成党凝聚共识的新空间，要求网络视听行业要牢牢坚持党管媒体原则，不断增强对网络传播规律的把握能力和对网络舆论的引导能力，巩固壮大主流思想舆论，当好网络意识形态工作的政治“把关人”，营造良好政治生态；要进一步强化网络视听阵地建设和管理，坚决落实“两个所有”，把党管媒体要求落实到网络视听机构、内容、产品、市场管理等各方面各环节，做到业务延伸到哪里，管理就覆盖到哪里，监督就跟进到哪里，牢牢掌握网络视听阵地的领导权、管理权、话语权，营造良好治理生态；要深化网络视听内容生产供给侧结构性改革，统筹网络视听与广播电视创作播出，既固本清源，强化网络视听节目综合治理，又守正创新，扶持引导更多健康优质的作品创作传播，营造良好内容生态。通过政府、行业协会、企业、网民等多方共同参与、协同治理，聚合网络空间向上向善的力量，共筑网上网下同心圆。

（四）把明德修身作为从业者的基本素养

习近平总书记指出，“新时代呼唤着杰出的文学家、艺术家、理论家”。如何做一名新时代合格的文化文艺工作者，习总书记给出了答案：一是要有信仰、有情怀、有担当，树立高远的理想追求和深沉的家国情怀，努力做对国家、对民族、对人民有贡献的艺术家。二是要坚守高尚职业道德，多下苦功、多练真功，做到勤业精业。三是要自觉践行社会主义核心价值观，自尊自重、自珍自爱，讲品位、讲格调、讲责任。这也从理想信念、职业道德、个人品德等方面对网络视听从业者提出了要求。网络文艺工作者，不管是创作者、管理者，都是与网民接触互动最多的群体，是社会公众人物，他们的道德品行、言行举止对广大网民特别是年青一代有着很强的示范引领作用。因此，网络视听从业人员，要牢记自身肩负着启迪思想、陶冶情操、温润心灵的重要职责，承担着以文化人、以文育人、以文培元的重要使命，强化自我修炼、自我约束、自我改造，以高远志向、良好品德、高尚情操为社会作出表率；要把为人民创作作为人生追求，不断增强脚力、眼力、脑力、笔力，塑造更多富有生命力、感染力的艺术形象，坚持不懈地用文艺的力量把真善美传递给更多的人，成为推动时代前行的精神力量。

二、行业管理坚实有力引领视听新媒体高质量发展

2018 年 3 月，中共中央印发《深化党和国家机构改革方案》，在原国家新闻出版广电总局的基础上组建国家广播电视总局（以下简称总局），明确总局职责包括“监督管理、审查广播电视与网络视听节目内容和质量”，首次把网络视听摆到了与广播电视同等重要的位置，总局作为行业主管部门对网络视听的管理更加聚焦和强化。职责的明晰有力推动视听新媒体治理模式和治理能力的提升，将有效促进视听新媒体实现高质量发展。

（一）阵地功能不断放大

2018 年，网络视听行业把做强网上主流思想舆论，让主旋律和正能量主导网络视听空间作为根本原则，以组织好习近平新时代中国特色社会主义思想网上宣传报道为首要政治任务，以庆祝改革开放 40 周年为主线，推动网络舆论宣传、精品内容创作质量和水平进一步提高。

1. **做好习近平新时代中国特色社会主义思想宣传阐释。**网络视听行业全面强化“首页首屏首条”建设，综合运用特别节目、移动直播、短视频、原声音频、动画、H5、图文解读、专题集纳等多种手段展现总书记亲民勤政的领袖形象以及治国理政的思想精髓。如人民网发力短视频，打造《大海依旧在那儿，中国将永远在这儿!》等“爆款”优质内容；新华网以“融视频”为主要形态着力打造“学习进行时”等融合态专栏；央视网围绕习近平总书记活动推出时政漫评系列作品等，让党的创新理论“飞入寻常百姓家”。

2. **紧扣主题主线，营造网络正能量强势。**围绕党的十九大、改革开放 40 周年、全国两会等重要活动、重要时间节点，通过开展专题性宣传报道、制作播出主题主线原创节目、聚合转播主旋律影视节目等，商业视频平台与传统媒体同频共振，扩大了正面舆论的覆盖面和影响力。如为了庆祝改

革开放 40 周年，总局组织了 27 家省级网络广播电视台、18 家重点视听节目网站、52 家其他视听节目网站，通过 PC 端、手机端、IPTV、互联网电视等多屏联动方式，对庆祝改革开放 40 周年大会开幕会实况进行转播，当天总观看人数约 1 亿①。

3. **以正面引导激发内在潜能。**以评优推优为抓手，扶持引导优秀内容创作。2018 年，总局启动“网络视听节目提升工程”，通过“中国梦”主题作品推选展播活动、精品创作传播工程、经典民间故事网络动画工程、网络优秀原创节目推选等活动，推动创作传播更多有精神高度、文化内涵、艺术价值的优秀作品，在网络文艺领域树标杆、举旗帜、聚能量、促繁荣。统筹重大主题项目创作生产播出，组织视听平台推出一大批“小视角、大主题、接地气”的原创网络节目，如《假如没有遇见你》《我们身边的四十个细节》《中国：变革故事》《扶贫 1+1》等，记录、书写、讴歌新时代。

（二）治网用网能力不断增强

2018 年，总局深化对网络传播规律的认识，不断探索用新办法、新举措管理新业态、解决新问题，提高用网治网水平，行业管理措施更加系统务实，阵地建设和管理不断强化，为视听新媒体创新性高质量发展提供强有力保障。

1. **管理准则不断强化。**贯彻落实习近平总书记提出的传统媒体和新兴媒体实行一个标准、一体管理的要求，不断把网上网下“同一导向、同一标准、同一尺度”的原则要求转化为主管部门的政策法规和工作流程。总局制定《关于进一步加强广播电视和网络视听文艺节目管理的通知》（广电发〔2018〕60 号）、《关于网络视听节目信息备案系统升级的通知》（广电办发〔2018〕158 号）等文件，按同一标准、同一尺度，统筹广播电视与网络视听节目健康有序发展，探索建立网台联动的有效管理机制，对重点网络影视剧实行规划备案和上线备案管理，严把文艺节目的内容关、导向关、人员关、片酬关，把网上网下一致原则从政策层面向实操层

① 广电蓝皮书网络司材料。

面落地落实落细。

2. **管理结构更加完善**。总局对网络视听管理夯基垒台、立柱架梁，形成了一整套以保证网络视听节目服务质量为核心的规章制度和管理政策。一是强化规划和播前把关。升级网络视听节目信息备案系统，新增“重点网络影视剧信息备案系统”模块，把重点网络影视剧分为规划立项和节目上线两个阶段，加强审核把关。二是细化审核标准。在《网络视听节目内容审核通则》基础上，指导行业协会出台《网络短视频内容审核标准细则》，制定《少儿类网络视听节目内容审核标准细则》《网络综艺节目内容审核标准细则》，分类细化网络视听节目内容审核标准。三是强化播出调控。要求重点网络视听节目服务机构提前将年度和月度各类节目上线计划向总局和省局报备，并配合主题主线宣传和重大特殊时间节点，对网上播出节目内容进行统筹调控，使网络视听和广播电视传播的整体氛围相协调，让主流价值充盈网络视听空间。

3. **管理重点更加明确**。针对网络视听内容领域出现的阶段性焦点、难点，适时出台有针对性的管理办法解决突出问题。比如，针对非法抓取、剪拼改编视听节目的问题，出台《关于进一步规范网络视听节目传播秩序的通知》（新广电办发〔2018〕21 号）；针对儿童青少年集中观看的暑期时段出台《关于做好暑期网络视听节目播出工作的通知》（广电办发〔2018〕44 号）；针对追星炒星、泛娱乐化等不良倾向，出台《关于进一步加强广播电视和网络视听文艺节目管理的通知》。这些政策的出台及时防范和遏制了网络视听领域出现的问题和风险，对违法违规者形成有效震慑，推动行业风气持续好转。

（三）行业活力持续激发

2018 年，在政策、技术、市场的共同推动下，网络视听行业继续保持繁荣有序发展，焕发勃勃生机、显现强大活力。

1. **网络视听用户和市场规模保持强劲发展势头**。网络视频已成为网络娱乐产业的核心支柱。2018 年，中国网络视频用户规模达 6.12 亿，占网民整体的 73.9%；视频观看移动化趋势更加明显，手机网络视频用户规模达 5.9 亿，占手机网民的 72.2%[①]；全国 IPTV 用户规模达 2.58 亿，成为电视观看主流渠道和重要的新媒体宣传阵地[②]。截至 2018 年 9 月，互联网电视累计覆盖终端达到 3.22 亿台，激活终端 2.18 亿台，激活率达到 67.7%，正在成为智慧家庭重要的信息入口。视频用户快速增长推动产业规模持续扩大，网络视听行业（含在线视频、短视频和网络直播）市场规模已达 2016.8 亿元，同比增长 39.1%，其中在线视频市场规模达 1249.5 亿元，同比增长 31.2%，成为经济发展的新动能[③]。哔哩哔哩、爱奇艺、芒果 TV 在 2018 年实现境内外上市，头部视频平台均被纳入上市企业体系，资本加速推动产业竞合，视听平台进一步向上下游产业延伸，逐步打造产业链闭环，行业竞争向生态体系竞争演进，集约化、规模化、生态化发展趋势更加明显。

2. **网生内容创作品质整体升级，呈现质增量减的精品化态势。**2018 年，全国共备案重点网络原创节目 2381 部（档），其中网络剧 271 部、网络电影 1793 部、网络动画片 67 部、网络纪录片 22 部、网络栏目 228 档；全国非重点网络原创节目共备案 2459 部（档），其中网络剧 50 部、网络电影 460 部、网络动画片 378 部、网络纪录片 129 部、网络栏目 1442 档[④]。网络原创节目备案数量较上年有明显下降，重点网络原创节目备案数量接近非重点网络节目备案数量，显示网络原创节目创作回归理性，加速向精品化、专业化方向发展。从播出情况来看，2018 年全网共上线网络剧 218 部、网络电影 1526 部、网络综艺 385 档[⑤]，上线节目数量较上年减少 22%，但播放量比上年大幅增长，网络原创节目减量增质的趋势继续延续。网络纪录

---

① 中国互联网络信息中心，第 43 次《中国互联网络发展状况统计报告》，2019 年 2 月。

② 国家广播电视总局官网，全国 IPTV 建设管理工作会议，http://www.nrta.gov.cn/art/2019/3/27/art_112_43254.html，2019 年 3 月。

③ 中国网络视听节目服务协会，《2018 中国网络视听发展研究报告》，2019 年 11 月。

④ 国家广播电视总局网络视听节目管理司，2019 年 3 月。

⑤ 国家广播电视总局监管中心多渠道统计整理所得，数据统计周期为 2017 年 10 月 16 日至 2018 年 10 月 15 日。

片、网络动画片也在市场开拓、题材创新方面取得显著进步。

3. **付费观看成为通行收看模式，内容盈利能力增强**。2018 年，在线视频付费会员规模超 2.3 亿，近三年复合增长率达 119%，远高于网民规模近三年 6.28% 的复合增长率①；网络视频付费用户比例达 53%，同比增长 23.8%②。头部视频网站付费会员接近亿级规模，腾讯视频会员规模达 8900 万人，同比增长 58%③；爱奇艺会员规模达到了 8740 万人，同比增长 72%④。视频网站营收结构进一步优化，营收模式由广告等后向收入转为付费等前向收入，付费类型上也从网络影视剧逐步延伸到网络综艺、网络纪录片等领域，制作方分账模式从网络电影延伸到网络剧等更多节目类型。付费观看反映用户对内容价值的认可，形成对优质原创的正向激励，推动行业盈利模式走向可持续发展道路。

4. **新业务新业态活跃增长**。以短视频为代表的新业态在网络视频市场快速崛起，截至 2018 年 12 月，短视频用户规模已达 6.48 亿，用户使用率为 78.2%⑤；市场规模达到 118 亿元，同比增长 106%⑥；总使用时长同比上涨 1.7 倍⑦。互联网巨头、众多资本和传统媒体竞相入场，加速推动短视频成为网络视听重要的业务板块。网络直播则进入结构调整和业务重塑期，游戏直播、语音直播等细分领域发展强劲，但用户数量同比减少 2533 万，为 3.97 亿。此外，音视频类知识付费产品也快速进入增量阶段，形成新的网络社群文化和消费场景。

（四）媒体融合纵深推进

在中央坚定不移地推动媒体融合发展、建设全媒体要求下，广电媒体加速推动广播电视从数字化向智能化转型，从融合媒体向全媒体升级，着

① 艺恩咨询，《2018 中国视频内容付费产业观察》，2019 年 1 月。
② 中国网络视听节目服务协会，《2018 中国网络视听发展研究报告》，2018 年 11 月。
③ 腾讯，2018 财年第四季度及全年年报，2019 年 3 月。
④ 爱奇艺，2018 年第四季度财报，2019 年 2 月。
⑤ 中国互联网络信息中心，第 43 次《中国互联网络发展状况统计报告》，2019 年 2 月。
⑥ 中国网络视听节目服务协会，《2018 中国网络视听发展研究报告》，2018 年 11 月。
⑦ QuestMobile，《中国移动互联网 2018 年度大报告》，2019 年 1 月。

力打造具有强大影响力和竞争力的新型主流媒体。

1. **媒体融合战略任务加快推进**。广电机构在体制机制、政策措施、流程管理、人才技术等方面加快融合步伐，建立融合传播矩阵，打造“爆款”融合产品，湖北“长江云”等一批示范模式、引领模式正在形成。2018 年 11 月，总局制定《关于促进智慧广电发展的指导意见》，推动广播电视和视听新媒体从相加迈向相融，注重将新媒体、新业态的新理念、新优势融入广播电视媒体之中，这为实施广电媒体融合提供更清晰的定位和更开阔的视野。2019 年 3 月，中国有线电视网络有限公司与中信集团有限公司及阿里巴巴集团分别签署战略合作协议，标志着有线电视网络“全国一网”融合发展向前迈出了重要一步，为包括 IPTV、互联网电视等在内的新传播方式融合发展创造条件。

2. **县级融媒体中心建设全面启动**。总局积极贯彻落实中央《关于加强县级融媒体中心建设的意见》，会同中宣部编制发布了《县级融媒体中心网络安全规范》《县级融媒体中心运行维护规范》等系列标准，推动县级融媒体中心建设获得技术性、实操性指导。各地广电充分发挥广电的行业优势、层级特征、整体力量和技术特长，积极承担、主动参与县级融媒体中心建设，县级融媒体中心建设的“贵州方案”“安吉方案”相继出现，推动广播电视媒体融合向纵深发展、向基层延伸。2019 年 2 月 19 日，中央广播电视总台“全国县级融媒体智慧平台”上线，从节目研发、技术支撑、内容分发、媒资共享等方面为县级融媒体中心进行全方位赋能。

3. **网台融通互动进一步增强**。网络视频平台与传统广播电视台在内容制播的合作持续深化。2018 年，取得《电视剧发行许可证》但仅在互联网播出，或首先在网络平台播出的作品数量同比增加 85%；获得《电影片公映许可证》却以网络为第一发行渠道的作品同比增长 370%；电视综艺和网络综艺也呈现出模式互鉴、内容交织的态势①。视听新媒体与传统媒体的融合互动探索不断深入，主要视频网站纷纷与传统媒体在内容生产、产品技

① 国家广播电视总局监管中心，《2018 网络原创节目发展分析报告》，2018 年 11 月。

术、宣发运营等方面开展深度合作，传统媒体也将网络视听作为促进媒体融合转型的重要抓手，大力发展新闻短视频和融视频等业务，以新形态新业态回应全媒体时代的传播生态和用户需求。

三、视听新媒体发展未来展望

万物皆“视听”的新图景在徐徐铺展，通过网络视听新媒体发展壮大主流舆论场、增强媒体的能量场是必由之路，也是一项紧迫课题。视听新媒体行业要立足自身优势、把握战略机遇，因势而谋、应势而动、顺势而为，全面加快视听新媒体事业产业高质量发展。

（一）“5G”等新技术新应用创造全新产业空间

目前，5G（第五代移动通信技术）“全面落地”已进入倒计时，进入5G发展上半场，将带来视听行业的彻底重构，移动优先、视频优先战略将成为媒体的不二选择。具有“高速率”“低时延”“广连接”的5G网络将连接对象从“人”向“物”延伸，“视听”无处不在的“互联网”将迈向万物互联的“物联网”，视频将进一步取代图片和文字，网络视听节目服务也将作为人类感官的延伸而开创更多新的可能，长短视频、直播都将获得更多的用户和获得更大的市场，一些新的节目形态或新应用随时会应运而生。AI在智能生产、流量预测、会员流失预警、广告精准投放以及自制剧排片、剧集更新、数字化修复等领域的应用不断拓展，带动媒体生产力的提升。区块链逐步应用于媒体信源追踪、UGC内容审核、数字版权保护、付费内容订阅、传播效果统计等方面，促进媒体生产关系的变革。“5G+AI”不仅能提升网络视听新媒体对4K/8K、VR、AR等高清内容的呈现能力和传播分发能力，而且将制作、传输、审核、分发、监管从“终端”转向“云端”，实现远程操控，极大地降低流程的复杂性和成本需求，为网络视听产业赋能增效。

近年来，党中央、国务院以及主管部门先后印发《关于促进移动互联网健康有序发展的意见》《关于印发新一代人工智能发展规划的通知》《关于进一步扩大和升级信息消费持续释放内需潜力的指导意见》《促进新一代人工智能产业发展三年行动计划（2018-2020年）》《关于加快推进虚拟现实产业发展的指导意见》《关于促进智慧广电发展的指导意见》《超高清视频产业发展行动计划（2019-2022年）》等政策文件，为网络视听行业的技术进步和创新应用提供了政策保障。

广播电视行业正在全力推进全国有线电视网络整合和升级改造，建设面向5G的移动交互广播电视网，加快智慧广电和高清超高清电视发展，5G环境为广电行业转型升级高质量发展提供了难得的历史性机遇。2018年，中央广播电视总台创建首个国家级“5G新媒体平台”，并在2019年春晚和全国两会中，开展了4K超高清电视节目的5G网络传输试验。未来，网络视频将向超高清、虚拟式、碎片式、沉浸式方向发展，进一步成为信息传播的主要载体、用户使用的主要介质，为网络视听智慧化发展创造更大的产业空间。

（二）“内容”将成为不断强化的竞争要素

信息过载的网络时代，用户对优质内容的渴望不断强化，内容优势已经成为各视听机构脱颖而出的关键支点，也成为塑造品牌特色，打造核心竞争力的最重要手段。据统计，仅《延禧攻略》一部影视剧，就为爱奇艺带来了1200万会员；《扶摇》则为腾讯视频带来了1000万会员①；拿下2018年世界杯直播赛事转播权的优酷，在世界杯小组赛开赛后，日活跃用户数破亿，较6月非比赛期间增长22%②。

优质内容一方面为平台带来付费用户及流量峰值，相关衍生产品、IP开发也能带来持久的边际效益和长尾效应；另一方面，违法违规下架内容所引发的法律风险、商业风险不容小觑，“内容”左右平台成败的权重持续加大。为此，一是要求内容创作要切实把好政治方向、舆论导向、价值取

---

① 财经网，三大视频平台独播剧厮杀背后：爱奇艺放弃播放量 腾讯改革会员拉新体系，http://tech.caijing.com.cn/20181020/4527009.shtml，2018年10月。

② QuestMobile，《世界杯小组赛数据洞察报告》，2018年7月。

向，要扎根人民、呼应时代，创作更多讲品位、讲格调、讲责任的精品力作。二是要以多样的内容形态满足用户多元、多样、多变的视听需求，推动内容与技术、艺术的结合，积极运用多维动画、虚拟现实、增强现实等技术形式，给予用户常新常变的欣赏体验，要更加重视观众参与和互动，以用户为中心引导内容生产和创新，创造出更多让观众喜闻乐见的内容。三是要加大 4K、8K 高清超高清内容制作传播，满足人民更高品质的视听新需求。随着手机屏幕分辨率和尺寸的增大以及折叠屏手机的兴起，智能电视、智能投影仪、可穿戴设备等智能大小屏的普及，1080p 及更高的清晰度、杜比立体声的影片可以直接通过移动网络在各种智能终端快速进行观看，将带动更高质量的高清内容创作传播。未来，数字文化产业将继续朝以内容为核心的生态化竞争、“IP+产业”的全面融合、新技术广泛应用等方向推进，视听内容的精品化、高清化、垂直化、规范化发展趋势将更加明显。

（三）“安全”将是视听新媒体健康发展的根本保障

习近平总书记指出，网络安全和信息化是相辅相成的，安全是发展的前提，安全和发展需要同步推进。视听新媒体作为宣传思想工作主阵地、技术创新高地、创新创业重要领域，新技术新应用普遍，不断有新生事物和新兴业态产生，特别是伴随 IPTV 及互联网电视传输覆盖范围的拓展，5G 全面应用使视频无处不在，会带来传输安全问题、UGC 及自动生成内容的监管问题、海量用户的信息保护问题等更多网络安全问题和监测监管难题，对网络视听内容安全、传输安全、信息安全提出了新挑战新要求。习近平总书记指出，“一张图、一段视频经由全媒体几个小时就能形成爆发式传播，对舆论场造成很大影响。这种影响力，用好了造福国家和人民，用不好就可能带来难以预见的危害。”因此，网络安全和视听新媒体监管将一以贯之地成为主管部门工作的重中之重。亟须统筹广播电视和网络视听监测监管，健全对网络视听、IPTV、OTT 以及网络短视频等视听新媒体新业态、新服务的监管。同时，借助大数据、云计算、人工智能、区块链等技术手段，加快推动智慧化监管。以技术创新破解技术应用带来的安全隐患，加强对新技术新应用新业态的监测分析及风险评估，加强对技术创新的价值观引导，完善监测监管平台、技术标准和制度机制，构建跨业务、跨网络、跨平台、跨终端的“全方位、全过程、全覆盖、全天候”智慧化监管体系，为视听新媒体发展围坝修堤，筑起安全防线。

（四）“走出去”将为视听新媒体开辟广阔市场

随着移动互联网的发展，在全球范围内，对在线视频的需求都在持续升温。《2018年全球互联网现象》报告称，全世界视频类应用几乎贡献了58%的网络流量①。

随着文化“走出去”步幅不断加大，越来越多的中国网络视听内容在东南亚、欧美等地区落地发芽，有些内容不仅进入国家地理等欧美主流传播平台，也实现了节目模式输出，比如爱奇艺的《热血街舞团》和优酷的《这！就是灌篮》都实现了节目模式的出海。海外市场的巨大需求不仅反映了中国网络视听内容在品质水准上获得了国际认可，更体现了中国声音、中国风貌以及中华文化的丰富内涵正向全世界展现独特魅力。未来，随着对海外市场运作能力增强，国际表达能力增强，网络视听内容有望进一步打开国际文娱市场，成为中华文化“走出去”的生力军。

“所当乘者势也，不可失者时也。”在技术革命掀起的信息化视听化滚滚浪潮中，视听新媒体要抓住机遇，顺应时代所向、大势所趋，积极作为、把握主动权，汇聚网上网下同心圆，筑牢舆论宣传主阵地，展现视听新媒体发展新气象，开创更美好的明天！

（执笔人：董潇潇）

---

① Sandvine，《2018年全球互联网现象》，http：//www.199it.com/archives/789800.html，2018年11月。

B. Ⅱ

导向与管理

B.1 坚定方向 凝聚力量
展现新时代网络视听新气象新作为

聂辰席*

党的十八大以来，以习近平同志为核心的党中央高度重视、积极发展、科学治理互联网，习近平总书记发表系列重要讲话、作出系列重大决策、部署系列重大举措，推动走出了一条中国特色治网之道，谱写了网络强国建设时代新篇章。2018 年以来，中央先后召开全国网络安全和信息化工作会议、全国宣传思想工作会议、中共中央政治局第十二次集体学习会等，习近平总书记发表重要讲话，为我们在新形势下做好网络视听工作指明了前进方向、提供了根本遵循。

在以习近平同志为核心的党中央坚强领导下，在习近平新时代中国特色社会主义思想科学指引下，在管理部门、行业企事业单位和网络视听工作者共同努力下，我国网络视听业取得了显著成绩。主要体现在以下四个方面：

一是服务大局能力显著增强。全行业更加深刻地认识到新时代网络视听工作的价值所在、责任所在、担当所在，自觉围绕中心、服务大局，坚持正确的政治方向、舆论导向、价值取向，主旋律更加高昂、正能量更加

* 聂辰席，中共中央宣传部副部长，国家广播电视总局局长、党组书记。

强劲。在宣传党的十九大等重大宣传节点，网络视听媒体与传统媒体同频共振，全方位、多角度开展报道，形成了主题宣传的舆论强势，构建了融合传播舆论新格局。《那天总书记来我家》等重点网络视听节目深受观众欢迎，重点视听网站纷纷开设“党的十九大”专区，节目总播放量达 24.5 亿次、访问人数 4.8 亿人次。

二是节目数量质量不断提升。全行业聚焦优质内容创作生产的热情空前高涨，2017 年备案的网络剧、网络电影、网络动画片、网络纪录片达 8400 多部。总局连续几年实施“网络视听节目精品创作传播工程”，举办“弘扬社会主义核心价值观共筑中国梦”主题原创网络视听节目征集推选和展播活动，推优扶持了 765 部作品；各地也加大优秀作品创作播出扶持力度，树立了推进网络视听节目高质量发展的鲜明导向。弘扬社会主义核心价值观和中华优秀传统文化日益成为创作的核心要素，并且题材类型、艺术风格、叙事方法等有了更多创新和扩展，涌现出《公仆之路》《红色气质》《新时代新家乡》《我的青春在丝路》等一批优秀作品。

三是产业规模不断壮大。中国网络视频用户规模已达 6.12 亿，占网民总数的 73.9%，五年累计增幅 74.5%；手机网络视频用户规模达 5.90 亿，占手机网民的 72.2%；网络短视频呈爆发性增长，用户数量快速攀升至 6.48 亿，网民使用比例为 78.2%。2017 年，在线视频市场规模已接近千亿元关口，在线视频广告市场规模近 500 亿元，网络视听节目服务收入达到 142.98 亿元，出现了一批网络视听领军企业。

四是发展秩序日益规范。以党中央网络强国战略顶层设计和总体架构基本确立为标志，网络视听业全面纳入互联网管理全国“一盘棋”工作格局，进一步走向科学发展、规范发展的轨道。各级管理部门认真落实网络意识形态工作责任制，坚持科学、依法、有效管理，坚持协调联动、相互配合治理。总局陆续出台 20 多个规范性文件，机构准入管理、公网和专网管理、节目内容备案审核传播管理更加科学精细、注重实效。2018 年以来，有关部门紧密联动，常态化加强对持证和非持证网站的协同管理，坚决果断处置违规制作转载节目问题，坚决打击政治有害、内容三俗、血腥暴力等节目，坚决整治诋毁英烈、追星炒星、泛娱乐化、炫富享乐、恶搞文艺经典等群众深恶痛绝的节目问题，对造成恶劣影响的短视频网站，采取通知、约谈、整改、下架、关停等“组合重拳”，带动了一批视听网站自查自纠，深度清理了大量网络空间的精神毒品、垃圾和糟粕，网络视听传播生态进一步改善。

党的十八大以来，我国网络视听发展走过的道路很不平凡，成绩来之不易，经验弥足珍贵，良好局面需要大家共同维护。同时，也要清醒地看到，网络视听领域还存在着不足和薄弱环节，面临着许多困难和挑战。比如，网络视听节目良莠不齐，有数量缺质量、有“高原”缺“高峰”；关注现实的新作少、精品更少；跟风模仿、题材同质扎堆的问题十分突出。比如，片面强调点击率、逐利违规的情况时有发生，个别机构热衷制作传播娱乐至上、追星炒星、炫富享乐，甚至低俗庸俗媚俗的节目；有的创作者、把关者导向意识不强，非主流、亚文化甚至扭曲价值观的内容元素夹杂于节目中传播。比如，管理中的新问题不断涌现，不同地区、不同平台审核标准不一致，有的审核水平不高、技术手段不足。比如，良性的、可持续的发展能力建设还需要在实践中探索和检验，等等。这些问题和挑战，我们要高度重视、勇于面对，在发展中寻求破解，在解决中推动发展。

习近平总书记在党的十九大上指出，中国特色社会主义进入了新时代。我们进入了一个点燃梦想、砥砺奋进的伟大时代，网络视听业正乘着党和国家各项事业蓬勃发展的东风破浪前行。全行业要坚持以习近平新时代中国特色社会主义思想为指导，把人民对美好视听生活的向往作为奋斗目标，坚定前行方向，强化责任担当，坚持守正创新，奋力完成新的使命任务，不断谱写美好“新视界”的辉煌篇章。

第一，要强导向，努力做主流思想文化建设者。习近平总书记强调，中国特色社会主义进入新时代，必须把统一思想、凝聚力量作为宣传思想工作的中心环节，要求我们建设具有强大凝聚力和引领力的社会主义意识形态。互联网日益成为意识形态主阵地，网络视听已经成为网民参与度最活跃的宣传文化新空间。据统计，网络视听已占据互联网数据访问总流量的 80%以上。网络视听生产传播的是影响人思想的精神产品，影响越大，责任越大。网络视听业界必须深化思想认识、提高政治站位，坚持从政治的、全局的、战略的高度审视行业发展，自觉把个体发展融入党和国家事业大局中，牢牢把握正确政治方向、舆论导向、价值取向，肩负起应尽的责任。

要强化政治责任，始终旗帜鲜明讲政治，铸牢“四个意识”，坚定“四个自信”，做到“两个维护”，把党的领导体现到网络视听各领域、各环节。要加强网上正面宣传，突出思想引领，持续开展“首页首屏首条”建设，用习近平新时代中国特色社会主义思想和党的十九大精神团结、凝聚亿万网民。要发挥视听特色，常态化聚合传播党的声音，构建网上网下同心圆，使网络视听成为党开展宣传思想工作的重要增量，巩固全党全国人民团结奋斗的共同思想基础。

要担当文化责任，始终保持高度的文化自信，坚持社会主义先进文化的前进方向，既做中国先进文化的积极引领者和践行者，又做中华优秀传统文化的忠实传承者和弘扬者。我们提出，建设讲导向、有文化的平台，就是希望网络视听服务机构坚持以文化人，强化价值引领，自觉抵制腐朽落后文化侵蚀，通过生动的实践让中华文化的精神宝藏展现出永久魅力和时代风采。

要坚守社会责任，始终把社会效益放在首位，努力做到经济效益与社会效益相统一。要以培养担当民族复兴大任的时代新人为着眼点，坚持培育和弘扬社会主义核心价值观，讲品位、讲格调、讲责任，自觉向低俗、庸俗、媚俗说“不”。一举一动，首先都应该想一想社会效果，决不能为了流量和点击率制造文化垃圾、败坏社会风气，决不能沾满铜臭气，绝不让廉价的笑声、无底线的娱乐、无节操的垃圾淹没我们的生活。

第二，要强作品，努力做优质精神食粮提供者。习近平总书记强调，文艺是铸造灵魂的工程，不能当市场的奴隶，要求我们推出更多健康优质的网络文艺作品，以高质量文化供给增强人们的文化获得感、幸福感。落实习近平总书记要求，我们还需要加倍努力。网络视听节目创作要“筑魂魄、接地气、聚人气”。铸魂魄，就是要坚持以习近平新时代中国特色社会主义思想为灵魂，着力提升网络视听作品的思想内涵和审美价值，更好地举精神之旗、立精神支柱、建精神家园。网络视听作品既要有意思，更要有意义。如果没有正确的思想和审美，就只剩下了躯壳，再新颖的形式、再娴熟的技巧，也难留下长久的回味和深刻的印记。接地气，就是坚持以人民为中心的创作导向，在深入生活、扎根人民中进行现实主义创作。创作根子在生活、在人民，离开了这个根，就只是无源之水、无土之木。网络视听节目创作者要多到火热生活的现实中挖掘素材、提炼主题、汲取养料，生动鲜活展示新时代人民群众追梦筑梦圆梦的多彩画卷。聚人气，就是要以创作生产优秀作品为中心环节，以过硬品质吸引人、赢得口碑、让群众满意，努力做到叫得响、传得开、留得下。

为进一步加强精品创作生产、促进网络视听节目提质升级，总局计划实施“网络视听节目提升工程”，既抓日常、抓经常，日积月累、久久为功，又抓主题创作，以重点带整体。特别是要以当前和未来五年党和国家重要时间节点为工作坐标，围绕改革开放 40 周年、新中国成立 70 周年、全面建成小康社会、中国共产党成立 100 周年等，组织推进重大主题创作，用心用情用功反映伟大时代、书写中华民族新史诗。希望网络视听行业能够提前谋划，在主题创作上拿出扛鼎之作，出新出彩出亮点。节目制作机构、网络视听平台、专网平台、移动视频客户端、视频上传用户、传输运营商要共同努力，使电视上、电脑上、手机上传播的每一部网络剧、网络电影、纪录片、少儿节目、网络综艺节目、短视频节目，都能蕴含社会主义核心价值观的闪亮元素。

第三，要强创新，努力做新业态新服务开拓者。习近平总书记多次强调，创新是引领发展的第一动力，创新决胜未来，要求更好释放各类创新主体创新活力。网络视听本身就是技术创新的产物，天生具有创新的基因，理应在践行新发展理念上先行一步，在坚持方向、坚守正道的前提下，更加注重创造性转化、创新性发展，始终走在时代前沿、引领风气之先。作为政府管理部门，我们将加强引导、优化环境，以最大力度鼓励支持网络视听行业的创新创造。

我们鼓励支持服务创新。网络视听行业竞争日益激烈，群众开始用"指尖"投票，差异化、优质化的服务已成为赢得受众的关键一环。希望网络视听服务机构坚持以人为本、服务至上，深度挖掘受众需求，强化专业化、精细化运作，丰富内容样式、服务模式，提供更优质、更贴心、更人性化的视听体验，努力开辟新的"蓝海"，更好满足人民群众多样化的视听新期待。

我们鼓励支持技术创新。网络视听植根于互联网这个科技创新最活跃、应用最广泛的领域，必须时刻保持敏锐的嗅觉，积极拥抱大数据、超级计算、人工智能、混合现实等最新技术，寻找业务创新与技术创新的结合点。要善于运用正确价值观指导下的"算法"推进工作，让个性化定制、精准化生产、智能化推送等技术更好为优质节目服务。要强化自主创新，勇闯网络视听技术领域的"无人区"，推动核心技术突破，加快构建自主知识产权的网络视听关键技术体系，掌握未来发展主动权。

我们鼓励支持融合创新。近年来，广播电视行业把媒体融合作为一项重大战略任务加快推进。前不久，总局召开了推进全国智慧广电建设现场会，进一步提出要打造广电智慧媒体、培育广电智慧生态。在融合发展、智慧发展的浪潮中，我们希望能够把广播电视和视听新媒体两者的优势有效结合起来，把两个方面的资源最大限度利用起来，推动信息内容、技术应用、平台终端、管理服务共享融通，形成竞合发展、共创共赢的生动局面，更好地服务大局、服务人民。

第四，要强管理，努力做清朗网络空间维护者。习近平总书记强调，网络空间是亿万民众共同的精神家园，网络空间天朗气清、生态良好，符合人民利益。维护清朗的网络视听空间，是大家共同的责任。政府、企事业单位、从业者、网民要各负其责、共同参与、共同管理、综合治网、形成合力。

要把治理乱象作为当务之急。对于群众反映强烈的突出问题、对于扰乱行业生态的突出问题，一定要敢抓敢管、动真碰硬、坚决整治。前不久，针对当前广播电视和网络视听文艺创作领域的泛娱乐化、追星炒星、高价片酬、收视率点击率造假等突出问题，总局印发了《关于进一步加强广播电视和网络视听文艺节目管理的通知》，提出了一系列管理措施。各个方面要对照政策要求，认真自查自纠、做好整改落实，在解决突出问题的同时，不断完善长效机制，推动健康持续发展。

要把确保安全放在突出位置。习近平总书记强调，网络安全和信息安全牵涉到国家安全和社会稳定，是我们面临的综合性挑战。网络视听服务，安全至关重要。我们要树立正确的网络安全观，统筹好建设和管理，既要建好路，又要有刹车，还要有屏障，履行好主体防护责任。特别是涉及意识形态安全的新技术新产品新业务，必须加强安全评估，做到关口前移、防患未然，真正筑起维护安全的“防火墙”。

要把齐抓共管作为长久之策。广播电视行政管理部门，要履行监管职责，网络视听业务延伸到哪里，管理就要覆盖到哪里，把该管的都管起来。我们提出网上网下统一导向、统一标准、统一尺度，下一步各级管理部门要加快细化操作路径、完善工作机制，推进政策落地落实落细，营造公平公正的市场环境。网络视听节目服务机构，要切实落实主体责任，坚持依法依规运营，严格持证运营、安全播出等管理制度，坚持先审后播，健全节目审核和播出流程，配强审核力量，把好导向关、内容关、质量关、传播关、人员关，决不能让网络视听成为传播有害节目的平台。网络视听协会组织，要专注职能定位，发挥桥梁纽带作用，做好行业引领、组织和服务，持续深入开展行业自教自律。在总局指导下，中国网络视听节目服务协会联合国内主要视频网站，制定了《网络短视频平台管理规范》和《网络短视频内容审核标准细则》100条，近期将向社会公布，必将有助于进一步规范短视频传播秩序。

新时代是奋斗的时代，网络视听的美好愿景需要我们有新气象新作为。让我们更加紧密地团结在以习近平同志为核心的党中央周围，坚定方向，凝聚力量，努力完成新使命新任务，奋力开创网络视听繁荣发展的新局面，为满足人民美好生活新期待，为服务党和国家工作大局作出新的更大贡献！

（本文主要摘自聂辰席同志2018年11月29日在第六届中国网络视听大会开幕式上的主旨讲话，并补充了部分新材料）

B.2 凝心聚力 推动网络视听产业更好更快发展

高建民*

推动网络视听产业更好更快发展，必须深入学习贯彻习近平新时代中国特色社会主义思想和党的十九大精神，按照“强导向、强作品、强创新、强管理”的工作要求，在新时代展现新气象新作为。

一、深入学习宣传贯彻习近平总书记关于宣传思想文化工作的重要思想和网络强国战略重要论述

党的十八大以来，以习近平同志为核心的党中央高度重视宣传思想文化工作和网络强国建设，深刻阐明宣传思想文化工作和网络强国建设的方向性、全局性、战略性重大问题，为我们指明了前进方向、提供了根本遵循。做好网络视听工作，必须把思想和行动统一到习近平总书记关于宣传思想文化工作的重要思想和网络强国战略的重要论述上来。

习近平总书记指出，完成新形势下宣传思想工作的使命任务，必须以新时代中国特色社会主义思想和党的十九大精神为指导，增强“四个意识”、坚定“四个自信”，自觉承担起举旗帜、聚民心、育新人、兴文化、展形象的使命任务。

当今世界，谁掌握了互联网，谁就把握住了时代主动权；谁轻视互联

* 高建民，国家广播电视总局副局长、党组成员。

网，谁就会被时代所抛弃。能不能适应和引领互联网发展，成为决定大国兴衰的一个关键。因此，我们必须科学认识网络传播规律，提高用网治网水平，使互联网这个最大变量变成事业发展的最大增量。在网络强国思想的指引下，随着新一代信息技术不断突破和应用，我国网络视听行业取得前所未有的快速发展，中国网络视频用户规模达到 6.12 亿，占网民总数的 73.9%；手机视频用户规模达到 5.9 亿，网络短视频用户、网络直播用户规模分别达到 6.84 亿、3.97 亿。网络视听已占据互联网数据访问总流量的 80%以上。随着 5G 的发展，网络视听行业还将迎来历史性、突破性发展机遇。我们要牢牢抓住这个机遇，主动引领网络视听行业的健康、向上、蓬勃发展。

二、坚持以人民为中心的创作导向，打造具有鲜明时代特色的网络视听精品

习近平总书记指出，文化自信是更基础、更广泛、更深厚的自信，是更基本、更深沉、更持久的力量。要坚持以人民为中心的创作导向，把创作生产优秀作品作为中心环节，创作更多有筋骨、有道德、有温度的文艺作品，不断谱写中华民族新史诗。

当前，互联网日益成为意识形态斗争的主阵地、主战场、最前沿。落实党管意识形态原则，关键要看我们能不能占领网上阵地，赢得网上主导权。近年来，各视听新媒体机构在党的十九大、全国两会以及“一带一路”论坛等重要活动、重要节点，充分发挥视听新媒体鲜活生动、立体多维的特色，利用直播、现场报道、访谈、微视频、动漫、MV 和 H5、VR 融媒体产品等多种形态，宣传党的主张，传播党的声音，讲述中国故事，创作和传播网民喜闻乐见的节目，得到了社会的广泛好评。

网络空间已成为人们生产生活的新空间，需要优质的网络视听作品来充实。近年来，网络视听制作机构坚持正确政治方向、舆论导向、价值取向，推进网上宣传在理念、内容、形式、方法、手段等方面取得了许多创

新，有大量正能量充沛的网络视听作品出现。在“中国梦主题推选展播活动”“精品创作传播工程”“中国经典民间故事动漫创作工程”“网络优秀原创节目推选活动”中，总局累计从 9285 部网络视听节目中推优扶持了 765 部优秀作品。其中，很多作品是聚焦现实题材，讴歌党、讴歌祖国、讴歌人民、讴歌英雄的精品力作。2018 年前十个月，全国网络剧产量已经超过 5000 集，网络电影达 2000 多部，在数量增长的同时，我们还要继续调整结构、提升质量，解决内容精不精的问题，推出更多健康优质的网络文艺作品，极大满足人民日益增长的美好生活需要。

三、守正创新，责任担当，努力营造更为清朗的网络空间

习近平总书记指出，网络空间是亿万民众共同的精神家园。网络空间天朗气清、生态良好，符合人民利益。要提高网络综合治理能力，形成党委领导、政府管理、企业履责、社会监督、网民自律等多主体参与，经济、法律、技术等多种手段相结合的综合治网格局。企业发展要有原则、有规矩、有底线，坚持经济效益和社会效益相统一，更好承担起社会责任和道德责任。

近年来，网络视听节目的创作传播取得了很大成绩，但是我们也应当清醒地认识到，在正确引导舆论、营造积极向上的价值取向氛围方面，在抑制泛娱乐化、追星炒星等不良文化风气方面，在履行平台内容把关责任、遏制违法违规内容传播方面，仍然还有很大的距离，还有很大的提升空间。对于如何有效解决上述问题，我认为有以下四个关键点，需要大家共同努力。

一要切实增强“四个意识”，在政治立场、政治方向、政治原则、政治道路上同以习近平同志为核心的党中央保持高度一致。要将视听网站自觉置于党的领导之下，自觉用一把尺子量到底，坚持网络视听节目与广播电视同一标准、同一尺度，自觉传播好党的声音和主张，努力构建网上网下同心圆。

二要切实履行意识形态责任制，充分调动各方面积极性。各级广播电视主管部门要坚持党管媒体原则，认真落实意识形态工作责任制，强化主管主办责任和属地管理责任，层层传导，步步压实。全国各级网络视听行业协会要发挥好自身作用，引导全行业自觉遵守各项法规和制度。各视听节目网站要落实好总编辑负责制，进一步完善节目备案审查制度，加强导向管理，维护网络视听节目健康有序发展。

三要准确把握社会效益与经济效益的关系。近年来，网络视听机构对社会效益越来越重视。视听网站上以点击量为唯一依据的排行评比等活动已基本停止，有的网站还开始探索价值导向、网民口碑相统一的节目综合评价体系。希望相关机构和企业进一步深刻认识自己所肩负的社会责任，继续切实履行自己所应尽的媒体义务。

四要增强企业主体责任。网络视听服务机构必须切实履行开办主体责任，坚持依法依规运营。对新业务，必须装好“刹车”再上路，筑牢“堤坝”、把好“关口”、堵住“后门”，切实保障导向安全、数据安全、技术安全、渠道安全、应用安全。

新时代开辟网络视听新前景，新征程呼唤新媒体人新作为。让我们紧密团结在以习近平同志为核心的党中央周围，凝心聚力、锐意进取，努力完成新使命新任务，奋力开创网络视听繁荣发展的新局面，为满足人民美好生活新期待，为服务党和国家工作大局作出新的更大贡献！

（本文主要摘自高建民同志2018年11月29日在第六届中国网络视听大会网络视听产业峰会上的主旨讲话）

B.3 坚持守正创新 以三个“聚焦”推动网络视听工作高质量发展

魏党军*

习近平总书记在全国宣传思想工作会议上深刻指出，宣传思想战线正本清源的任务取得重大成效，现在进入了守正创新的重要阶段。党的十八大以来，网络视听战线作为宣传思想文化工作的重要组成部分，坚持以习近平新时代中国特色社会主义思想为指引，深入贯彻落实中央决策部署，开拓创新、锐意进取，网络视听新媒体成为传播党的声音的重要阵地，网络视听节目成为社会主义文艺的重要力量，有力服务了党和国家工作大局。当前和今后一个时期，网络视听节目政策与管理将紧紧围绕举旗帜、聚民心、育新人、兴文化、展形象的使命任务，牢牢把握正确政治方向、舆论导向、价值取向，坚持稳中求进、守正创新，聚焦巩固壮大网上主流思想舆论，聚焦网络视听阵地建设和管理，聚焦行业高质量创新性发展，推动网络视听工作不断强起来，更好地服务党和国家事业全局。

一、聚焦巩固壮大网上主流思想舆论，着力加强网络视听内容建设，推动网络视听成为主流舆论阵地的“最大增量”

习近平总书记指出，人在哪儿，宣传思想工作的重点就在哪儿。网络

---

* 魏党军，国家广播电视总局网络视听节目管理司司长。

空间已成为人们生产生活新空间，就应该成为我们党凝聚共识的新空间。截至2018年12月，中国有8.29亿网民、8.17亿移动网民，其中72%以上是网络视听用户①。做强网上主流思想舆论，让主旋律和正能量主导网络视听空间，就成为视听新媒体管理工作的首要任务。国家广播电视总局（以下简称总局）在政策制订和日常管理中始终高度重视加强网络视听内容建设，紧紧抓住网络视听“优质内容供给不足”的主要矛盾，大力推动网络视听优秀节目创作传播，使网络视听领域的主旋律更加强劲、正能量更加充沛。

一是组织好习近平总书记风采和习近平新时代中国特色社会主义思想网上宣传报道。这是网络视听行业首要的政治任务，是当前和今后一个时期网络视听宣传工作的主线。2018年起，总局启动实施了视听新媒体“首页首屏首条工程”，指导各视听节目网站、IPTV、互联网电视集成平台和内容平台选取中央主要新闻单位制作的展示习近平总书记重要思想和风采的时政节目、微视频、专题片等节目，在首页首屏最重要的位置予以呈现。今后我们将继续深化这一工程，指导视听新媒体机构紧紧围绕习近平总书记重要活动、重要讲话、重要部署，多形态、多角度、多层次开展宣传，充分展现习近平总书记的领袖风范、雄才大略、为民情怀和非凡魅力；持续深化习近平新时代中国特色社会主义思想网上宣传，不断拓展广度深度，以科学理论引路指向。

二是组织好主题主线宣传。这是开展网络视听正面宣传的重要内容。近几年来，我们围绕党的十九大、改革开放40周年、全国两会等重要活动、重要时点，组织视听新媒体积极转播重要活动实况，优化节目编排，围绕主题主线制作播出精品原创网络节目，与主流媒体宣传形成呼应。在相关重大主题宣传中，网络视听节目作为新兴宣传阵地，与传统主流媒体相辅相成、同频共振，形成了主题宣传的舆论强势，构建了融合传播舆论新格局。2019年，我们将围绕新中国成立70周年，指导视听新媒体通过集纳转

① CNNIC，第43次中国互联网络发展状况统计报告，2019年2月。

播主旋律影视节目、开展专题性宣传报道、围绕主题主线制作播出原创节目栏目等多种举措，让网络视听新媒体把党的声音传播得更广、更远、更深入。

三是组织好网络视听原创节目推优展播。这是总局引领扶持网络视听优秀内容建设的重要抓手。近几年来，在政府部门的引导扶持和从业机构的努力下，弘扬社会主义核心价值观和中华优秀传统文化日益成为网络视听原创节目创作的核心要素，并且题材类型、艺术风格、叙事方法等有了更多创新和扩展，涌现出一批又一批优秀作品。2018 年年底，总局在总结以往工作经验做法的基础上，启动实施“网络视听节目提升工程”，以政府资金扶持带动社会参与，推动创作传播更多“三性统一”的优秀作品，努力让社会主义核心价值观充盈网络视听空间。主要做法是通过“中国梦”主题作品推选展播活动、“精品创作传播工程”“经典民间故事网络动画工程”“网络优秀原创节目推选活动”等，大力引导网络视听原创精品创作播出，进一步树立推进网络视听节目高质量发展的鲜明政策导向。

二、聚焦网络视听阵地建设和管理，切实在视听新媒体领域落实党管媒体原则，努力营造清朗向上的网络空间

习近平总书记指出，互联网日益成为意识形态斗争的主阵地、主战场、最前沿。强调管好用好互联网，是新形势下掌控新闻舆论阵地的关键，重点要解决好谁来管、怎么管的问题。强调要把党管媒体的原则贯彻到新媒体领域，所有从事新闻信息服务、具有媒体属性和舆论动员功能的传播平台都要纳入管理范围，所有新闻信息服务和相关业务从业人员都要实行准入管理。强调必须科学认识网络传播规律，提高用网治网水平，使互联网这个最大变量变成事业发展的最大增量。这些都是我们开展网络视听节目管理的根本遵循。

经过多年的积累，网络视听行业管理已建立起一套比较成熟、行之有效的架构体系，管理工作的“四梁八柱”已经形成，即以业务准入为依托，

以内容管理为核心，根据业务形态的不同、节目形态的变化，分类施策，制订出台相应的管理政策并组织实施。总局将在现有管理政策的基础上，进一步在网络视听领域落实党管媒体原则，以内容管理为核心，强化事前监督，强化规范管理，强化责任落实，通过严格管理推动网络视听内容品质的进一步提升。

一是坚持网上网下统一导向、统一标准、统一尺度，努力构筑网上网下“同心圆”。线上线下虽然播出平台和渠道不同、节目形态不同、管理方式有差异，但是导向要求、内容标准和管理尺度是一致的，网上网下宣传工作都要对标中央关于意识形态管理的总体要求，牢牢坚持党性原则，坚持马克思主义新闻观，坚持正确舆论导向，坚持正面宣传为主，不断增强社会主义意识形态的凝聚力和引领力。这是我们开展视听新媒体内容管理的核心要义。针对网络原创节目快速发展的态势，总局 2012 年起出台《关于进一步加强网络剧、微电影等网络视听节目管理的通知》（广发〔2012〕53 号）、《关于进一步完善网络剧、微电影等网络视听节目管理的补充通知》（新广电发〔2014〕2 号）、《关于进一步加强网络原创视听节目规划建设和管理的通知》（新广电发〔2016〕198 号）等文件，在鼓励创作健康向上的网络视听节目的同时，强调所有节目“先审后播”“未审不播”，强调网上网下审核标准一致，强调事前、事中、事后等各环节的引导和管理。2018 年年底，总局出台《关于进一步加强广播电视和网络视听文艺节目管理的通知》（广电发〔2018〕60 号），进一步明确了网上网下统一导向、统一标准、统一尺度的要求。

2018 年年底以来，我们在管理工作中按照“强化事前监督，努力关口前移”的思路，主要通过四项举措强化网络原创节目管理。一是强化规划和播前把关。升级网络视听节目信息备案系统，增加“重点网络影视剧信息备案系统”模块。自 2019 年 2 月 15 日起，广电行政部门在重点网络影视剧（包括重点网络剧、网络电影、网络动画片）规划备案和节目上线两个阶段，加强审核把关。二是细化审核标准。在指导行业协会出台《网络视听节目内容审核通则》的基础上，指导行业协会分类细化网络视听节目内容审核标准，制定《网络短视频内容审核标准细则》《少儿类网络视听节目内容审核标准细则》《网络综艺节目内容审核标准细则》。三是强化播出调控。要求重点网络视听节目服务机构提前将年度和月度各类节目上线计划向总局和省局报备。总局配合主题主线宣传和重大特殊时间节点，对网上播出节目内容进行统筹调控。四是严格片酬管理。严格执行网络剧、网络电影全部演员片酬不超过制作总成本40%的政策要求。我们要求各级广播电视管理部门坚持党管媒体的原则，认真落实意识形态责任制，强化主管主办责任和属地管理责任，加强对网络视听节目的内容审核和日常监管力度。

二是坚决落实“两个所有”要求，努力将所有视听节目服务纳入规范管理范畴。近几年来，总局认真抓好公网和专网及定向传播视听节目服务管理政策的落实，针对网络原创节目、引进节目、直播节目、社交互动平台节目分别制订出台相应的管理规定，基本构建了包括各类网上长视频在内的视听新媒体内容管理体系。当前，短视频发展迅速，已经成为“新主流媒体”。对短视频加强利用管理和引导，努力推动短视频成为促进宣传思想工作的重要增量，就成为管理工作的一个重要任务。关于短视频管理的政策制订主要有三点考虑：一是推动主流媒体大力开展短视频业务，加大优质内容供给；二是全面加强短视频规范管理，出台管理规范，压实企业和平台的主体责任；三是各级广电行政部门加强日常监管。总的来讲，就是要认真贯彻落实习近平总书记关于“两个所有”的要求，不论大屏还是小屏，持证还是无证，网络视听业务延伸到哪里，管理就要覆盖到哪里。

三是坚持“激浊”与“扬清”两手并举，努力营造风清气正的网络空间。营造清朗的网络空间，既要坚决抵制低俗不良内容传播，又要努力引领优质内容创作播出，需要“激浊”与“扬清”两手并举，两手都要硬。在“激浊”方面，近段时期的工作重点是坚决抵制虚无历史、泛娱乐化、泛物质化、“三俗”等突出问题。2018年，总局先后对恶搞红色经典、低俗嘻哈歌曲、网络直播答题、儿童邪典视频等网络视听突出问题进行整治，果断惩处“今日头条”和“快手”，关闭“内涵段子”，对违法违规者形成有效震慑，对全行业形成警示教育，促动了一大批社会视听网站主动开展自查自纠，持续深度清理了大量网络空间的精神毒品、垃圾和糟粕，使相关互联网企业进一步提升了责任意识、强化了管理措施，形成了网络综合治理的示范效应。在“扬清”方面，2018 年以来，总局持续推进网络视听节目原创节目推优和展播工作，及时发布暑期网络视听节目播出管理要求，加大适合儿童青少年观看的优秀网络视听节目供给，产生了较好效果。今后，我们将继续加强这两方面的工作，努力营造内容清朗、健康向上的网络空间。

三、聚焦行业高质量创新性发展，着力推动视听新媒体质量提升和业态创新，让网络视听在实施创新驱动战略、实现高质量发展中发挥更大作用

习近平总书记指出，我国经济由高速增长转向高质量发展，这是必须迈过的坎，每个产业、每个企业都要朝着这个方向坚定往前走。强调创新是引领发展的第一动力；要抓住历史机遇，积极运用最新科技成果，革故鼎新，不断进行思想创新、实践创新、制度创新、科技创新、文化创新。强调要进一步适应和引领互联网发展；要坚定不移支持网信企业做大做强，也要加强规范引导，促进其健康有序发展。推动高质量创新性发展是网络视听建设管理确定思路、制订政策、实施调控的根本要求。总局鼓励网络视听行业积极践行新发展理念，切实把发展重心从数量规模的增长转到品质质量的提升上来，推动网络视听进一步强起来、优起来。

一是着力推动内容创新创优。近几年来，网络原创节目数量稳中有升，内容品质方面加速向专业化、精品化方向发展，节目整体品质进一步提升，特别是网络剧的发展正进入成熟期，更加注重价值导向、审美导向的把握，制作水准明显提高，传播与经营也进入良性发展阶段。我们大力鼓励、积

极引导广大影视节目制作机构和网络视听节目服务机构更加聚焦现实题材创作，推出更多反映当代中国人精神风貌的精品力作；更加注重传统文化的创造性转化和创新性发展，用网络视听语言展现传统文化底蕴；更加适应网络特色、创新形式手段，让网络视听作品更加生动鲜活、引人入胜；更加努力地创作高品位高质量、富有感染力的作品，以文化人、以文育人，更好地承担起“举旗帜、聚民心、育新人、兴文化、展形象”的使命任务。

二是着力推动产品质量品质提升。近年来，总局加快完善网络视听节目服务管理体系，已经形成了一整套以保证网络视听节目服务质量为核心的规章制度和管理政策；随着网络视听节目业态的发展变化，还会出台相应的管理政策措施。我们要求网络视听节目服务机构作为业务开办主体，必须切实履行好开办主体责任，坚持依法依规运营，严格落实持证运营、安全播出等各项管理制度，坚持先审后播，健全节目内容审核流程和播出流程，配齐加强审核力量，把好网络视听节目播出关口。网络视听产业链条上的各类机构，都要严格遵守国家相关法律法规和政府主管部门的各项规定，从整体上不断提升网络视听宣传质量、内容质量、产品质量、服务质量、管理质量，向社会传播绿色、健康、向上的内容产品和服务。

三是着力推动业态创新创优。新一轮技术革命带来传播格局深刻变化，云计算、大数据、人工智能、物联网、区块链等技术快速发展，短视频、微博、微信、客户端日益成为传播主渠道，新的媒体形态可能伴随5G和人工智能技术应运而生。我们鼓励网络视听节目服务机构在网络视听产品业态创新上持续发力，在确保导向正确、业务合规、安全可靠的前提下，坚持以受众为本，坚持社会效益优先，以创新思维不断开发新产品新服务、健全新业务体系，开展社交化、分众化、精准化传播，始终以新颖优质、便捷高效的产品和服务开拓市场、赢得受众。

习近平总书记强调，要重视互联网、发展互联网、治理互联网；强调必须守土有责、守土负责、守土尽责，必须旗帜鲜明、敢抓敢管，敢于斗争、敢于亮剑。网络视听节目管理责任重大，各方关注度高，有着特殊重要地位。我们将牢牢聚焦“两个巩固”的根本任务，牢牢把握正确政治方向、宣传导向、价值取向，坚决落实网络意识形态工作责任制，进一步强化责任担当，不断改进加强网络视听阵地建设管理，为营造风清气正、健康向上的网络视听发展环境当好卫士、战士。

B.4 网络视听节目精品化是大发展必由之路

罗建辉*

网络视听节目精品创作的规模化、常态化，需要网络视听领域的平台、创作者、受众、研究者、评论者等方面提高自觉性和主动性，各尽其责，各显其能。精品要具备铸魂魄、接地气、聚人气的能量，形式喜闻乐见，弘扬真善美、传递正能量。

一、网络视听节目繁荣发展

近些年，网络视听节目的规模和影响迅速扩大，引起社会各界广泛关注。2012 年至今，网络剧、网络电影、微电影、网络综艺节目、网络纪录片、网络动画片、网络音频节目、网络短视频节目等蓬勃发展，数量呈爆发式增长，截至 2018 年年底，网络视听节目用户已达 6 亿，超过 2 亿用户有付费收看节目的习惯。

以微电影为代表的原创网络视听节目一开始零散稚嫩、品低质差，随着网络发展对内容需求的强劲增长，如今网络视听节目所涉领域之广、覆盖范围之大，已深刻影响人们文化生活以及视听节目创作生产传播方方面面，不仅让全社会刮目相看，更让人们对今后节目整体制作生产发力方向、路径、方法进行重新考量。

* 罗建辉，中国网络视听节目服务协会副会长。

尽管原创网络视听节目数量、质量不断提高，但其创作生产仍面临不少瓶颈，比如：文化艺术水准良莠不齐，有数量缺质量，关注现实的新作少，精品更少，跟风模仿、同质扎堆问题十分突出；片面强调点击率、逐利违规的情况时有发生，个别机构热衷制作传播娱乐至上、追星炒星、炫富享乐，甚至低俗庸俗媚俗节目，有的创作者导向意识不强，还在推出“三观不正”的节目内容等。网络视听节目发展的路该怎么走，成为当前社会和业界焦点。

二、创作精品化正当其时

网络视听节目创作问题很多，路径却很清晰：网民、政府、业界都在共同呼唤精品。

为解决这些突出问题，国家广播电视总局近年一再强调网上网下统一导向、统一标准、统一尺度，各级管理部门正在为落实这一要求细化操作路径、完善工作机制。政策指引很清晰，要加强精品创作生产，促进网络视听节目提质升级。比如，正在实施的“网络视听节目提升工程”，号召节目制作机构、网络视听平台、专网平台、移动视频客户端、视频上传用户、传输运营商共同努力，使电视、电脑、手机上传播的每一部网络剧、网络电影、纪录片、少儿节目、网络综艺节目、短视频节目都蕴含社会主义核心价值观闪亮元素。这就说明，国家政策不断鼓励原创网络视听节目创作生产，尤其着力推动网络视听节目在价值观和制作品质等方面不断实现精品化。

受众诉求很清晰，他们早就过了给什么就看什么的阶段，基于网络特性，受众面对海量节目内容，具有绝对的选择自主权，也只有优质节目才能吸引他们付费订阅。近两年，粗制滥造的网络电影、网络剧以及水分大的电视剧越来越无人问津，反之，精心制作的节目收视率、点击率一路走高。

业界希望同样清晰，他们呼吁营造健康有序良性循环的发展环境，希望多措并举切实鼓励精品创作传播并保障其合法权益，避免劣币驱逐良币。

精品化是网络视听节目发展大势所趋。道理不难理解：只有不断满足越来越多样越来越高涨的精神文化消费需求，网络视听行业才能获得健康蓬勃生长的源源动力。

三、创新传达时代精神

什么是精品？精品应当是认真创作、精心打造的作品，应当具备铸魂魄、接地气、聚人气的能量。铸魂魄是指要坚持以习近平新时代中国特色社会主义思想为灵魂，呈现社会主义核心价值观；接地气是指要真切表现生活在我们这块土地上人们的所感、所思、所盼、所愿；聚人气是指形式喜闻乐见，并且要温暖人、感染人、教育人、团结人、鼓舞人，弘扬真善美、传递正能量。

精品很难作出来吗？不难也难。说不难，看近年总局实施精品工程，参评作品一年比一年多，作品质量一年比一年高，这就说明只要认真、努力，出精品是可以展望、可以达成的；说难，是当下还有许多节目创作生产机构和传播平台，存在经济效益第一的惯性思维，吸眼球、吸流量、挣快钱，生产了相当多粗制滥造的节目内容。

时至今日，社会已经认识到，网络视听节目是新时代的新型广播电视，它与传统广播电视的性质、使命、作用一脉相承，因此内容标准也必然一样，对节目内涵、精神、价值观、品质的要求是一致的，那种认为网络视听节目可以继续野蛮生长的观点是脱离现实的。与此同时，网络视听节目在节目形态、表现方式、传播渠道、接受场景、节奏时长、受众习惯等方面呈现崭新特性，随着创作者与接受者不断磨合、新技术新手段不断运用，网络视听节目将因其本身特性而进化出与传统视听节目更加不同的新样态，因而也会不断“创造”出新的需求、新的视听文化，而网络视听节目评价标准也会逐渐完善、清晰，成为人们评价精品的重要参考。

四、凝心聚力开拓新天地

网络视听节目精品创作的规模化、常态化显然不会一蹴而就，这需要网络视听领域的平台、创作者、受众、研究者、评论者等提高自觉性和主动性，在推动原创网络视听节目精品化发展上各尽其责，各显其能。

相关部门应审时度势进一步加强引导。充分吸取传统文艺节目精品生产的经验和办法，在题材规划、剧本创作、作品生产、作品评论等方面加大重视程度，在人才培训、资金扶持、评优奖励等方面采取更切合发展实际的措施，为适应网络生产网络传播特性的视听节目建立和完善规范有序、便捷高效的版权保护与内容审核制度与办法。

播出平台应切实负起社会责任。网络视听节目是广泛影响社会思想的精神产品，提供视听节目服务应当确保社会效益优先，力争社会效益与经济效益相统一。播出平台在精品化进程中有特殊的导向、推动作用，有影响力的平台选择什么作品，推介什么作品，对节目创作机构有直接的号召、引领作用，应在力推精品的同时坚决不给劣质节目提供传播空间。

节目创作生产机构应跟上时代发展，将原创网络视听节目精品创作生产作为战略重点，调动各方优质资源，紧跟变化、勇敢创新，提高精品创作生产能力和水平，以质量越来越高、数量越来越多、越来越受欢迎的精品占据内容生产高地，赢得口碑、赢得市场。

节目受众应增强社会责任意识。受众不仅是网络视听节目的观赏者、评论者，更应是网络视听节目精品化的推动者。受众的喜爱欣赏是精品节目创作生产根本动力，受众还是精品节目的参与者和提供者，越来越多的短视频节目就是普通网民自己创作生产的。受众要认识到参与、制作这些节目不只是新鲜好玩，节目同样会对他人和社会产生影响。

行业协会应专注职能定位，发挥桥梁纽带作用。团结督促会员切实履行行业公约，不断提高行业自教自律效能。除了不断完善已经定型的业务和节目的形态行为和内容准则，还要密切关注新出现的视听节目服务领域、类型、形态，及时出台有针对性的符合实际的行为准则和内容准则，使行业规范、行业自律不留死角、不留空白。协会还要积极组织业内专家、学者、评论家及时研判创作生产传播趋势，纠偏扶正；及时总结经验教训，为业界少走弯路、赶超先进建言献策。

相信在社会各界共同努力下，原创网络视听节目以精品化赢得大发展之路必将越走越宽广。

B.5 北京局：守正创新 多措并举
谱写新时代首都网络视听事业产业发展新篇章

杨 烁*

北京是全国的政治和文化中心，拥有125家互联网视听节目服务持证机构（约占全国总数五分之一）和大部分重点短视频平台、直播平台、社交媒体，成为中国互联网视听行业的引领者和风向标。2018年，北京市广播电视局（以下简称北京局）坚持以习近平新时代中国特色社会主义思想为指导，深入贯彻党的十九大和十九届二中、三中全会精神，学习贯彻习近平总书记在全国宣传思想工作会议上的重要讲话精神，筑牢“四个意识”，坚定“四个自信”，坚决做到“两个维护”，紧紧围绕举旗帜、聚民心、育新人、兴文化、展形象的使命任务，坚持稳中求进、守正创新，扎实工作、奋发进取，推动首都网络视听事业产业稳步发展。

一、发挥网络特色，赋能重大主题宣传

习近平总书记强调：受众在哪里，宣传报道的触角就要伸向哪里，宣传思想工作的着力点和落脚点就要放在哪里。北京局作为行业主管部门，基于当前受众的特点和互联网时代的收看习惯，有效指导属地广电媒体和

* 杨烁，北京市广播电视局党组书记、局长。

视听平台提升传播效能，增强正能量内容的传播力。

紧紧围绕党的十九大、庆祝改革开放40周年等党和国家大事要事喜事，北京局指导持证网站、短视频平台、直播平台、社交媒体做好“首页首屏首条”建设，不断优化专题专区的内容编排，传播既有质感又有网感的主流价值内容，同时着力发挥抖音号、头条号、快手号、微博账号等新兴渠道的内容传播力，打造旗帜鲜明、形式多样、内容丰富、充满网感的正能量矩阵，正向内容传播的自主性、即时性、互动性特点明显增强。

二、加强机制建设，筑牢意识形态阵地

习近平总书记强调：我们必须把意识形态工作的领导权、管理权、话语权牢牢掌握在手中，任何时候都不能旁落。当前，中国网民超过8亿，青年一代更是将互联网作为掌握信息的主要途径，越来越多的人通过网络平台获取丰富多彩的视听内容。首都无小事，事事连政治。筑牢北京网络视听意识形态阵地，是关系国家和首都政治和文化安全的一件大事。

北京局始终坚持自觉提高站位，主动向前一步，以“传媒特征、广电特色、首都标准”强化网络视听意识形态安全屏障。建立健全网络意识形态工作责任制和网络安全工作机制，会商研判、情况通报、风险防控、管控处置、督查考核等工作有效推进。聚焦重要会议、重大活动、敏感节点，加强线上线下联动，定期分析研判和通报情况，增强前瞻性和预见性，第一时间发现处置苗头性倾向性问题。主动设置议题话题，正面引导社会舆论，旗帜鲜明坚持真理，立场坚定批驳谬误。

三、强化内容管理，净化网络视听生态

网络视听行业在草创之初，由于各种机制体制尚不完善，也曾经历过野蛮生长。有些从业者不择手段趋附市场，盲目追星炒星，以明星“咖位”作为衡量节目的唯一标准，推高明星片酬，破坏行业生态；将虚无历史、戏谑英雄、解构经典、脱离现实视为时尚，热衷“宫斗剧”“玄幻剧”“伪

现实”“悬浮剧”；唯点击率马首是瞻，签订对赌协议，给干扰、造假点击率的行为提供空间等。部分平台也把关不严，导致一些挑战公序良俗、违背创作规律的劣质产品传播出去。急功近利的浮躁心态不仅伤害了文艺创作本身，还对社会精神文化生活造成负面影响。

举精神之旗、立精神支柱、建精神家园，都离不开文艺。在立场和导向这个大是大非问题上，绝不容许随波逐流、含混不清。北京局始终坚持问题导向，直面行业短板，多管齐下，对违法违规现象“零容忍”：充分发挥局监管中心、第三方机构和社会监督员三支力量，清理下线色情淫秽、血腥暴力、低俗庸俗节目，严重违规的网站提交市文化执法总队查处；依法依规严肃处理儿童邪典视频、歪曲丑化革命经典文艺作品和英烈人物等问题节目；针对网络原创节目内容低俗、导向缺失等问题，坚持清理存量与严管增量并行，加大对违规节目的拉网式排查，集中清理，2018 年共下线存量网络电影 2000 余部，同时对增量源头装好审查“过滤器”，通过网络原创视听节目前置审查评议，防止“杂质病菌”渗透传播，净化行业风气和传播环境；制定并向社会发布《北京市广播电视局关于进一步加强广播电视和网络视听文艺节目管理的实施细则》，彻底整治网络视听节目中低俗媚俗、追星炒星、泛娱乐化、高价片酬等问题；充分利用人工智能、大数据、云计算等现代化信息技术，升级改造网络视听新媒体监管平台，提升内容监管抓手智能化水平，确保网络监管工作互联互通、可管可控、智能协同和高效覆盖。

四、秉持创新思维，提升日常管理效能

北京局一方面不断优化完善日常管理制度，建立健全重点视听平台的周例会和月例会制度，及时传达有关管理要求，部署工作任务，不断筑牢压实网站主体责任；督导网站全面深入落实总编辑内容负责制，建立健全违规内容责任追溯制度；坚持违规行为责任追究制度，综合运用诫勉谈话、约谈、联合约谈、停播整改、公开曝光、提交查处、关闭网站、取消许可

等处置措施，对触及红线的违规行为“零容忍”。

另一方面着力机制创新，坚持先行先试，采取备案制方式，将北京市重点无证平台纳入日常管理，加强对这些平台视听产品矩阵的指导监看，发现违规问题及时处置，督促平台不断加强内容审核管理，提高视听内容安全性，防止出现重大违规问题。定期召开管理例会，向无证平台及时传达有关政策管理要求，部署工作任务。支持企业合法合规开展新业务，对内容创作、节目编排、审核团队建设和人员管理提出具体要求和业务指导。同时，密切关注、持续跟踪无证平台的牌照资质发放问题，积极向国家广播电视总局寻求解决方案。

五、着力扶优扶强，培育网络文艺精品

北京局一手抓管理，一手抓发展，坚持价值引领，强化事前引导，推动题材规划关口前移、立项创作关口前移、备案审查关口前移，扶持奖励了一大批弘扬社会主义核心价值观、反映改革开放 40 年历史性成就、传承中国优秀传统文化等重点题材网络文艺精品佳作，资金扶持力度居全国之首。

近年来，爱奇艺、优酷、搜狐视频等“北京力量”打造的精品力作，呈现三大特点：一是着力发掘优秀传统文化资源，创作出《最美中国》《了不起的匠人》《讲究》《博物奇妙夜》等一批既有质感又有网感的节目。创作者们追寻文明脉络，探索民族精神，诠释文史知识，展示精彩技艺，为网民带来具有沉浸感的文化体验和知识盛宴。二是着力发扬创新精神，追求内容和形式突破，研发更多原创节目品牌和模式，通过提升创意含量增强竞争优势。三是着力推动优质内容出海。从网络剧、网络电影、网络综艺，到网络纪录片、网络动画片，输出的网络文艺节目类型不断拓展、内容日趋多元。网络文艺出海的范围也不断扩大，从东南亚为主扩展至欧美地区。随着网络文艺精品化发展不断推进，面向海外传播的“北京声音”更加洪亮，使世界各地的受众感受到改革开放 40 年背景下的中国精神、中

国价值、中国力量。

六、坚持“四位一体”，助力行业行稳致远

网络文艺创作生态不断变化，但对内容品质的不懈追求不应改变，发展路径要从被动补齐短板转向主动提升质量。这需要政府监管、企业履责、行业自律、社会监督四方合力推动，缺一不可。网络视听行业只有主动拥抱“四位一体”大格局，未来才能大有可为。

主管部门要从机制建设、优化服务、人才培养三方面定位对标、定责对表。完善引导机制、评价机制、审查机制、考核机制；抓好网络文艺精品创作引导服务，对优秀剧目跟踪关注，开通审批绿色通道，线上线下全方位做好网络文艺作品版权保护，维护良好的市场秩序；加强对行业领军人才的培养遴选，扶持网络视听行业的“蓝翔技校”，充分发挥规划会、交易会、交流会和政策课、业务课、实践课“三会三课”作用，积极引导平台和制作公司从业人员提升专业能力、培养专业精神、树立职业道德、提高职业水平，为首都网络视听文艺精品化发展夯实人才根基。

视听平台和制作公司要主动提高站位，把握时代脉搏，履行主体责任。抓好总编辑内容负责制这个“牛鼻子”，严格按照“三审制”“先审后播”制度，守好文艺阵地；把握受众关切点，激发情感共鸣点，充分发挥“互联网+文艺”的特点和影响力，传播有思想、有温度、有品质的内容，讲述“沾泥土”“带露珠”“冒热气”的故事，增强正能量内容的到达率、阅读量和点赞数。

行业协会要凝心聚力，强化自律监督，规范行业秩序。主动传播宣讲政策法规，建立健全行规行约，发挥协调联动功能，自觉强化行业自律，主动引导平台和制作公司筑牢底线意识，自觉抵制违规有害内容，让追求精品成为全行业的创作风尚。

网上网下形成同心圆，就要发挥社会各界力量，充分调动视听受众积极性。要开拓思路，深度挖潜，进一步完善社会监督员的职能定位，建设

好一支守护首都清朗网络视听空间的义工队伍，以共治共享促进行业健康发展。要连通线上线下，结合庆祝中华人民共和国成立 70 周年、北京全国文化中心建设等重大主题和“防沉迷”“防诈骗”“反谣言”等关系百姓日常生活的话题，设计策划举办接地气、有生气、聚人气的主题活动，让首都优秀网络视听文艺内容进街道、进社区、进家庭。

B.6 上海局：管理优化 服务细化 推动上海网络视听行业高质量发展

王 玮*

2018年是全面贯彻党的十九大精神的开局之年和改革开放40周年，是党和国家发展进程中极不平凡的一年。上海市广播电视局（以下简称上海局）深入学习宣传贯彻习近平新时代中国特色社会主义思想和党的十九大精神，树牢“四个意识”，坚定“四个自信”，做到“两个维护”，坚持稳中求进、守正创新，根据国家广播电视总局（以下简称总局）强化网络视听节目内容建设要求，着力净化网络视听内容生态、着力深化网络视听管理、着力优化网络视听产业环境，以“三个着力”为抓手，各方面工作取得新成绩，有力推动上海网络视听行业高质量发展。

一、上海网络视听产业继续保持快速健康发展态势

2018年上海网络视听产业随着“文创50条”等产业政策的大力扶持，产业主体持续壮大，产业环境日益优化，呈现以下特征。

一是主流媒体深度融合。以上海广播电视台、上海报业集团为代表的主流媒体主动顺应移动互联网发展趋势，不断提升媒体融合生产和传播能

* 王玮，上海市文化和旅游局巡视员。

力。上海广播电视台重点打造互联网“1+3”产品，建设以 BesTV 为平台，看看新闻 Knews、阿基米德、第一财经为核心的新媒体矩阵。上海报业集团在新媒体产品和项目上形成“二三四”布局，澎湃、界面两大现象级新媒体扩大影响力，上观新闻、文汇、新民三大传统主流媒体战略转型，第六声、摩尔金融、唔哩、周到四个特色新媒体专注细分领域。

二是视听垂直领域发展潜力大。2018 年上海网络视听产业进入差异化发展阶段，哔哩哔哩、PP 视频等凭借各自独特内容或特点，深耕垂直领域。哔哩哔哩成功上市纳斯达克，全面发力布局 ACG（动漫游戏）内容，成为二次元领域头部平台。

三是音频知识付费快速增长。上海音频网站处于全国领先地位，喜马拉雅、蜻蜓 FM、阿基米德三家音频网站占据全国音频行业超过 80%的市场份额。得益于知识付费产品的快速增加，上海音频网站吸引了更多用户付费尝试音频服务。

四是网络内容制作发展势头强劲。上海内容制作机构积极打响自身原创品牌，喜剧脱口秀领域“独角兽”企业笑果文化，连续打造《吐槽大会》《周六夜现场》等脱口秀节目。腾讯影业、企鹅影视、时悦、兴格等影视内容制作机构生产的网络剧内容数量质量不断提升，生产出《古董局中局》《黄金瞳》等网络影响力巨大的内容。

二、守底线、重导向，着力净化网络视听内容生态

近年来，互联网已经日益成为意识形态主阵地，上海局始终高度重视意识形态工作，出重拳、用猛药、建机制、求长效，以“三线”为标准，聚焦宣传主题主线、守住内容安全生命线、引领精品创作水平线，着力净化上海网络视听内容生态。

（一）正面宣传促担当，聚焦网络视听宣传主题主线

网络视听生产传播的是影响人思想的精神产品，影响越大，责任越大。上海局督促网络视听行业深化思想认识，提高政治站位，主动承担主体责

任，积极做好网上正面宣传，持续开展视听新媒体“首页首屏首条”建设，圆满完成庆祝改革开放40周年、全国两会、首届中国国际进口博览会、纪念马克思200周年诞辰等重大主题宣传，营造良好的舆论氛围。哔哩哔哩、土豆网、PP视频、喜马拉雅、蜻蜓FM等视听网站发挥视听特色，开设专区专栏，新媒体与传统媒体同频共振，构建网上网下同心圆，使网络视听成为党开展宣传思想工作的重要增量，上线播出了《领风者》《给90后讲讲马克思》等一批正能量、接地气、年轻态的主题节目，影响广泛，深受年轻受众的喜爱与推崇。

（二）点面结合强管控，守住网络视听内容安全生命线

网络视听工作是党的意识形态工作的重要组成部分，上海局坚持安全为本，把确保网络视听内容安全工作作为底线红线。2018年以来积极强化与相关部门紧密联动，拿出“硬实招”，打好“组合拳”，日常整改与专项整治结合、系统管理与重点管理结合，加强了对网络视听内容生态的专项整治。果断处置违规开展网络直播答题行为，排查清理非法剪拼改编视听内容，坚决打击政治有害、内容三俗、血腥暴力、儿童邪典等问题内容。同时，不断提升自身监管能力，明确重点管理对象、重要风险点，定期对重点管理对象节目内容情况进行专项排查，综合采取约谈、限期整改、清理下线等管理手段，及时清理违规视听内容，有效净化网络视听内容生态。

（三）评选推优激创新，引领网络视听精品创作水平线

根据总局网络视听内容建设扶持要求，结合上海实际，健全评选推优、扶持引导机制，积极组织推选上海广播电视节目制作机构及互联网视听节目服务机构参与总局一系列网络视听节目内容建设专项资金扶持项目活动。全市9个项目获得总局10项扶持，包括哔哩哔哩《小小少年》《中国唱诗班·夜思》，上海广播电视台《听总书记讲故事》《生命时速·紧急救护120》，阿基米德“十九大精神十九人讲”——《学习同心圆》特别党课等，积极推动网络视听节目创造性转化、创新性发展，加快从“高原”向“高峰”迈进，更好地以优秀作品鼓舞斗志。

三、抓实效、聚合力，着力深化网络视听管理

2018年以来上海局积极强化管理系统性、制度性，以“三制”为手段，统筹事前、事中、事后管理，把沟通协调、审批、审查等制度有机结合起来，着力深化网络视听管理。

（一）完善沟通协调机制

落实属地管理职责，坚持和完善每季度网络视听总编辑例会机制，及时传达近期管理要求，并对上海网络视听企业总编辑及政府关系人员进行政策法规指导、近期管理重点提示，指出每季度监测监管重点问题，加强各网站自身预判能力。此外，明确重点企业名单，平台方企业如哔哩哔哩、PP视频、土豆、喜马拉雅、蜻蜓FM、阿基米德、澎湃、东方财富等，内容方企业如笑果文化、企鹅影视、兴格传媒等，对重点企业予以重点关注，加强与各区协同，与杨浦、静安、浦东等区建立市区两级联动机制，形成重点企业“一事一议”制度。

（二）优化行政审批机制

根据上海市大力提升营商环境和政务服务效能，提高政务效率，深化“放管服”改革的总体要求，简政放权、优化服务。上海局缩短《信息网络传播视听节目许可证》事项审批时限，由原先20天缩短至10天，借助互联网，让数据多跑路，让企业少跑路，做好企业“店小二”。

（三）加强节目审核机制

积极贯彻执行总局有关规定要求，落实境外影视剧、重点网络原创视听节目等内容审核制度，加强节目题材把关。坚持“正能量是总要求”的原则，2018年审核网站上报网上境外影视剧近700集，审核重点网络原创节目近100集。始终把正确政治方向、舆论导向、价值取向作为第一标准，以规范审核管理促视听内容高质量发展，涌现出《完美的餐厅》《这！就是原创》等一批有温度、有品质的内容。针对个别网站境外动画片内容低俗等问题，在全国还未明确相关管理制度的情况下，先行先试、关口前移，

实行境外动画片备案登记制度，要求网站提前将拟上线播出的境外动画片材料上报，并对上线节目抽查审看，有效防止动画片内容低俗问题。

四、谋创新、促发展，着力优化网络视听产业环境

上海局积极夯实政策基础，紧密结合全市“大调研”要求，以平台交流、资金扶持为抓手，锲而不舍、驰而不息纵深优化产业环境。

（一）政策基础不断牢固

2017 年年底，上海市委、市政府出台“文创 50 条”政策，强调把网络文化产业作为驱动上海文化创意产业创新发展的新动能。为积极贯彻落实“文创 50 条”精神，上海局通过走访调研、召开座谈会等形式，邀请 10 余家网络视听相关企业，网络视听产业基地及网络视听行业协会，征求各方对上海网络视听产业发展的意见建议，于 2018 年 5 月制定发布《关于促进上海网络视听产业发展的实施办法》，从精品内容创作、优化产业空间布局、做好公共服务平台等方面全方位促进上海网络视听产业发展。2018 年 4 月，为积极贯彻落实市委市政府全力打响“上海文化”等四大品牌精神，制定《上海网络视听产业品牌建设三年行动计划（2018—2020 年）》，推动网络文化、影视等重点领域创新突破、高质量发展。

（二）走访调研积极深入

根据上海市委开展“不忘初心、牢记使命，勇当新时代排头兵、先行者”大调研工作要求，上海局积极开展大调研工作，2018 年坚持走访不停步，服务企业不停步，走访调研了大量影视、网络视听企业。详细了解重点企业发展情况、项目规划，围绕广电行政管理部门如何进一步加强“放管服”、改善产业环境、落实“文创 50 条”进行研讨，面对面听取企业的呼声与诉求。针对企业提出影视、网络视听对口专业与学科较少、行业人才稀缺的问题，牵头召开影视、视听企业与高校座谈会，为行业人才对接提供平台，强化高校与企业沟通交流。

（三）产业论坛主动创新

2018 年第十届中国网络视听产业论坛成功举办。活动创新融入互联网

影视元素，与上海国际电影电视节互联网影视峰会同期举行，聚焦“新时代、新需求、新使命”主题，首创互联网影视精品榜单发布机制，鼓励精品创作，为企业提供成果交流展示平台。本次论坛关注网络视听行业细分垂直领域，议题围绕网络视听内容发展与产业升级，关注网络剧、网络综艺、音频、内容营销等多个网络视听行业热点领域。活动邀请政府官员、视听网站掌门人、影视机构负责人、网络影视行业知名编剧、导演、国内外专家学者等行业相关人士与会，吸引了传统媒体与新媒体到会采访，发布了一系列角度新颖、浓墨重彩的重磅报道。

（四）资金扶持力度加大

继续发挥政府扶持资金的示范引领和杠杆带动作用，每年安排1000万元政府资金扶持推动社会积极参与创作传播更多“三性统一”的优秀作品，着力推动网络视听文艺和网络视听产业实现高质量、高品位、高层次的繁荣发展。2018年聚焦扶持网络视听精品内容，大幅度提高内容扶持额度，资助扶持了《寻人大师》《双世宠妃》《脱口秀大会》等有人气、有口碑的内容项目，鼓励上海制作机构及网络视听节目服务机构打造更多思想精深、艺术精湛、制作精良的网络视听内容。

中国特色社会主义进入新时代，上海局坚持以习近平总书记在全国宣传思想工作会议上的重要讲话为基本遵循，牢牢把握“守正创新”这一新方位和主基调，紧紧围绕举旗帜、聚民心、育新人、兴文化、展形象的使命任务，网络视听工作将牢牢抓住历史发展机遇，立足新方位，找准新坐标，应对风险挑战，使上海网络视听行业迈向新起点。

B.7 “重点网络原创视听节目内容研判全覆盖工程”助力网络原创节目高质量发展

史文璇*

国家广播电视总局（以下简称总局）监管中心“重点网络原创视听节目内容研判全覆盖工程”（以下简称工程）是总局“寓管理于服务之中”的一项积极探索，是致力于服务网络视听全行业的一项重要举措。工程自2017年启动以来，对上线节目情况进行及时跟踪和数据分析，推动更好践行网上网下“同一标准、同一尺度”要求，助力网络原创节目高质量发展。

一、创立网络原创节目评价体系，对全网重点网络原创节目进行全面、系统、客观评价

在总局“网络剧、微电影等网络视听节目信息备案系统”备案的“重点网络原创节目”上线后，点击量高、影响力大，直接影响着网络节目的整体内容质量。监管中心在对网络原创节目的长期观察中，逐渐形成了一套综合评价体系，对每档节目从导向性、艺术性、影响力等三个维度进行逐一分析并进行量化评分，力求通过全面、系统、客观的研评，发现网络原创节目中的优秀案例，鼓励行业优质内容的创作和生产。与此同时，针

* 史文璇，国家广播电视总局监管中心视听处编辑。

对网络原创节目中显露出的苗头性问题，向行业主管部门给出提示与建议，推动行业健康、可持续发展。

网络原创节目评价体系总体上分为导向性、艺术性、影响力三个维度。导向性维度关注节目在唱响主旋律、弘扬主流价值观、传递正能量等方面的表现；艺术性维度考量节目在艺术表现、制作水准等方面呈现出的效果；影响力维度综合节目的热度、口碑等进行评价，体现节目的传播效果和影响。每个维度都制定了较为详细的评分标准，分值从 0～10。导向性方面，弘扬主流价值观、社会效益突出的作品 7～10 分，无正能量传播也无导向偏差的得分为 6 分及格分，导向错误且容易造成负面引导得分为 0～5 分；艺术方面，具有较高艺术水准、制作精良的得分为 7～10 分，符合基本艺术要求的为 6 分及格分；影响力分数综合了播放量、豆瓣评分、微博话题热度等多个指标，若以上指标都表现抢眼，呈现出“现象级”特质，则给出 8～10 分。具体到网络剧、网络综艺、网络电影等不同节目形态，在三个维度下又设计了更为细化的评价指标和更为灵活的评分方式。比如在网络综艺的导向性指标里设立主持人、嘉宾指标，综合考虑主持人、嘉宾的道德品行、公众形象以及主持人的专业功底等。由于网络剧、网络电影均有完整的叙事结构，因此在艺术性方面对其叙事能力、人物表现、制作水准等进行专项打分，而针对网络综艺的艺术性则不要求进行专项打分。为了提高研判的科学性与准确性，普通节目要求 2 人以上打分，头部节目实行多人背靠背打分，综合考量多位研判人员的分数给出最终的研判意见。

在网络原创节目评价体系综合打分的基础上，监管中心组织开展网络原创节目评议工作，将分数较高的优秀节目通过内参渠道予以评议表扬，并通过“广电时评”“国家广电智库”等行业专业平台向全社会推荐，对发现的苗头性问题及时向行业提醒。监管中心基于“工程”展开的节目评议工作，既有对《一本好书》《风味人间》等优秀节目的深入剖析，也有对校园题材网络剧、网络综艺乱象等问题的思考，适时为行业鼓与呼，为引导行业健康发展作出积极贡献。

二、发布网络原创节目年度发展情况报告，为行业高质量发展提供借鉴和参考

“工程”采用人工和技术系统相结合的方法，就所有上线节目，对其内容、制作相关信息（主创机构和人员、题材、故事来源、时长、集数、广告等）进行全面记录，对其传播效果（播出平台、上线时间、更新频率、付费播出、播放量等）进行跟踪，并对用户反馈（内容偏好、观看习惯偏好等）进行问卷采集，积累大量宝贵数据。

在大量数据的基础上，监管中心结合内容研判，进行深入分析研究，编写年度“网络原创节目发展分析报告”。该报告通过翔实的数据支撑，客观中立的分析，为社会各界关注、关心、致力于网络原创节目发展的人士提供了解行业年度发展的重要参考。每年年度报告发布后，均引发业内强烈反响。在第六届中国网络视听大会上，监管中心通过线上线下两种渠道推出了《2018 网络原创节目发展分析报告》（以下简称报告）。报告分网络剧、网络电影、网络综艺三册，共 10 万余字，图表 180 余幅，全面反映了 2018 年网络原创节目的基本面貌和发展态势。报告通过“广电时评”公众号在线上首发后，网易、搜狐等商业网站，“广电独家”“网生内容观察”等行业公众号纷纷予以转载。截至 2019 年 1 月，相关报道阅读量超 2 万次，报告电子版全文下载量已超 1. 3 万次。芒果 TV、腾讯视频、优酷、爱奇艺等业内主要平台认为“报告”清晰地指导了视听行业的创新方向，也增强了视听平台原创的信心，对平台夯实原创实力、打造精品内容具有极高的参考价值。

依托“工程”的实施，监管中心对网络原创节目的相关数据进行积累和分析，在倡导行业熟悉管理政策的同时，为行业了解各类型节目数量、比重以及观众好恶提供参考，从而为业内相关平台、公司更好地制定发展策略、“避雷躲坑”提供一定帮助。

三、研发技术系统，建设网络原创节目资料库，为行业发展提供支撑

为了配合网络原创节目评价体系的运行，监管中心为“工程”配套建设了“网络原创节目信息统计及观看记录系统”，该系统可记录节目信息以及研判人员对每个节目的打分、发现的亮点和问题点等，实现所有研判人员的信息共享，大大提高工作效率，同时为行业研究提供了重要支撑。

与此同时，“工程”还建设了两大节目资料库，为行业积累大量视频资料。“优秀网络原创节目视频资料库”收录了 2017 年以来上线的、综合得分在 8 分以上的网络原创节目，“低分值网络原创节目视频资料库”则收录了得分在 4 分以下节目的相关数据。上述数据库对优秀节目的特点以及低分值节目的苗头性问题都有详细记录，是行业内专业人士进行借鉴学习和行业研究的重要参考。

“重点网络原创视听节目内容研判全覆盖工程”以网络原创节目评价体系为抓手，以数据分析和系统建设为支撑，服务网络视听行业高质量发展，推动全行业讲品位、讲格调、讲责任。该项目获得总局 2018 年度网络视听节目内容建设专项资金扶持项目中的优秀内容管理项目。未来，“工程”还将进一步丰富网络原创视听节目品类，一如既往服务行业、护航行业，为网络视听行业健康发展作出新贡献。

B. Ⅲ

行业扫描

B.8 互联网视听节目服务发展报告

赵京文*

网络视听行业正成为传播党的声音的重要阵地以及推动中国特色社会主义文化事业和产业发展的最大增量。以习近平同志为核心的党中央高度重视思想文化工作，为网络视听行业的舆论导向、内容创作、人才培养、管理引导、网络安全等方面指明了前进方向、提供了根本遵循，也为网络视听行业的发展坚定了信心、鼓舞了力量。

2018 年，在政府引导、新兴技术和市场资本的共同推动下，互联网视听节目服务在用户规模、内容创作、产业发展、技术应用等方面继续保持较快发展，在扩大主流价值影响力版图和满足人民美好生活需要等方面不断做大新增量。

一、互联网视听节目服务发展现状

（一）行业集中度进一步强化，市场规模持续扩大

行业集中度进一步强化和固化。截至 2018 年年底，全国共有 588 家机构获准开办互联网视听节目服务，基本保持不变①。腾讯视频、爱奇艺、优酷继续保持领先优势，占据市场绝大部分用户、内容和流量。数据显示，

---

* 赵京文，国家广播电视总局发展研究中心研究人员。

① 国家广播电视总局，《2018 年全国广播电视行业统计公报》，2019 年 4 月。

2018 年 12 月，腾讯视频、爱奇艺和优酷的渗透率分别为 47.6%、43.6%和 29.7%，日活跃用户数分别达到 1.21 亿、0.82 亿和 0.37 亿，与其他平台拉开较大差距[①]。在网络剧、网络综艺、网络电影等网络原创视听节目的上线数量和播放量方面，三大平台占据八成左右份额，也与其他平台拉开差距。2018 年，资本对网络视听行业的渗透进一步增强，进一步强化了头部平台的优势地位。爱奇艺、哔哩哔哩登陆美股，芒果 TV 成功纳入快乐购重组上市，并更名为芒果超媒，头部视频平台均被纳入上市企业体系。虎牙直播、映客直播、趣头条等直播平台也通过 IPO 实现境外上市。

市场规模不断扩大、业态蓬勃。2018 年，视听行业市场规模达 2016.8 亿元，同比增长 39.1%，其中在线视频市场规模达 1249.5 亿元，同比增长 31.2%，网络视频已成为网络娱乐产业的核心支柱[②]（见图 1）。主要视频平台营收不断增长，相关公司财报显示，2018 财年爱奇艺总营收达到 250 亿元，同比增长 52%；2018 年，腾讯公司视频广告收入同比增长 34%，第四季度同比增长 21%[③]；2018 财年哔哩哔哩总营收达 41.3 亿元，同比增长 67%，广告业务收入达 1.6 亿元，同比增长 302%；截至 2018 年第三季度，芒果 TV 实现营业收入 40.1 亿元，同比增长 85.8%，实现净利润 6.16 亿元，同比增长 103.7%。

内容付费收入不断增长。在线视频付费内容数量和收入逐年提升。2018 年，全网共上线 3134 部网络视听内容，其中会员内容达 1853 部，占总内容的近 60%[④]。付费观看已成通行收看模式，推动内容付费在营收结构的占比不断提升，成为网站主要收入来源。如，爱奇艺付费收入已超过广告收入，2018 年全年会员服务收入达 106 亿元，同比增长 72%[⑤]。

---

① 极光大数据，《2018 年 Q4 暨全年移动互联网行业数据研究报告》，2019 年 1 月。
② 中国网络视听节目服务协会，《2018 中国网络视听发展研究报告》，2018 年 11 月。
③ 腾讯，2018 年第四季度及全年财报，2019 年 3 月。
④ 艺恩咨询，《2018 中国视频内容付费产业观察》，2019 年 1 月。
⑤ 爱奇艺，2018 年第四季度财报，2019 年 2 月。

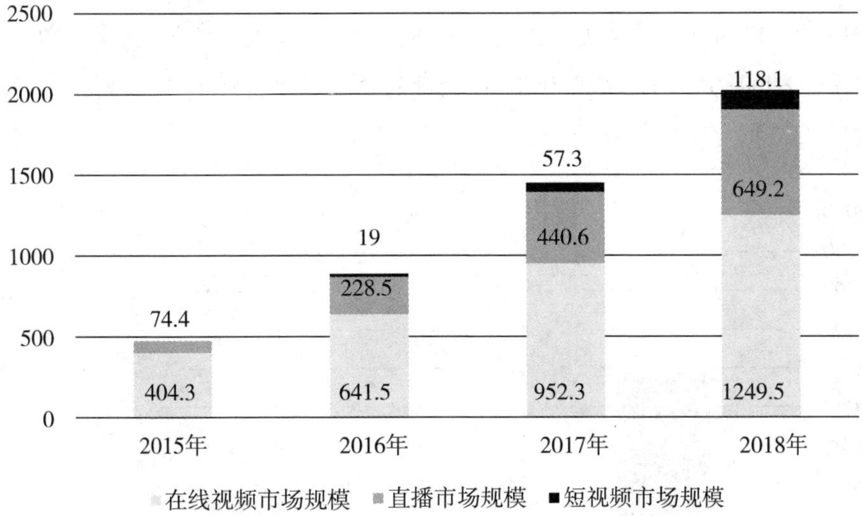

图 1　2015~2018 年视频内容行业市场规模①（单位：亿元）

（二）用户规模增幅有所放缓，付费用户超过半数

用户规模持续增长。截至 2018 年 12 月，中国网民规模为 8.29 亿，网络视频用户规模达 6.12 亿，同比增加 3309 万，增幅为 5.7%，占网民整体的 73.9%，用户使用率比上年微降 1.1 个百分点（见图 2）；视频观看移动化趋势更加明显，手机网络视频用户规模达 5.9 亿，同比增加 4101 万，占手机网民的 72.2%；网络音乐用户规模达 5.76 亿，同比增加 2751 万，占网民整体的 69.5%，手机网络音乐用户规模达 5.53 亿，同比增加 4123 万，占手机网民的 67.7%；网络短视频用户规模达 6.48 亿，用户使用率为 78.2%；网络直播用户规模达 3.97 亿，同比减少 2533 万，用户使用率为 47.9%，同比下降 6.8%。②

付费用户规模快速增长。2018 年，网络视听付费用户规模达 3.47 亿

① 中国网络视听节目服务协会，《2018 中国网络视听发展研究报告》。

② 中国互联网络信息中心，第 43 次《中国互联网络发展状况统计报告》，2019 年 2 月。

人，同比增长 23.93%，付费用户群体不断扩大，消费习惯逐步形成①。2018 年，网络视频付费用户比例达 53%，同比增长 23.8%②。腾讯视频会员规模达 8900 万，同比增长 58%③；爱奇艺会员规模达到了 8740 万人，同比增长 72%④。

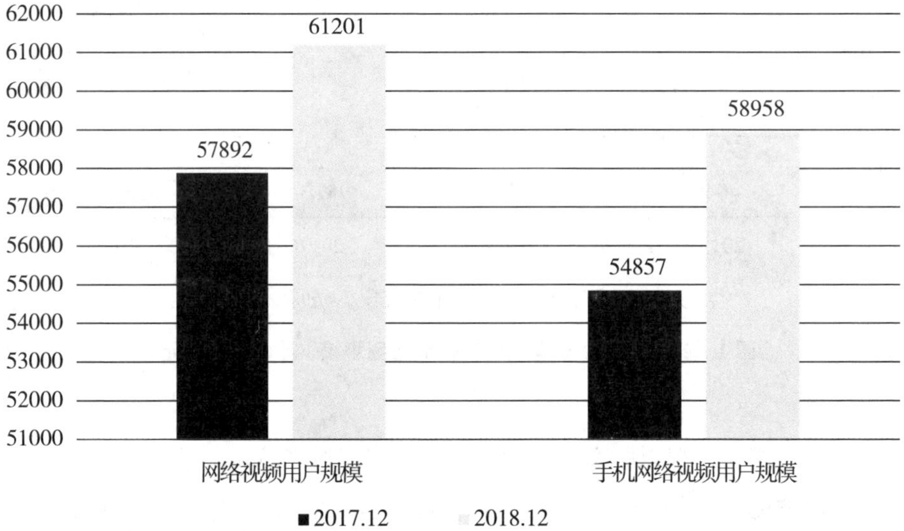

图 2 2017.12～2018.12 网络视频、手机网络视频用户规模⑤（单位：万人）

（三）内容生产呈现“量少有质”态势，向垂直化、圈层化发展

自制内容投入继续加大。主要视频网站继续加大内容自制力度，内容布局与题材选择呈现出新的特点，逐步彰显品牌特色。如腾讯视频深耕女性励志题材影视剧；优酷打造“少年派剧场”；爱奇艺推出“爱青春剧场”“奇悬疑剧场”。为适应网民向移动端转移的趋势，一些平台和创作机构在竖屏剧和

① 国家广播电视总局，《2018 全国广播电视行业统计公报》，2019 年 4 月。
② 中国网络视听节目服务协会，《2018 中国网络视听发展研究报告》，2018 年 11 月。
③ 腾讯，2018 财年第四季度及全年财报，2019 年 3 月。
④ 爱奇艺，2018 年第四季度财报，2019 年 2 月。
⑤ 中国互联网络信息中心，第 43 次《中国互联网络发展状况统计报告》，2019 年 2 月。

微综艺方面进行大胆探索，未来或成为网络自制内容重要组成部分。

网络剧创作传播总体稳中向好。2018 年全网共上线网络剧 218 部 4145 集，同比增加 12 部①，自制剧开始超越版权剧。网络剧内容品质总体继续提升，类型化作品向纵深发展，青春题材涌现多部优秀作品，现实题材、历史题材有所突破。

网络综艺呈现井喷式发展。2018 年全网共上线网络综艺 385 档，同比增长 95%②。多版本节目（48 档）、衍生节目（44 档）大量出现，这些节目多限会员观看，一方面能够满足不同用户群的需求，另一方面也能扩大节目影响力。

网络电影进入转型调整期。2018 年全网共上线网络电影 1526 部，同比下降 31%③。在政策引导、市场推动以及行业自律强化的多重作用下，网络电影更加讲品位、讲格调、讲责任，继续呈现出多元化发展趋势，题材类型触及了电竞类、体育类、音乐类、动画类等院线电影较少涉及的题材领域。

网络纪录片发展亮眼。2018 年涌现出《风味人间》《了不起的匠人　第三季》《人生一串》等一大批优秀网络纪录片，以多元的垂直题材和知识性吸引年轻受众的关注，在网络的细分市场中得到较高的评价与满意度。热门 IP 相关微纪录片也成为网生纪录片的热门品类。

网络动画片异军突起。2018 年，在线动漫市场规模近 150 亿元，在线动漫用户量达 2.19 亿④。主要视频平台加大对自制动漫的投入，2018 年，腾讯视频、爱奇艺、优酷、哔哩哔哩分别上线动漫作品 32 部、52 部、41

---

① 国家广播电视总局监管中心，《2018 网络原创节目发展分析报告（网络剧篇）》，2018 年 11 月。

② 国家广播电视总局监管中心，《2018 网络原创节目发展分析报告（网络综艺篇）》，2018 年 11 月。

③ 国家广播电视总局监管中心，《2018 网络原创节目发展分析报告（网络电影篇）》，2018 年 11 月。

④ 艾瑞咨询，《2018 年中国动漫行业研究报告》，2018 年 12 月。

部、43部[1]，其中《斗罗大陆》《魔道祖师》《中国唱诗班》等作品均取得良好的口碑。

二、互联网视听节目服务发展新亮点新特征

（一）牢牢把握正确舆论导向和价值引领，构筑舆论宣传主阵地

2018年，网络视听行业深入学习习近平新时代中国特色社会主义思想和党的十九大精神，深入贯彻全国宣传思想工作会议精神，牢牢把握正确舆论导向和价值取向，强化“首页首屏首条”建设，综合运用多种节目形态，推出有特色有影响的报道，网上形势政策宣传、主题宣传、成就宣传、典型宣传有声有色，舆论宣传主阵地地位不断强化。

围绕主题主线，抓好宣传阐释。2018年，传统媒体的新媒体平台以及商业视频平台开设专栏，汇集最新报道，提供音视频直播点播链接等，共同打造网上网下主题主线宣传的规模声势。新闻短视频成为媒体融合传播的入口，各种客观真实、观点鲜明、贴近受众的短视频，多角度、多侧面深入挖掘主题，创新手段，增强互动性，使主流媒体权威性、专业性得到张扬。如央视新闻移动网运用独家报道资源推送的V观系列微视频，展示主题活动相关精彩片段；新华网联合短视频平台推出“改革开放40年穿阅之旅”交互活动，带领网民穿越到不同的年代和场景，引发刷屏传播。

主旋律、正能量作品不断增多。在行业主管部门引导下，通过创作规划、评优推优、资金扶持等手段，大力扶持优秀网络视听节目创作传播，制作出一大批弘扬主流价值、有内涵、正能量的健康优质网络视听作品，推动网络原创节目正导向、提品质。《磅礴中国》《做客中国》《新时代新家乡》《我身边的四十四个细节》《那年1987》等一系列纪念改革开放40周年作品积极展现时代的风貌，弘扬改革开放伟大精神，激发将改革开放进行到底的强大力量。商业视频网站与主流媒体同频共振，有效扩大了正面

① 骨朵国漫，《2018年国产动画各视频平台数据分析》，2019年2月。

舆论的覆盖面和影响力，如腾讯视频推出“献礼剧场”、优酷推出“改革开放40周年”专题、爱奇艺推出“巨变40载，奋进新时代”大型专题，记录、书写、讴歌新时代。

（二）坚定文化自信，内容精品化程度进一步提升

2018年，互联网视听行业深入贯彻习近平总书记关于文艺工作的系列重要论述，坚持创造性转化、创新性发展，坚定文化自信，坚持以人民为中心的创作导向，坚持“小成本、大情怀、正能量”的自主创新方向，大力打造“公益、文化、原创”节目，精品力作不断涌现。

制作主体更加重视内容品质。一方面，2018年参与网络视听内容制作的知名机构、导演、演员进一步增多，为网络视听内容品质加速提升发挥了重要作用。另一方面，网络视听内容制作的提升方向开始从依赖IP、流量演员逐渐转向题材创新、新演员启用等新型发展模式。如《延禧攻略》《芸汐传》等作品虽然没有一线流量明星，但凭借精良的制作、紧凑的剧情，依然脱颖而出。

现实题材创作向好向善。2018年，网络视听行业坚持深入生活、扎根群众的创作理念和沉下心、俯下身的创作姿态，现实题材网络剧数量明显增加。如《假如没有遇见你》以患病女孩视角探讨生命的意义；《北京女子图鉴》《上海女子图鉴》切中了当下中国都市女性生存现状；《乡村爱情协奏曲》以批判的眼光描摹农村社会的荒诞与真实。这些作品聚焦当下，主题广泛，表达对社会和人生的关切，既庄重严肃又充满生机，对抵制泛娱乐主义，形成向好向上创作风气起到积极的带动作用。

文化类节目创新创优。近年来，文化类节目渐渐成为网络视听原创节目的重要类型，一定程度上改善了网络视听节目结构失衡、偏重娱乐功能的局面。2018年，全网共上线文化类网络综艺21档[①]，涉及历史文化脱口秀、人文探讨、匠人匠心、阅读分享、艺术感知等多个类型，整体格调较

① 国家广播电视总局监管中心，《2018网络原创节目发展分析报告（网络综艺篇）》，2018年11月。

高，注重内涵表达。如《博物奇妙夜》借助“博物”的概念用“奇妙”的当代视角，解读文化、品味历史，《一本好书》通过舞台戏剧、片段朗读、影像图文插播等手段，呈现书中情节和情感。

（三）深化构建多元化生态建设，强化内容运营能力

生态化布局加快推进。2018 年，主要网络视听平台依托集团内部资源，打通视频、文学、漫画、音乐、线下娱乐、体育赛事、智能娱乐、硬件、电商等多个领域，构建了以影视内容为核心、衍生内容为辅助的内容生态布局，围绕用户需求，通过生态化战略布局构建市场竞争壁垒。

独播成为主要投放方式。2018 年，网络视听平台对内容的控制进一步强化，更加倾向于选择独播的方式。腾讯视频、爱奇艺、优酷三家网站独播上线的网络剧总数量达到 199 部，占全年上线网络剧的 92%，热播剧目则均以独播形式面世。2018 年上线的 1526 部网络电影中，独播影片达 1437 部，占比超九成。独播内容往往为付费内容，因此能帮助平台实现内容差异化，为其带来更多的流量和新会员。

（四）网络视听新业态表现突出，内容生产向专业化垂直化发展

短视频市场成熟度逐渐提高。2018 年短视频营销市场规模达到 140.1 亿元，同比增长率高达 520.7%[①]。随着用户消费视频内容场景更加碎片化，短视频的用户规模和使用时长迅速增长。数据显示，2018 年 12 月，短视频用户总使用时长同比上涨 1.7 倍，超越长视频成为仅次于即时通讯的互联网第二大应用类型[②]。各大互联网巨头积极布局短视频领域，形成以抖音、快手为代表的“两超多强”的行业格局。与此同时，一批新兴的短视频平台另辟蹊径、深耕某一细分领域，做强垂直市场，成绩喜人。

与此同时，长视频和短视频、短视频和直播相互渗透，融合趋势不断加快。头部短视频平台开始布局新的细分市场，并向长视频领域发力，如西瓜视频进入网络综艺领域。长视频平台也继续在向短视频领域拓展，相

---

① 艾瑞咨询，《2018 年中国短视频营销市场研究报告》，2018 年 12 月。

② QuestMobile，《中国移动互联网 2018 年度大报告》，2019 年 1 月。

继加大对短视频领域的资源投入和战略倾斜，如腾讯先后上线了微视、下饭视频、闪咖等13款短视频应用。直播和短视频也呈现融合态势，如直播平台设置了短视频录制功能，短视频平台也开设了直播功能，两者业务的分界正逐渐模糊。

网络直播进入结构调整和业务重塑期。在政府监管和行业转型推动下，网络直播市场发展回归理性，逐步走向规范化轨道，资本市场更加冷静，融资节奏进一步放缓，同时对平台的内容生产、主播培育和吸流能力提出了更高要求。游戏直播、语音直播等细分领域发展强劲，语音直播细分领域吸引荔枝FM、喜马拉雅、蜻蜓FM、陌陌等音频巨头入局，游戏直播的火爆直接促成虎牙的上市。

音视频类知识付费产品进入快速增量阶段。对知识内容的需求从大众入门级进阶为更专业的细分领域，“知识网红”大量出现，社会各个学科领域的“专业课”比比皆是，其中人文历史、儿童教育、女性情感三个细分领域成长最快。平台化运作更加普遍，如喜马拉雅、蜻蜓FM等平台主动邀约内容创作者，深度参与内容规划制作，以共赢的利益分享模式推动业务良性运转。通过平台化的资源统筹规划、专业化细分化的制作推广以及社群关系的强化维护，促进音视频类知识付费业务成为高黏性的知识传播及消费场景。

（五）网台合作日益强化，媒体融合态势增强

视听内容的平台界限逐渐模糊。网络视频平台与传统电视台在内容制播的合作持续深化，台网联动趋势随着用户收看习惯的改变而不断强化。影视剧方面，2018年，取得《电视剧发行许可证》但仅在互联网播出，或首先在网络平台播出的作品数量持续增长，从2017年的34部一跃增长至63部。综艺节目方面，电视综艺和网络综艺也呈现出模式互鉴、内容交织的态势，如与网络综艺《明星大侦探》题材模式相同的《我是大侦探》登陆卫视播出。电影方面，2018年获得《电影片公映许可证》却以网络为第一发行渠道的作品比2017年增长370%。这些按照院线电影标准进行创作的

作品不仅在内容品质上较好，而且通过“先网后台、先网后院、院网同步”的多种发行方式获得了较好的传播效果①。

互联网视听与传统媒体的融合互动探索不断深入。主要视频网站纷纷与传统媒体深度合作，如腾讯视频与央视电影频道《脱贫攻坚战》公益项目合作进行“扶贫行”等；优酷与江苏卫视达成战略合作，在内容生产、产品技术、宣发运营方面深度合作。传统媒体也将互联网视听作为开展媒体融合转型的重要抓手，如通过提升短视频创作质量、丰富短视频内容品类以及建设自主可控、具有影响力的短视频平台发展短视频业务。

三、互联网视听节目服务发展新形势新趋势

（一）党和国家的高度重视、人民群众对美好生活的新需求是网络视听高质量发展的新增量

2019 年是新中国成立 70 周年，是全面建成小康社会、实现第一个百年奋斗目标的关键之年。这都为网络视听从当代中国的伟大创造中发现创作的主题、捕捉创新的灵感，深刻反映我们这个时代的历史巨变，描绘我们这个时代的精神图谱，特别是把新中国成立 70 年这部“奋斗史诗”反映好、解读好，提供了生生不竭的创作源泉。

党和国家机构改革中，中央明确总局职责包括“监督管理、审查广播电视与网络视听节目内容和质量”，首次把网络视听摆到了与广播电视同等重要的位置，行业主管部门更加聚焦巩固壮大网上主流思想舆论，聚焦网络视听阵地建设和管理，聚焦行业高质量创新性发展，这都为网络视听创造更好发展环境。

中国社会主要矛盾已经从“物质文化需要”向“美好生活需要”转变，人民群众对视听内容的消费需求不断升级，为网络视听高质量创新性发展提供了强大支撑和动力。网络视听应不仅是信息的生产者、传播者，更应

① 国家广播电视总局监管中心，《2018 网络原创节目发展分析报告（网络电影篇）》，2018 年 11 月。

成为新的生活方式的发起者、组织者、提供者，成为满足人民美好生活需求的重要助手。新时代，需要网络视听行业始终坚持以人民为中心的创作导向，自觉把提高质量作为文艺作品的生命线，推出更多记录、书写、讴歌新时代的文化精品，实现从“高原”向“高峰”迈进，为广大人民群众提供更丰富、更有营养的精神食粮。

（二）互联网技术的演进发展是网络视听转型升级的新动能

技术的快速发展，在一定程度上改变了互联网视听行业的生产、传输、最终呈现以及效果反馈的形式，为互联网视听行业持续增长提供了动力。2018 年，互联网视听平台进一步加大对新技术的投入，将新技术贯穿到平台的创作、生产、分发、播放、变现和交互整个生态环节，不断提升用户观看视频的体验，提升新技术在安全审核领域的应用。特别是在 4K 超高清节目制播方面，在 2018 年世界杯期间，相关平台启用 4K 超高清直播、人工智能 AI 智能剪辑等技术，进行了超高清赛事直播制作分发的实践与探索。

在 5G、大数据、人工智能、区块链、虚拟现实等新技术以及经济社会发展强烈需求的共同驱动下，互联网传播格局正在发生深刻变化，将给网络视听带来一场全方位的技术革新与体系重构。5G 时代，大视频驱动流量持续爆发，移动视频的新应用将层出不穷；传输和分发将更加多元，可实现分发更个性化、窄播化的内容；VR/AR 技术将普及应用，5G 的毫秒级极低时延特性会有效解决时延所导致的眩晕感难题；媒体融合的维度更加拓宽，包含媒体与通信、与物联网的融合等，万物互联，万物皆媒的情形将日益清晰。

人工智能、大数据等技术的应用范围将进一步深化，“声音优先”将成为服务的常态，并通过深度、准确挖掘用户需求，加强 AI 在流量预测、会员流失预警、广告精准投放以及自制剧排片、剧集更新等领域应用。区块链开始应用于媒体信源追踪、UGC 内容审核、数字版权保护、付费内容订阅、传播效果统计等方面，将推动并改变内容生产方式，推动内容生产的社会化多元化，形成用户、内容生产者、媒体平台三方共赢的商业模式。

（三）国际合作的纵深发展是网络视听影响力提升的新机遇

随着国际交流合作的深化，中国网络视听内容“走出去”的类型不断拓展、内容日趋多元，覆盖网络剧、网络综艺、网络电影、网络纪录片、网络动画片等多种类型；出海范围也不断扩大，从东南亚为主扩展至欧美地区，网络视听内容在推动文化交流、促进文明互鉴、强化民心相通等方面发挥着更重要作用。如网络剧《延禧攻略》成功发行至亚洲、北美洲、南美洲、欧洲、非洲、澳洲等全球六大洲，覆盖 70 多个国家和地区；网络综艺《这！就是灌篮》模式版权出售给美国福克斯，成为首个成功“出海”的中国原创综艺模式；网络动画片《无敌鹿战队》将在全球 160 多个国家和地区的 80 多个频道播出。

伴随版权出售与平台走出去，中华文化的丰富内涵和独特魅力将通过更多的方式传播出去。互联网视听行业将更多地理解国外主流市场、主流人群对中国文化的真实需求，也会用中国故事反映中国生活，传播中国声音，展现中国风貌，体现中国国家实力和国际影响力。同时，通过将高品质内容输出海外，不仅拓宽了内容的变现渠道，也能进一步提升平台的影响力。

B.9 IPTV发展报告

潘红梅*

2018年，IPTV行业呈现健康向上、快速发展的大好局面。截至2019年3月，全国IPTV用户超过2.58亿，全国一张网基本建成，主题主线报道生机勃勃，视听内容极大丰富，民生服务等新业务不断创新，新技术新标准不断制定完善，形成了在国家广播电视总局（以下简称总局）有效监管下总分平台建设自主可控IPTV平台、IPTV产业链各方积极参与的良好局面。

一、IPTV已成为重要的新媒体舆论阵地

2018年，党和国家机构改革为IPTV平台建设发展提供了历史性机遇和广阔空间。中央广播电视总台（以下简称总台）成立以来，高度重视IPTV业务以及IPTV集成播控总平台的发展建设，制定升级建设IPTV总平台方案，着力把IPTV打造成“自主可控、具有强大影响力的新媒体平台”，成为构建“智慧家庭”产业新生态、服务人民群众美好生活的重要组成部分。IPTV平台“全国一张网”初现规模，在重大宣传报道中的独特传播价值日益凸显。

* 潘红梅，爱上电视传媒（北京）有限公司董事长。

（一）发挥 IPTV 可管可控优势，精心打造 IPTV 平台“头条专区”，让习近平新时代中国特色社会主义思想“天天见、天天新、天天深”

总台成立后，将 IPTV 总平台纳入总台“头条工程”，在 IPTV 首页首屏上线“头条专区”，统一推荐下发《新闻联播》头条内容及总台关于习近平总书记重要活动、重要讲话等领袖报道内容，制作《人民领袖》《央视评论》等时政专题内容，确保习近平新时代中国特色社会主义思想在 IPTV 平台“天天见、天天新、天天深”。“头条专区”内容实现全国统一下发呈现，直达用户，通过中国 IPTV 首页 EPG 推荐位、专属 EPG 推荐位进行头条推荐，同时在可以呈现跑马灯的地区进行字幕滚动，引导用户收视。

（二）发挥 IPTV 两级架构联动优势，总分平台联动放大重大主题报道声量，让中央的声音“传下去”、各地声音“走出来”

在 2018 年全国两会、上合组织青岛峰会、首届中国国际进口博览会、纪念改革开放 40 周年等重大报道中，总分平台探索建立“统一调度，统一管理，统一执行宣传指令”的联动集中报道机制，上线专属 EPG 从推荐、直播、点播、专题、各地动态等多个维度进行全程报道，将总台重点节目内容下发分平台，最大化传播党的声音；通过动态板块面向全国全面呈现传播各地特色内容，实现“中央声音与地方特色”的有机整合。

（三）发挥 IPTV 技术优势，专区模式打通“直点回”，推出新闻专区、扶贫专区等特色内容，创新主题宣传传播方式

在全国 IPTV 平台设立《新闻专区》《扶贫专区》等特色专区，实现总分平台联动。《新闻专区》已覆盖全国 20 余个平台地区，累计用户数突破 7000 万。同时，采用融合创新的分众化传播方式，在主题报道专区设置相关议题，如在全国两会报道中设置“精准扶贫”“区域经济”“讲好中国故事”等板块，汇聚相关主题内容，实现对细分用户的精准传播。在传统电视频道线性传播的基础上，进一步强化主题主线报道内容策划和运营，拓展报道的广度和深度，吸引用户收看。

（四）坚持党管媒体、党管 IPTV，落实主体责任，强化安全意识，切实保障 IPTV 平台意识形态安全

IPTV 总平台坚持底线思维，高度重视内容导向和安全播出保障工作，确保 IPTV 平台主题主线报道万无一失。总平台严格落实意识形态工作责任制和“总播控”职责，联合全国 31 家分平台和运营商的技术团队，提前制定保障方案和预案，积极沟通、上下一致、共同保障，实现总分联动确保重大主题报道的顺利进行。

二、IPTV 业务全面覆盖三大运营商

（一）全国 IPTV 用户持续增长

截至 2019 年 3 月，全国 IPTV 用户规模总数达 2. 58 亿户，IPTV 业务已覆盖接近全国一半家庭，全年净增 1. 34 亿户，实现总分平台规范对接用户达 1. 17 亿户。其中，中国电信、中国联通用户增长 3100 万户，中国移动开展的 OTT+直播的魔百盒业务约一亿户，将全部整转为 IPTV 用户。预计 2019 年全国 IPTV 用户数将接近 3 亿，总平台规范对接用户将达到 2 亿。

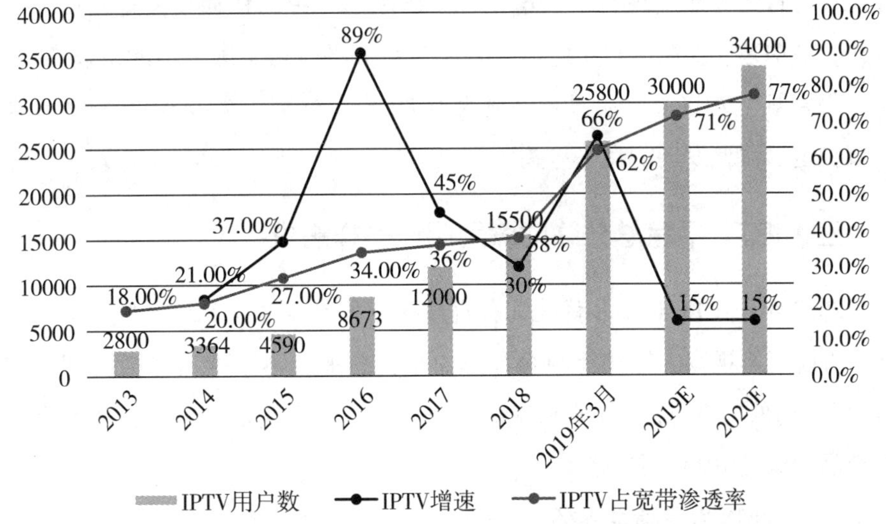

图 1　2013 年至 2019 年全国 IPTV 用户增长情况

在具体运营商方面，中国电信 IPTV 用户数超过 1.2 亿，中国联通 IPTV 用户数超过 4000 万，中国移动 IPTV 用户数达 9800 万。分省来看，其中广东全省 IPTV 用户数超过 1800 万（含中国移动 IPTV 用户），同比增长超过 80%，四川全省 IPTV 用户数超过 1400 万（含中国移动用户），江苏、河北、河南、山东、安徽、湖南、浙江、福建等省 IPTV 用户超过 800 万户（含中国移动用户）。

（二）广东移动获得总局传输牌照批复，中国移动各省开始对接分平台

2018 年 6 月 13 日，在实现 IPTV 集成播控总平台、分平台与广东移动规范对接且通过总局验收后，总局正式批复了中国移动广东分公司的 IPTV 传输业务许可证。此后，各省分平台与省移动公司开始沟通对接，其中海南、青海等地已完成三方协议签署，山东、湖南等地也在积极推进中，2019 年中国移动合规对接将成为 IPTV 新的增长点。

（三）全国范围总分平台及运营商三方协议紧密签署，规范对接成为行业主流

2018 年，总平台在全国多地实现总、分平台及运营商的三方协议签署，在广东、青海等地实现与中国电信、中国联通、中国移动三大运营商全面合作。在福建、安徽等传统电信大省实现总分平台与中国电信的协议签署，总分平台规范对接、联动保障已成为 IPTV 行业标准，全国 IPTV 行业呈现健康稳定、快速发展的良好势头。

三、IPTV 平台总分联动满足用户多样需求

2018 年，IPTV 进一步优化完善宣传报道和内容服务，2018 俄罗斯世界杯、春晚、影视剧、综艺等内容异彩纷呈；总平台不断推出包括《国家宝藏》《不朽的马克思》《经典咏流传》《挑战不可能》《清明诗会》等精品专题产品，深受 IPTV 用户好评。

（一）2018 俄罗斯世界杯

IPTV 集成播控总平台在总台统一部署下，在全国 24 个地区上线 2018

世界杯专区，实现对全部 64 场赛事的汇集呈现，共下发世界杯相关节目 594 条，覆盖超 8000 多万 IPTV 电视家庭，并在部分地区提供赛事的 4K 超高清直播。同时，总平台加大自制力度，在总台新媒体统一部署下，开展《足球道路》整体制作工作，自制《足球美食》《足球音乐》及赛事导视等内容累计 200 小时，制作世界杯导视节目 25 期，有效提升 IPTV 平台世界杯收视体验。

（二）央视春晚

IPTV 平台 2019 央视春晚产品全新升级，采用动态模板化运营，独具特色的页面设计和网络化布局。根据节目特色来选取独具特色的模板，给观众眼前一亮的全新感觉。所有栏目按照不同时间段分批上线，在背景设计上用不同颜色体现春晚不同阶段的特性，给观众不一样的视觉体验。

1. **特色专题**。根据不同年龄层的特点，来制作不同策划点的专题页面，承载各类视频内容。让春晚不再是背景音乐，而是个性化的体现，成为独具特色的内容，颠覆观众对春晚的一贯看法。如《一年一首成名曲》搜集从 1983 年开始到 2018 年为止，每一年一首代表性歌曲；《“笑”看今朝》回味 36 年春晚历程中精彩的小品节目等，从中感受到中国人民精神风貌的变化。

2. **三春全程报道，无缝连接网络春晚、央视春晚、“@ 春晚”以及元宵节晚会等**。关注过年期间的热点内容，策划小活动或者系列专题，到元宵节为止，让观众体验不一样的春节。

（三）基础内容集成

总平台统一规划，结合实际业务需求，对 IPTV 全国性直播资源进行整合，完成频道及系统的调整。2018 年完成央视、卫视多路频道高清频道上线，完成 CHC 直播频道的测试上线。截至 2018 年 12 月，IPTV 集成播控总平台共向全国下发正式直播频道 155 路，主备播直播频道超过 450 余路，累计实现与分平台对接专线 89 条，接入回传信号 46 路，保障了 IPTV 的直播质量和业务体验。

（四）各地运营特色

各地 IPTV 分平台充分发挥地方特色和线下运营经验，举办丰富多彩的线下活动和本地化特色内容，满足用户个性化需求。山东“海看全民健身广场舞”覆盖全省 17 地市 1000 个社区 500 万人，有 2000 多支参赛队伍。广东分平台在现网用户数据回传、数据精准分析、用户精细运营等方面深入研究，并在数据分析基础上提出多元编排体系、打造编播季概念，精细化运营业界领先。湖南分平台依托“湖南卫视+芒果 TV”强大资源，积极推动业务模式创新突破、O2O 互动活动、本土化特色运营。北京分平台着力开展平台技术创新，利用全新 UIOS 技术、互联网思维运营等实现产品垂直窄众发展，打造全新商业模式。广西分平台与总平台构建产品联合运营模式，“三月三”特色专题实现地方内容全国传播。

四、新技术新标准成为 IPTV 发展的助推器

（一）4K 超高清电视成为 IPTV 行业发展新动力

《国家新闻出版广电总局关于规范和促进 4K 超高清电视发展的通知》（新广电发［2017］230 号）出台后。2018 年 5 月，总台发布 4K 超高清技术规划，并公布《中央广播电视总台 4K 超高清电视节目制播技术规范》《基于“4K 超高清图像+环绕声/三维声”家庭影院配置规范》，为 4K 超高清在 IPTV 平台的大规模应用提供了支持。总平台充分整合现有资源，利用两年多积累的 4K 播出分发经验，着手布局 4K 产业，打造全新的 4K 超高清融合制播平台。总平台已初步具备 4K 超高清节目的汇聚、播控调度、生产、播出、分发、监管等功能，为 IPTV 用户提供了更丰富的 4K 超高清节目选择。

各省也积极发展 4K 超高清业务。如广东省印发落实国家广播电视总局和广东省政府《推动广东省 4K 超高清电视应用与产业发展合作备忘录》工作方案。广东全省 IPTV 用户数超过 1900 万，其中 4K 用户为 1586. 3 万户，占 IPTV 用户的比例为 82. 8%，成为 4K 发展较好的省份。浙江 IPTV 首次通

过“4K HDR+全景声”模式对浙江卫视“领跑2019”爱你依旧演唱会进行独家直播，直播信号覆盖全省600万IPTV用户。

（二）IPTV技术规范编制推动业务规范发展

在总局指导下，IPTV集成播控总平台协助总局相关部门，开展IPTV技术规范编制工作，IPTV标准体系《IPTV技术规范编制工作计划草案》经总局科技司确认通过。该草案涵盖内容服务平台、集成播控平台、传输系统、终端、安全、数据等IPTV端到端的完整体系，共29个独立标准。截至2018年年底，第一批5个技术标准的初稿编写已经完成，《IPTV集成播控总分平台节目集成管理系统技术要求及接口规范》已经进入征求行业专家意见和建议阶段。

五、IPTV收视数据揭示行业发展新特点

2018年，IPTV总平台爱上电视传媒（北京）有限公司与央视市场研究股份有限公司（CTR）合作开展IPTV数据研究并发布研究报告。报告通过IPTV大数据平台相关数据以及整合CSM收视率数据和CNRS数据发现，IPTV收视数据体现以下特点。

（一）电视大屏在整体竞争中占据重要位置，是未来超级流量入口

中国IPTV经过十数年的实践发展，目前正从2.0向3.0时代过渡，未来必然走向精细化运营。IPTV用户数增长迅猛，全国唯一的IPTV集成播控总平台——爱上电视用户数量破亿，规模红利持续扩大。

（二）IPTV已成为全国第二大电视传播通路

有线电视仍是中国居民家庭的主要收视方式，渗透率为50.8%；IPTV全国渗透率为37.9%，名列第二；OTT位居第三，渗透率为33.3%（见图2）。IPTV华北地区渗透率最高，为42.9%，华东、西北地区渗透率也超过40%。

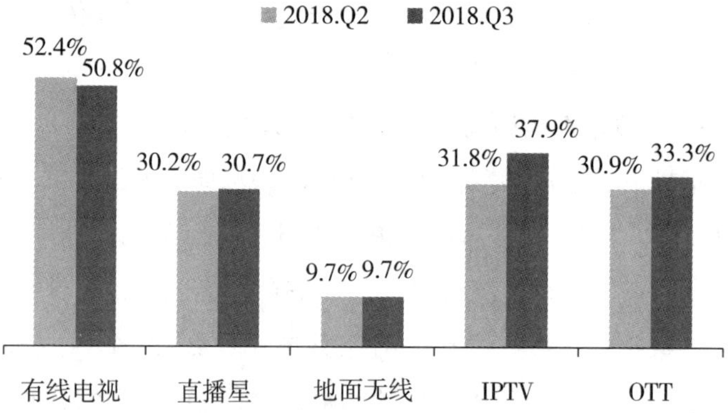

图 2　中国家庭电视渗透率

（三）IPTV 拥有六大竞争优势

快速发展中的 IPTV 拥有六大竞争优势——政策支持、广电基因、运营商的推广、互联网属性、特色功能、智能化内容运营。IPTV 在内容管控方面优势突出，确保内容播出安全。IPTV 让“看电视”变成“用电视”，实现用户与服务的双向互动。运营商的深化布局与技术优势，让 IPTV 如虎添翼。

（四）IPTV 收视数据呈现收视亮点

IPTV **收视时段特性与传统电视趋同，午后和晚间黄金档形成双高峰。**直播份额达到总收视的 70%以上，直播时长大幅增长（见图 3）。

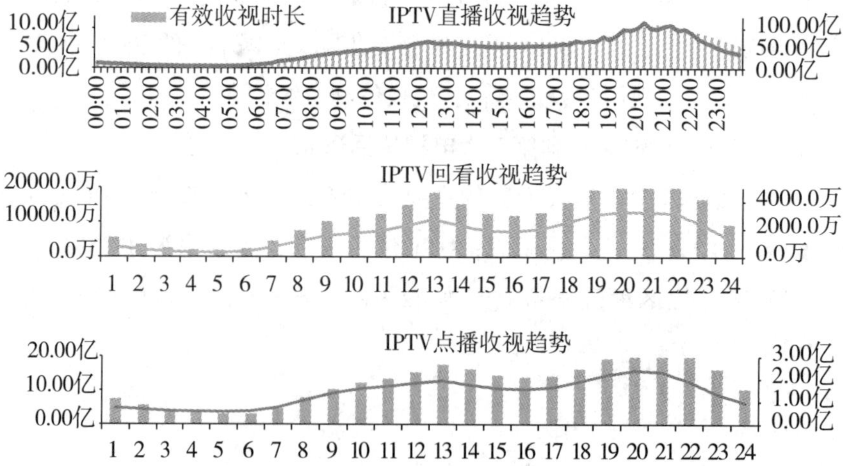

图 3　IPTV 直播、回看、点播收视趋势

CCTV—1 **是直播收视最好的频道。**IPTV 平台收视平均时长达 30 小时/周，远高于传统电视，用户活跃度高。央视直播频道在各区优势明显，前十中占据五席。

《新闻联播》是 IPTV 直播收视最好的节目。央视直播节目在各区有绝对优势，新闻类节目最受欢迎。各区回看节目主要以省级卫视的电视剧、综艺为主。

IPTV 用户的点播内容需求有别于整体电视观众，动画片需求占比高。整体电视观众对点播需求最多的是电视剧，而 IPTV 用户热衷点播的类型是动画片，对综艺、新闻和生活类的点播需求并不高。

IPTV 用户在不同功能使用下有不同的内容需求。对直播的需求主要是新闻，对回看的需求主要是电视剧和综艺，对点播的需求主要是动画片和电影。

六、IPTV 呈现五大发展新趋势

（一）IPTV 作为新型主流媒体的公信力价值将进一步凸显

IPTV 运营主体是国家授权广播电视传媒机构，兼具政治属性与市场属性，具有公信力和影响力。随着 IPTV 市场扩大、用户增多，其权威性、公信力也将随之放大，部分平台将实现上市。

（二）IPTV 将实现从媒体到产业，从视听节目到智慧家庭的升级

通过跨界连接，打造开放的应用，提供多样化的增值服务项目，以及与智慧城市、线下商圈的结合，IPTV 将从单一的视频业务进入以家庭为主体的智能化服务领域，成为家庭生活的第一入口，最终形成“终端+数据+内容+服务”，全方位的产业生态。

（三）总分平台将继续加强协作，形成合力

IPTV 将不断改进发展前期存在的经营散乱、力量不聚焦等问题，总平台强化引领作用，推动行业整体向纵深发展，实现更大的社会效益和经济效益；各地分平台充分发挥贴近本地、深耕地方市场的优势，与总平台形

成合力。

（四）精细化运营、聚焦用户体验成为 IPTV 价值运营的第一要务

随着 IPTV 的规模增长，未来需要利用大数据针对用户不同需求进一步放大精细化运营，全面增强服务用户的能力，不断改进和完善用户体验。

（五）技术驱动力仍是 IPTV 发展的原动力

通过引进创新技术，促进 4K、AR、VR、裸眼 3D 等技术的应用与普及，提升用户的视听体验，不断增强 IPTV 平台自身技术更新迭代和安全保障能力。

B.10 互联网电视发展报告

王文涛　沈雅婷*

2018年互联网电视步入规范发展新阶段。在主管部门的引导管理下，互联网电视内容更加绿色健康，应用更加成熟多元，市场更加规范有序，成为重要的融合生态新媒体平台和舆论宣传重要阵地。截至2018年年底，全国互联网电视用户覆盖超过2亿户，家庭覆盖率超过40%①。庞大的受众数量和持续扩大的覆盖规模，展现了互联网电视巨大的发展潜力。

一、互联网电视政策及管理

政策引领互联网电视健康发展。一方面，《专网及定向传播视听节目服务管理规定》（国家新闻出版广电总局令第6号）、《持有互联网电视牌照机构运营管理要求》（广发办网字〔2011〕181号）等法规政策为互联网电视服务机构开展相关业务提供了基本遵循，从根本上保障了互联网电视的健康可持续发展。另一方面，总局近年来通过实行机构准入、专项治理等多项举措，严厉打击违规互联网电视终端、软件和服务平台，行业发展更加规范有序，互联网电视持证机构的安全意识和责任意识也明显增

* 王文涛，国家广播电视总局二九三台工程师。
沈雅婷，国家广播电视总局发展研究中心研究人员。

① 格兰研究，《2018中国互联网电视发展白皮书》，2019年1月。

强。2018 年，行业主管部门重点加强网络视听节目内容建设，促进优秀节目内容创作传播，为互联网电视行业发展积蓄新动能。一是加强节目治理，严肃整治网上不良有害视听节目；二是加强节目管理，抵制泛娱乐化、控制高片酬、打击数据造假行为；三是加强内容引导，组织创作规划、评优推优、资金扶持等，引导精品创作。通过短期治理、中期引导和长效监管相结合，高质高效的网络视听节目内容生产为互联网电视发展聚力增势。

行业自管自律进一步加强，促进行业规范发展。在总局指导下，2018 年 9 月，七大互联网电视集成服务牌照方联合签署《中国互联网电视集成服务机构自律公约》，设立中国网络视听节目服务协会互联网电视工作委员会（以下简称工委会）监督办，开展违规业务自查自纠。2018 年 11 月，工委会推出互联网电视“产业规范”，由互联网电视集成服务、业务、应用、数据等五大规范性文件组成，具体为《互联网电视集成服务平台服务能力与业务规范（草案）》《互联网电视数据通用处理技术规范（草案）》《互联网电视数据通用术语与统计指标规范（草案）》《互联网电视应用软件技术白皮书（草案）》和《互联网电视应用商店（应用）管理规范（草案）》。按照“产业规范”要求，工委会还将推出统一的互联网电视 Launcher 界面、支付和应用商店管理体系。这意味着目前互联网电视产业中一些违规行为将受到限制，互联网电视管理政策法规将进一步得到落实与细化，互联网电视走向更加规范、标准、共享、协同的发展阶段。

2018 年，互联网电视牌照机构基本稳定，总局增加了贵州广播电视台从事互联网电视内容运营。截至 2018 年 12 月，总局共批准 7 家广播电视播出机构运营互联网电视集成服务，批准 16 家机构运营互联网电视内容服务（见表 1、表 2）。

表 1　互联网电视服务机构

许可种类	机构名称
互联网电视集成服务（共计 7 家）	中国网络电视台、上海广播电视台、浙江电视台和杭州市广播电视台（联合开办）、广东广播电视台、湖南广播电视台、中国国际广播电台、中央人民广播电台
互联网电视内容服务（共计 16 家）	中国网络电视台、上海广播电视台、浙江电视台和杭州市广播电视台（联合开办）、广东广播电视台、湖南广播电视台、中国国际广播电台、中央人民广播电台、江苏电视台、国家广播电影电视总局电影卫星频道节目制作中心、湖北广播电视台、城市联合网络电视台、山东电视台、北京广播电视台、云南广播电视台、重庆网络广播电视台、贵州广播电视台

资料来源：国家广播电视总局

表 2　互联网电视集成平台呼号及开办主体

集成平台名称	许可证持有机构	运营主体（简称）
中国互联网电视	中国网络电视台	未来电视有限公司（NewTV）
中央银河互联网电视	中央人民广播电台	银河互联网电视有限公司（GITV）
环球网视互联网电视	中国国际广播电台	国广东方网络（北京）有限公司
网视通互联网电视	上海广播电视台	百视通网络电视技术发展有限责任公司（BesTV）
华夏互联网电视	浙江电视台和杭州市广播电视台	华数传媒网络有限公司
和丰互联网电视	湖南广播电视台	湖南快乐阳光互动娱乐传媒有限公司
互联八方互联网电视	广东广播电视台	广东南方新媒体股份有限公司

资料来源：国家广播电视总局

二、互联网电视集成平台和内容发展情况

2018 年，互联网电视集成播控平台继续强化服务，在融合传播中提升自身传播力公信力，在强化内容服务的同时夯实家庭娱乐信息中心的地位，在内容付费、垂直服务等方面强化运营能力，不断激发互联网电视巨大的市场潜力。

互联网电视在媒体融合中凸显阵地价值。随着媒体融合的不断推进，2018 年互联网电视集成平台主动作为，积极参与台网融合、全媒体互动，在媒体融合进程中发挥积极作用，在聚焦庆祝改革开放 40 周年，围绕上合

青岛峰会、中非合作论坛北京峰会、首届中国国际进口博览会等重大主题主线宣传工作方面，发挥舆论宣传阵地作用。以庆祝改革开放40周年为例，互联网电视与IPTV、PC端、手机端等展开多屏联动，聚焦中国改革开放40年来取得的重大成就，开设专题版块，推出一批庆祝改革开放40周年优秀影视节目和专题片，通过同频共振、共同发声为用户提供多层次、多角度的权威报道，牢牢占领舆论主阵地。

互联网电视以服务家庭为中心，提供多元文化服务。坚持以用户为中心，持续强化家庭娱乐信息枢纽功能，紧跟用户需求和热点，不断设计开发全新内容专区，致力打造内容优、质感高、体验佳的电视内容聚合平台和娱乐中心。从互联网电视集成平台节目构成看，体现出三个特点：一是影视剧、综艺娱乐、动漫等休闲娱乐类节目比例较高，占比近50%①，互联网电视的客厅休闲娱乐中心地位不断夯实；二是少儿节目占比较高，占13%，体现互联网电视在垂直领域发力，向精细化运营发展的趋势；三是新闻节目占13%，说明家庭获取新闻信息的渠道从过去的看频道直播转到自主选择节目点播，从侧面证实互联网电视在建立多渠道宣传覆盖体系方面取得了实效（见图1）。

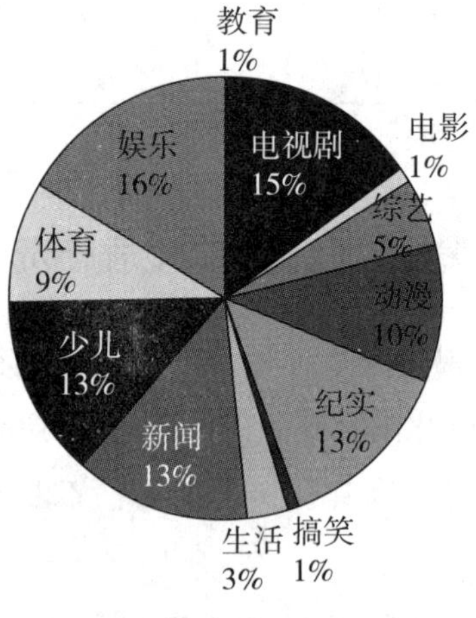

图1 某互联网电视集成平台节目数量占比情况

① 文中涉及的数据及图表信息如无特殊说明，均为国家广播电视总局监管中心多渠道统计整理所得。数据统计时间为2019年1月。

互联网电视商业运营能力显著提升。截至2018年年底，全国互联网电视用户覆盖超过2亿户，互联网电视家庭覆盖率超过40%①，成为视频传播的主要渠道之一。并且，随着互联网电视的节目数量、内容质量和热门节目更新速度大幅提升，互联网电视商业运营能力迎来快速发展。目前，互联网电视的主要盈利方式是广告和内容付费。广告是互联网电视的主要盈利形式，主要有贴片、屏保、开机、暂停、专区、互动等类型，由于互联网电视广告冲击性强和覆盖面广的特点，其传播效果也较好。在内容付费方面，目前付费节目整体占比较小，主要集中在电影类型的内容，电影付费内容占38%，综艺类仅有1%是付费内容，而其他类型则基本以免费为主（见图2）。从发展趋势上看，随着内容质量提升、营销手段升级以及会员体系完善，内容付费占比将进一步提升。

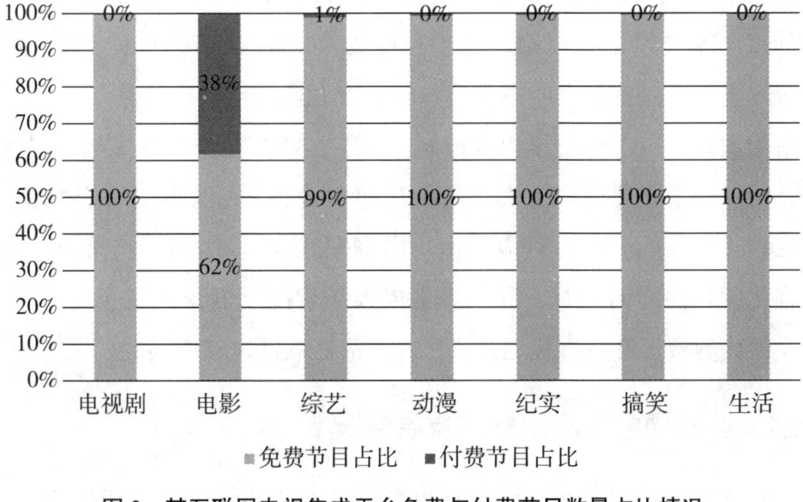

图2　某互联网电视集成平台免费与付费节目数量占比情况

三、互联网电视终端发展情况

互联网电视终端是互联网电视发展的基础。互联网电视终端生产不仅

① 格兰研究，《2018中国互联网电视发展白皮书》，2019年1月。

包括硬件厂商，还涉及互联网企业等服务平台；仅就终端硬件来看，还会进一步细分为一体机、机顶盒、电视棒、智能投影仪等设备。目前，互联网电视终端市场发展迅速，竞争态势进一步加剧。智能电视市场保持相对稳定，智能机顶盒市场大幅萎缩，智能投影仪稳步发展。截至 2018 年 9 月底，互联网电视累计覆盖终端达到 3.22 亿台，激活终端 2.18 亿台，激活率达到 67.7%，其中，一体机覆盖数为 2.43 亿台，机顶盒等其他终端覆盖数为 0.79 亿台①。从销售量上看，2018 年智能电视一体机占中国彩电市场零售量 4774 万台的 92.2%，较往年略有增长；机顶盒零售量为 773 万台，同比下降 35%；智能投影仪零售量为 261 万台，同比增长 102%②。

互联网电视终端厂家在智能化、品质化和服务优化等方面持续发力，不断推出新品触碰用户的痒点，提振市场需求。在互联网电视一体机方面，以 4K/超高清等高清晰度显示为卖点的占 68%，以杜比/DTS 等优秀音质为卖点的占 45%，以语音控制、人工智能为卖点的占 67%，以儿童、体育、游戏等垂直化内容为卖点的占比超 80%；在互联网电视机顶盒方面，以 4K/超高清为卖点的占 79%，以语音控制、人工智能为卖点的占 37%，以儿童、体育、游戏等垂直化内容为卖点的占比超 50%；在投影仪方面，智能投影仪占在售投影仪的 30%。可以看出，围绕家庭娱乐和家庭教育，互联网电视在强化硬件性能的同时，进一步集成人工智能、语音识别等技术，聚合更优质的内容资源和垂直化服务，已经成为互联网电视明确的发展方向。

四、互联网电视应用软件发展情况

互联网电视的相对开放性是其保持市场规模稳定增长的原因之一。诸多互联网电视用户，特别是年轻用户不仅仅满足于集成平台提供的节目和服务，而且有较强意愿通过安装第三方应用程序获取更好的体验。在互联网电视应用软件中，提供各类离线或在线游戏等服务的游戏类软件占比

① 中国网络视听节目服务协会，《2018 中国网络视听发展研究报告》，2019 年 11 月。

② 奥维云网，《2018 年中国彩电市场年度总结报告》，2019 年 1 月。

51%，用户较热衷于动作冒险、竞速体育、射击飞行等游戏类型，和智能电视功能密切相关的体感游戏也得到较大发展；提供识字、儿歌、识图、讲故事等服务的教育类软件占21%；提供文件管理、购物、天气等工具和生活类软件占比16%；提供影视剧、专业类节目点播等视听类软件占比9%；提供时政或专业新闻等图文信息服务的软件占比1%（见图3）。

应用软件作为互联网电视行业的重要组成部分，也是助推行业发展的动力。一方面，作为互联网电视集成平台内容的补充，应用软件能够满足用户的个性化需要，进一步完善电视终端的娱乐和文化属性，提高电视终端提供信息服务的能力，也进一步激发行业各方参与互联网电视发展的积极性和主动性。另一方面，大量合法合规软件的供应，满足了市场需求、丰富了用户选择，也直接挤压非法应用软件的生存空间。

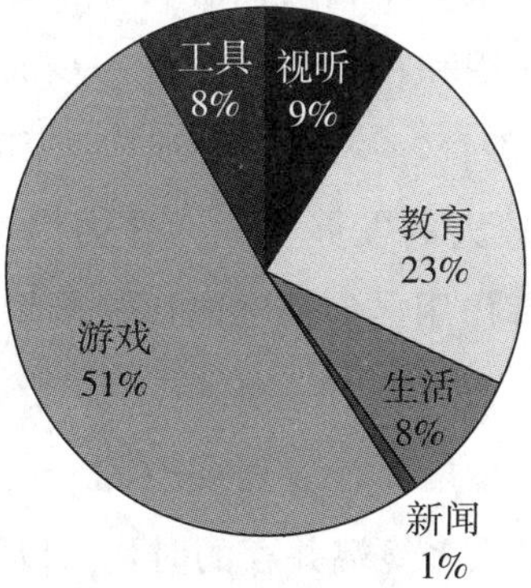

图3　主流互联网电视应用软件类型占比情况

五、互联网电视发展趋势

随着媒体融合向纵深发展，互联网电视利用云计算、大数据、物联网、人工智能等新技术，加快向智能化、智慧化转变，进一步发挥其媒体价值，更好地满足人民群众多样化的视听新期待。互联网电视的发展重点将从终端市场争夺、同质化竞争、规模扩张向智慧家庭入口、垂直化服务、新兴终端方向迈进。

第一，人工智能助推互联网电视成为智慧家庭入口。互联网电视占据着家庭客厅主要位置，是客厅经济的重要入口和家庭信息枢纽。培育以互联网电视为核心的智慧家庭服务，实现从“视听”转向“使用”，从“功能”转向“智能”，必须推动简单服务向精细化服务转变，通过提供融合新闻资讯、视听节目、社会服务、医疗健康、数字娱乐、智能家居等多功能于一体的数字生活服务，构建“智慧广电”生态链。这要求，一方面，硬件上加强互联网电视与家中电视、空调、冰箱、照明、安防等智能设备的互联互通，提供整合智能家居服务；另一方面，强化人工智能技术应用，让用户从遥控器中解放出来，不断优化使用体验和服务细节。

第二，垂直化应用和个性化内容推动互联网电视释放更大活力。纵观互联网电视终端的卖点和集成平台的内容布局，差异化竞争趋势愈加明显，垂直类节目初具规模，终端和平台的品牌辨识度也进一步明确。从类型上看，教育、游戏类垂直应用和视听节目将进一步成为互联网电视发展的重点和亮点，借助“家庭+教育”“家庭+游戏”“家庭+动漫”等模式，可以获得较高的用户黏性和较大的发展空间，并为内容付费奠定基础。另外，大数据系统将进一步发挥作用，为精准的用户画像和更细致的产品服务提供依据。

第三，新兴设备进一步拓展行业发展空间。在人工智能和物联网技术的引领下，客厅娱乐将进入多终端并存的时代。以智能投影显示设备为例，其具有寿命长、屏幕大、自带片源、便携带等优点，而且其高清、3D、多屏互动、梯形校正、自动对焦、语音识别、体感控制等功能优势的不断释放将进一步拓展互联网电视的产业空间，从内容、服务、产品等各个方位激发行业潜能。

B. 11 网络剧发展报告

鲍 楠*

2018 年，网络剧[①]创作传播总体稳中向好。全年新上线作品数量稳中略增，内容品质总体继续提升，类型化作品纵深发展，青春题材涌现多部优秀作品，现实题材、历史题材有所突破。同时，网络剧制作传播经营稳步向前发展，头部视频网站持续发力网络剧，付费观看成网络剧通行模式，部分作品“上星”“出海”，走向更大舞台。

2018 年，全网共上线网络剧 218 部[②]，4145 集，总时长 138353 分钟。与 2017 年同期相比，2018 年网络剧的上线数量略有上升，增加 12 部，总集数增长 18%，总时长增长 34%。网络剧作为视频网站长视频内容中的重要类型，引流效应得到市场的充分认可，关注度继续提高，影响力持续扩大（见表 1）。

* 鲍楠，国家广播电视总局监管中心视听处编辑。

① 网络剧，是指由节目制作机构或网民个人制作，主要在视频网站等互联网视听节目服务机构播出，并由播出平台对节目内容履行审核责任的剧情类连续剧、系列剧作品。

② 文中涉及的数据信息，如无特殊说明，均为国家广播电视总局监管中心多渠道统计整理所得，数据统计周期为 2017 年 10 月 16 日至 2018 年 10 月 15 日。

表 1　2018 年部分关注度较高、影响力较大的网络剧列表

序号	剧名（按拼音排序）	题材	播出平台
1	北京女子图鉴	都市、情感	优酷
2	颤抖吧阿部之朵星风云	古装、科幻、情感	芒果 TV
3	端脑	青春、科幻、悬疑	搜狐视频
4	法医秦明 2 清道夫	悬疑、刑侦	搜狐视频、芒果 TV
5	好戏一出	喜剧	爱奇艺
6	忽而今夏	青春校园	腾讯视频
7	虎啸龙吟	古装	优酷
8	结爱·千岁大人的初恋	传奇、都市、情感	腾讯视频
9	萌妻食神	穿越、古装、情感	腾讯视频
10	你好，旧时光	青春校园	爱奇艺
11	柒个我	喜剧、情感	腾讯视频
12	沙海	悬疑、探险	腾讯视频
13	上海女子图鉴	都市、情感	优酷
14	我和两个他	青春、传奇	爱奇艺
15	乡村爱情　第十季	喜剧、情感	腾讯视频
16	一起同过窗　第二季	青春校园	优酷
17	以你为名的青春	青春校园、情感	爱奇艺
18	远大前程双龙会	动作、年代剧	腾讯视频
19	致我们单纯的小美好	青春校园	腾讯视频
20	最亲爱的你	青春校园、情感	优酷

数据来源：国家广播电视总局监管中心（2018.10）

一、内容分析

近年来，网络剧在专业化道路上持续发展，2018 年又向前迈进了一步。一方面全年作品制作水准实现了进一步提升，另一方面部分作品在精神高度、文化内涵上有所突破。

（一）类型剧向纵深发展，现实题材、历史题材崭露头角

2018 年上线的网络剧中，虽然“现象级作品”相对较少，但整体看来

在剧情、制作方面都有了新的进步。部分作品在叙事风格、画面呈现、服化造型等方面达到了新的高度。

类型剧在情感、喜剧、青春校园、悬疑、奇幻等方向上，探索出新的主题与表达方式。如青春题材，除以往记录校园故事的常见手法外，出现了以篮球、足球、游泳等体育竞技为主题，深度挖掘青春正能量的作品。同时，网络剧创作播出方也有意识地深挖垂直细分领域，丰富选题，满足圈层观众需求。如，职业剧、古装美食剧、护宝探险、体育竞技剧等作品，进一步拓展了类型剧的内容边界。

现实题材网络剧数量明显增加，其中不乏形成有较大影响力的头部作品。这些作品聚焦当下，主题广泛，取材百姓日常生活，写实特点突出，开始走出小天地，关照大时代。例如，《大明湖畔有人家》《乡村爱情 第十季》《传承 · 孝为先：新时代二十四孝》等。部分反映社会时代变迁、展示普通人拼搏状态的现实题材作品，由于情节较为写实，引发了观众热议和思考。其中关注度较高的是《北京女子图鉴》和《上海女子图鉴》。剧中展现了“北漂”“沪漂”女性在大都市的拼搏经历，引发大量观众共鸣。同时，对于两部剧对职业女性婚恋观、职业观、金钱观的呈现，网民褒贬不一。这两部剧是网络剧主推项目首次试水现实题材，虽然不大成熟，但商业网站对现实题材进行探索是一个积极信号。

古装网络剧量、质齐升。《虎啸龙吟》对三国故事进行创新性演绎，凭借恢宏的场景、精良的制作、精湛的表演，让网络剧触摸了“历史的天空”，打开了全新的格局。相比以往影视剧对三国故事的全景展示，《虎啸龙吟》更加聚焦对司马懿、诸葛亮等人物的塑造，也让人物形象更加立体，让他们身上闪耀的精神、智慧呈现得更为生动。

（二）情感题材数量居多，青春题材成品质高地，带有超现实元素作品数量激增

2018 年含有情感元素的网络剧达 101 部，占总数的 46%。其中都市情感和青春情感剧数量较多，有的以普通人的日常情感为故事主体，也有的

在职场故事中穿插情感故事线，反映出网民对贴近日常生活，关照情感世界的作品需求较大。

2018 年新上线青春校园题材网络剧 43 部，与 2017 年基本持平。由于大多数网络视频用户是青少年群体，因而各大播出平台纷纷将“青春、阳光”作为重要的内容布局，并在过去几年的探索中，逐渐找到了青春校园剧的正确打开方式，受到网民广泛欢迎。2018 年上线的《你好，旧时光》，反映高中生成长经历，围绕文理分科、备考、画板报、打篮球，与老师“斗智斗勇”等一件件观众都有切身体会的事件展开，对人物心理的刻画较为细腻，平凡而不枯燥，叛逆而不过火。剧中男女主人公带着懵懂青涩的好感互帮互助，感情线把控得当，清新含蓄。在优质作品的影响下，以往青春题材校园剧曾经较为常见的炫富、打架等问题情节，在 2018 年的作品中也有明显改观。

2018 年含有奇幻、科幻等元素的网络剧共上线 72 部，超过 2017 年同类题材上线数量的 1.5 倍，占全年各类题材网络剧总数的 33%。例如《冒险王卫斯理系列》《端脑》《万能图书馆》《来到你的世界》等。以奇幻类、科幻类、玄幻类、魔幻类为主的该类网络剧，内容主要涉及灵魂互换、超能力、特异功能、不老不死、平行时空等，故事内容天马行空，契合了网生代用户的审美趣味，因而颇受年轻受众喜爱。

悬疑题材一直是网络剧的重要类型，也是现象级作品的高产地带。今年全网共上线包含悬疑元素的类型剧 35 部，数量基本与 2017 年持平，占网络剧上线总数的 16%。从影响力角度看，自带爆款潜力的悬疑题材在 2018 年遭遇了“小年”。根据小说《盗墓笔记少年篇 · 沙海》改编的悬疑探险网络剧《沙海》，相对而言热度较高，但并未达到往年现象级作品的传播效果。涉案类也是悬疑题材中的一个重要方向，2018 年虽没有表现特别突出的现象级作品，但上线的 7 部剧，整体上在内容、制作、剧情、人物演技等方面仍有所提升，暴力、猎奇情节减少，更多的是透过案件本身，聚焦人心人性，引发观众思考。

2018 年含喜剧元素的网络剧大幅减少，由 2017 年的 78 部下降到 43 部，表现突出的作品较少。原创喜剧多数为情景短剧，以浮夸的表现形式达到喜剧效果，只求碰触到观众的笑点，缺乏故事内核，因而并没有给观众留下深刻的印象。2018 年喜剧题材特别是原创情景短剧相较前两年数量减少、影响力减弱，从侧面反映出，网络剧作为一种长视频文艺形式逐步发展成熟，越来越重视通过连续的故事情节吸引观众，而早年草创时期的“段子剧”“小品剧”则呈现式微态势。

（三）改编作品比例增加，短剧数量居多

2018 年，改编网络剧占全年上线网络剧的 42%，较上年提高 12 个百分点，且故事来源更加多样化。其中，改编自网络小说的约占改编剧的 2/3。相比往年，改编自影视剧（含境外影视剧）、漫画、游戏等的作品明显增加，还新出现了改编自舞台剧、民间故事的作品，为网络剧注入了更加丰富的内容来源。随着 BAT 等互联网公司在文创产业布局的深入，产业链上下游的互动继续增强，网络文学与网络视频内容的合作联动更加深化。

与 2017 年同期相比，网络剧单部作品体量变化不大，仍以 11~20 集的比例最高，全年上线数量 141 部，占比为 65%。其中 12 集短剧数量从去年的 72 部增加到 92 部，占所有网络剧数量的 42%，且其中大部分都采用了一次性上线的方式。单集时长方面，仍有两种主流的时长区间，且比例大体相当。16~30 分钟区间网络剧数量为 110 部，31~45 分钟区间网络剧数量为 93 部，这两种时长网络剧数量占比达到 93%。但绝大部分热门网络剧的单集时长在 40~45 分钟，与电视剧相近。

（四）网播电视剧数量继续大幅增长，古装剧集中上线

近两年，取得《电视剧发行许可证》，但仅在互联网播出，或首先在互联网播出的作品（下文以“超级剧集”代称）数量持续增长。业界和观众也将此类作品归为“网络剧”。2018 年视频网站持续加大对超级剧集的投入，上线数量从 2017 年的 34 部一跃增长至 63 部，其中古装剧集达 24 部，而同时期上星卫视播出的古装剧为 14 部，视频平台已成为古装剧的主要传播渠道。

截至2018年年底，63部超级剧集中，有50部剧在互联网播出且未在卫视平台播出，比去年增长两倍。从题材上来看，除了古装、青春、情感、都市、玄幻等常见题材外，还包括电视平台播出电视剧中少见的悬疑、二次元等类型。

63部剧中，互联网首播、电视渠道跟播的剧有13部，又分为两种情况。第一种为网台同播，但网站会员可以抢先观看，此类作品多在电视台周播剧场播出，且多数由视频平台参与投拍，如爱奇艺《琅琊榜　第二季》、腾讯视频《扶摇》等。第二种为视频网站首先上线，间隔一段时间后在电视台播出，如《天坑鹰猎》等。

总体而言，超级剧集相对于网络剧品质更高。此类节目的增加，也提高了网络视听节目的整体水准。

二、制作与传播分析

（一）头部视频平台持续发力

网络剧是视频网站最为重要的“流量担当”之一，视频网站作为播出方、出品方，对这一节目类型的创作传播十分重视，继续加大投入，大力培养创作团队，全面参与网络剧策划、制作流程，头部剧集多为视频网站深度参与的自制剧、定制剧。2018年，全年在爱奇艺、腾讯视频、优酷三家网站独播上线的网络剧总数量达到199部，占全年上线网络剧的92%，热播剧目则均以独播形式面世。同时，各视频平台根据自身情况制定发展策略，选剧思路亦有所差异。例如，爱奇艺在深度参与头部剧创作的同时，也为众多腰部、尾部成片作品提供传播渠道，此外还在传播环节力推“爱青春剧场”“奇悬疑剧场”，打造垂直品牌等。

（二）更多知名导演参与网剧制作，新人演员层出不穷

2018年参与网络剧制作的知名导演、拥有丰富影视剧拍摄经验的导演进一步增加，如陈正道执导《结爱·千岁大人的初恋》，徐静蕾监制《同学

两亿岁》等。此外，今年还出现了将电影作品进行延展，改编为网络剧版的作品，如尔冬升导演的《我是路人甲》，黄渤导演的《好戏一出》。许多新人导演 2017 年在网络剧领域大放异彩，但相比之下 2018 年没有太多突出的表现。演员方面，网络剧多数仍然以新人演员为主，电视剧领域流量明星、高价片酬等现象在网络剧领域相对不甚明显。虽没有“大咖”加持，但一些制作精良，剧情紧凑的剧集，同样获得了观众支持。总局监管中心开展的“2018 年网络剧发展状况问卷调查”显示，超过 70%的受访者认为，耐心打磨好剧本，努力做好内容创新，更容易打造叫好又叫座的网络剧。与之相反，选择借导演及演员知名度来提升网络剧品质的受访者仅占 9%。

（三）付费观看成通行模式，制作方分账模式逐步发展

如果说 2017 年付费观看是网络剧主要的观看模式，那么 2018 年付费观看已成通行收看模式。2018 年，上线的 218 部网络剧中，在播期间有 207 部需付费观看，占比达到 95%。同时，这 207 部付费剧在更新完毕后，仍有 170 部剧需要付费后才可观看，占付费剧的 82%。从总局监管中心开展的“2018 年网络剧发展状况问卷调查”结果来看，有 30%以上的受访者是为了“抢先看”或“看全集”而开通了会员。

近年来，受到网络电影分账模式的启发与影响，网络剧运营中平台方、制片方分账的商业模式也开始逐步发展。2018 年分账模式主要针对中小成本的腰部作品。视频网站作为平台方不直接投资或买断版权，而是根据实际传播效果与合作方进行分成，这一模式有利于降低平台方的成本和采购风险。

（四）优质网剧走向更大舞台

随着网络剧内容品质、观众认可度、市场认知度的提高，2018 年，走出视频网站，走向更多元传播渠道的网络剧数量有所增加。网络剧《最好的我们》（2016 年上线）以《遇见最好的我们》的剧名，申领并取得《电视剧发行许可证》，于 2018 年 4 月在浙江卫视周播剧场播出。紧接着，其姊妹篇《你好，旧时光》也取得了《电视剧发行许可证》，并于 2018 年 7 月在深圳卫视黄金档播出。

优酷独播的超级剧集《白夜追凶》，在 2017 年 11 月率先出海，被美国流媒体视频服务提供商 Netflix 买下。2018 年，又有 5 部网络剧、超级剧集在海外发行，如《致我们单纯的小美好》《如懿传》《扶摇》等。一些剧集更是在中国的香港、台湾地区和一些东南亚国家掀起了追剧热潮。

B.12 网络综艺发展报告

孙文涛*

2018年，网络综艺[①]继续保持高速发展。数量明显增加，类型更加丰富，主题不断创新，制作水准进一步提高，日益成为视频网站内容生产的关键类型。视频网站对网络综艺的传播、运营亦求新求变，特别是2018年下半年以来，在网上网下“同一标准、同一尺度”要求的规范引导下，也更加注重网络综艺的社会效益，强化内容把控与价值引领。

2018年，共上线385档[②]网络综艺（其中含多版本节目48档，衍生节目44档）。节目数量较2017年同比增长95%，呈现井喷式发展（见表1）。其中，重点节目（总局《关于进一步加强网络原创视听节目规划建设和管理的通知》所界定的“重点网络原创视听节目”）214档，占比56%。

* 孙文涛，国家广播电视总局监管中心视听处处长。

① 网络综艺是指由节目制作机构或网民个人制作，主要在视频网站等互联网节目服务机构播出，并由播出平台对节目内容履行审核责任，综合运用各类视听表现手法，广泛融合多种艺术形式并对其进行二度创作，满足大众艺术审美和休闲娱乐需求的专业类（非剧情类）视听节目。

② 文中涉及的数据信息，如无特殊说明，均为国家广播电视总局监管中心多渠道统计整理所得，数据统计周期为2017年10月16日至2018年10月15日。

表 1　2018 年部分关注度较高、影响力较大的网络综艺列表

序号	节目名称（按拼音排序）	类型	播出平台
1	变形计之平行世界	真人秀类	芒果 TV
2	博物奇妙夜	文化科技类	爱奇艺
3	创造 101	竞秀养成类	腾讯视频
4	机器人争霸	互动娱乐类	爱奇艺
5	了不起的匠人　第三季	文化科技类	优酷
6	明日之子　第二季	竞秀养成类	腾讯视频
7	明星大侦探　第三季	真人秀类	芒果 TV
8	偶像练习生	竞秀养成类	爱奇艺
9	奇葩说　第五季	脱口秀类	爱奇艺
10	奇遇人生	真人秀类	腾讯视频
11	热血街舞团	竞秀养成类	爱奇艺
12	吐槽大会　第二季	脱口秀类	腾讯视频
13	我们的侣行　第二季	真人秀类	腾讯视频
14	星月对话 2018	谈话讨论类	优酷
15	幸福三重奏	真人秀类	腾讯视频
16	一本好书	文化科技类	腾讯视频
17	圆桌派　第三季	谈话讨论类	优酷
18	这！就是街舞	竞秀养成类	优酷
19	这！就是铁甲	互动娱乐类	优酷
20	中国新说唱	竞秀养成类	爱奇艺

数据来源：国家广播电视总局监管中心（2018. 10）

一、内容分析

（一）制作水准进一步提升，社会影响持续扩大

网络综艺经过数年的发展，不仅成为视频网站吸引流量的重要内容，更逐渐成为网站风格的重要品牌标识。主要网站对于头部网综项目加大投入，为网络综艺的专业化、精品化和工业化制作水准的提升提供了重要保证。

2018 年，网络综艺特别是头部节目纷纷在主旨、题材、形式等方面下功夫，力求出新出彩。有的节目通过文物、图书等文化载体带领观众探寻历史时空和精神世界（如《一本好书》《博物奇妙夜》等）；有的节目积极回应观众对美好生活的期待（如《我们的侣行 第二季》《幸福三重奏》等）；有的节目充分呈现特定艺术形式和竞技活动的魅力（音乐竞技、街舞竞技、机器人竞技等题材），等等。这些节目不仅深入挖掘网民精神需求，更重视表现手法创新，在叙事组织、语言风格上有特点，在布景、音效等方面有特色。同时，2018 年的“综 N 代”在保持节目特色的基础上，注重自我突破，凭借既“熟悉”又“新鲜”的模式吸引了观众的持续关注，部分节目已走到第四季、第五季（如《奇葩说第五季》等）。

随着网络综艺的专业化、精品化发展，头部网络综艺在网民特别是青年网民文化生活中的话题引领能力不断提升，社会影响进一步扩大。在总局监管中心开展的“2018 年网络综艺发展状况问卷调查”中，近七成的受访者认为网络综艺节目形式越来越多样，有近四成的受访者认为节目越来越精良。同时受访者还普遍认为，“爆款”节目多、贴合不同人群喜好、口碑越来越好等也是今年网络综艺节目的特点之一。

过去几年，网络综艺大量借鉴电视综艺的模式，电视综艺节目转网也频频出现。2018 年，电视综艺和网络综艺初步呈现出了模式互鉴、内容交织的态势，如与网络综艺《明星大侦探》题材模式相同的《我是大侦探》登陆卫视播出，这是媒体融合在内容层面走向深入的一个侧影，也是网络综艺专业化、精品化的一个表现。

（二）文化类节目持续发力，竞秀类节目热度较高

2018 年，随着网络综艺创作传播的纵深发展，也随着网上网下“同一标准、同一尺度”要求的逐步落地，网络综艺在创作中更加注重品味、格调，同时也有越来越多的节目开始积极探索内涵表达，进一步提升了网络综艺的精神高度。文化类节目已逐渐成为网络综艺中的一个重要类型。2018 年，共上线文化类网络综艺 21 档，较过去几年数量又有所增加。节目选题从文化漫谈到博物访古、从书籍细读到致敬匠人匠心，虽然是电视和网络文化节目已经涉及过的题材，但凭借呈现方式上的创新，既“有营养”又“好看”，赢得了观众的喜爱。比如，《博物奇妙夜》采用了在博物馆实景拍摄的形式，话题深度和高度并具，启迪思想、温润人心。《一本好书》创新性地将经典名著搬上舞台，以舞台戏剧的方式进行精彩演绎，形象诠释经典书籍的文化内涵，引人回味。

才艺竞秀类节目是综艺节目中另一重要类型，诞生了数档热度较高的网络综艺。2018 年才艺竞秀类网络综艺刮起“新风潮”。各平台不仅在以往常见的歌唱方面推出了多档节目（如《中国新说唱》《这！就是歌唱·对唱季》《明日之子　第二季》），有的还集中选择同一主题，形成同题材正面对垒的局面（如《热血街舞团》《这！就是街舞》）。与此同时，还有的节目在竞技、选秀的基础上，更加突出“养成”概念，强调网民对选拔结果的直接决定作用（如《偶像练习生》《创造 101》）。这些才艺竞秀、偶像养成类节目在进一步拓宽网络综艺类型、丰富网络综艺表现形式的同时，部分节目也出现了片面追求流量的倾向，在价值引领方面有所欠缺，也引发了一些非理性追星现象。2018 年 7 月，总局就做好暑期网络视听节目播出工作发出通知，明确要求“偶像养成类节目、社会广泛参与选拔的歌唱才艺竞秀类节目，要组织专家从主题立意、价值导向、思想内涵、环节设置等方面进行严格评估，确保节目导向正确、内容健康向上方可播出”。政策出台后，2018 年下半年新上线的偶像养成类、歌唱才艺竞秀类节目明显减少。

（三）类型丰富，覆盖全面

2018 年上线的网络综艺类型分布广泛，涵盖真人秀、脱口秀、互动娱乐等多种形式，覆盖文化、科技、美食、才艺、婚恋等多个领域。在广泛覆盖各年龄层的文化类、真人秀类节目方面，有可圈可点的作品；同时也善于挖掘街舞、说唱，以及吐槽、辩论等网生代喜闻乐见的主题和话语方式；还能够充分运用互联网分众传播的特色，深挖萌宠、足球等垂直领域，满足观众多样化需求。

从数量上看，2018 年新上线的节目中，真人秀类最多，共 78 档；谈话讨论类次之，共 52 档（不计多版本节目、衍生节目）。其他如才艺竞秀类、互动娱乐类、脱口秀类、娱乐报道类节目数量也相对较多。总的来看，2018 年，除婚恋交友和生活服务类节目，其他类型的节目数量都有所增长。

真人秀是近年综艺节目特别是大型节目中较为流行的一种节目形式，题材多样、受关注度高。2018 年上线的真人秀类网络综艺节目涉及游戏生存、亲子互动、生活体验、互动交流等多种类型。其中以生活体验类（如《幸福三重奏》《妻子的浪漫旅行》）居多。

2018 年上线的谈话讨论类网络综艺内容包罗万象，形式差异较大，有的以“游戏娱乐+谈话讨论”为主，强调娱乐性（如《火星情报局　第四季》）；有的主打谈话讨论，旨在探讨人文话题（如《圆桌派　第三季》）；还有的以人物访谈为主，挖掘嘉宾背后故事或向观众讲授经验（如《无与伦比的发布会　第三季》）。总体看来，谈话讨论类节目仍以输出观点和价值观的节目居多。

2018 年上线互动娱乐类网络综艺 25 档，主打趣味性、娱乐性，部分节目在保有趣味性的同时更加注重品质，在制作方面迈上了新台阶，特别是选材更加新颖。比如，《机器人争霸》《这！就是铁甲》将科技元素融入节目中，展现机器人格斗场景，制作也比较精良。互动娱乐类节目以其轻松有趣的特性吸引了观众的目光，但也有部分节目仍然为了娱乐而娱乐，虽不廉价，但质量仍然不高。

2018 年脱口秀类节目相较上年逐渐“退热”、趋于平淡，体现在节目数量、体量和节目制作、影响力上。全年共上线脱口秀类节目 26 档，但形成较大影响力的节目并不多。究其原因，从外部看是其他类型节目创新出彩，吸引了观众的注意力；从内部看或主要在于此类节目趋于同质化，节目主题、表达方式等都大同小异，无明显创新，使观众出现审美疲劳。

除以上主要节目类型外，2018 年，网络综艺继续垂直深耕，回应分众需求，内容覆盖文化、美食、亲子、萌宠、心理、足球等多个领域。从数量上看，“大制作”是少数。这一点也可以从网络综艺的单期时长中管窥，2018 年网络综艺的平均单期时长在 30 分钟以下的占总节目数的 40%，平均单期时长 30~60 分钟的占总节目数的 29%。

也有的节目将“小选题”做成了“大制作”。2018 年，网络综艺当中出现多档深耕“说唱”“机器人”“街舞”等主题的节目，通过选择特定的“小选题”，在大制作的季播节目中充分呈现其魅力，不仅成功打造了头部节目，也让这些相对小众的文化为更多观众所了解。

（四）多版本节目、衍生节目拓展节目影响力

2018 年，网络综艺领域的一个突出现象是多版本节目、衍生节目大量出现。多版本节目，是指在节目原版的基础上，将相关节目素材重新剪辑，形成“会员版”“升级版”“加长版”“极速版”等，以满足不同观众需要的节目。衍生节目，是指对原节目 IP 进行重新开发而形成的新节目。

2018 年上线的节目中，有多版本节目 48 档，衍生节目 44 档。这些节目多限会员观看，一方面能够满足不同观众群的需求，另一方面也能为节目本身制造话题热度。制作传播多版本和衍生节目在技术上、资源上难度不大，关键在于原节目本身具有一定的影响力，能够吸引观众观看多版本和衍生节目。因而，2018 年多版本节目、衍生节目迅速成为头部节目的“标配”，也是网络综艺影响力提高的一个表现。

总体来看，多版本节目仍以电视综艺的“网络版”居多，网络综艺的“会员版”“升级版”等相对较少。而衍生节目方面，源节目则多为网络综艺。从节目内容上看，目前衍生节目内容形式相对简单，大多集中在纪录、花絮等层面。比如，《创造 101》诞生 6 档衍生节目和 1 档多版本节目，部分节目内容重复空洞，独立性较低。但也有个别衍生节目深度创作，发展成为独立、完整的节目。比如，《奇葩大会》作为《奇葩说》的衍生节目，目前已上线第二季。

二、制作与传播分析

（一）四大平台优势明显，付费网综开始出现

在2018年上线的385档网络综艺中，独播节目达339档，占比88%。从节目数量上看，爱奇艺、腾讯视频独播节目均超过100档，处于第一梯队；优酷、芒果TV紧随其后，超过40档。四家平台独播节目总计328档，占全年节目85%。

2018年付费网络综艺节目113档，占总节目数量的29%。而2017年同期，尚未出现付费网络综艺。付费网综的出现，是各主要视频网站拓宽网络综艺营收方式的尝试。网络综艺内容质量的不断提高则是付费模式得以实现的前提。

网络综艺会员付费权益中，“仅会员观看”占比近八成，“会员抢先看”占比约两成。113档付费网络综艺，从题材角度看，游戏生存真人秀类、生活体验真人秀类、竞秀养成类节目位居前三。从另一个角度看，付费节目中，多版本节目44档，衍生节目23档，共占付费节目总数的59%。多版本和衍生节目多源自影响力较大的头部节目，部分观众为了观看在节目正片中没有看到的内容，愿意选择付费观看其多版本或衍生节目，这不但能够为播出平台吸引新会员增加营收，也能让节目素材得到最大化利用。

（二）广告形式更多样，“中插广告”创意多

广告招商是网络综艺的主要营收方式。2018年，网络综艺广告形式更加多元。既有形式较为简单的品牌冠名、道具植入、产品摆放、台词植入、挂角贴片、进度条植入、创可贴、压屏条、片尾滚动条广告，也有较为有创意的“花式口播”和“中插广告”。部分广告与节目内容高度融合，几乎成为网络综艺节目内容的一部分。

“中插广告”2018年快速发展，植入频次明显提高、赞助商类型明显增多，新鲜的广告创意层出不穷。其中较为有新意的是带有一定剧情的“广

告剧”。一类“广告剧”是在节目片头或片尾投放情景短剧，主要内容为邀请参与节目的嘉宾针对某一品牌进行故事演绎。另一类是在节目现场，由主持人或嘉宾以小剧场的形式将品牌特性编排演绎。广告剧因其故事属性较强，结合嘉宾的演技以及幽默诙谐的文案，比较容易被观众接受。

“中插广告”中还有一类形式最为新颖的“订制广告”。“订制广告”多是根据节目内容为品牌量身定做的原创内容，与节目场景深度融合，甚至成为节目内容的一部分。比如，《中国新说唱》以广告歌的形式将节目内容与品牌优势创作成说唱歌曲，让选手采用说唱的方式进行演绎。《热血街舞团》以广告舞的形式将广告与节目内容紧密结合，以给舞者拍摄 MV 的形式宣传品牌。基于说唱和舞蹈的品牌表达，带给观众新意的同时，也能更被观众所接受。

（三）主持人、嘉宾来源广泛

2018 年的网络综艺节目中，有主持人的节目超过半数（大量资讯类、真人秀类节目不设主持人）。其中，由传统媒体主持人担纲的节目占比 21%，境外艺人担任主持人的节目占比 10%。尽管网综主持人来源广泛，但有传统媒体经验的电视主持人仍然在网络综艺，尤其是头部节目中保持较高的参与度。部分“综 N 代”节目随着影响力的扩大，也愿意邀请传统媒体主持人加入节目的制作（如《明日之子　第二季》等）。网络综艺节目的嘉宾来源也十分丰富，除了大众熟知的明星艺人之外，还有学者、运动员、网络红人、微博大 V 博主等，更有部分通过网络综艺节目积累人气的嘉宾，刚刚凭借一档节目有了一定知名度，就投身到另一档节目的制作中。

值得注意的是，由于网综形式的不断创新，在部分头部节目中，主持人的角色相对淡化，例如《这！就是街舞》《这！就是铁甲》等，主持人只起到简单的串场作用，更多的串联、把控等功能由嘉宾承担。甚至在一些节目中，主持人和嘉宾的角色都由同样的人担任，主持人和嘉宾的界限正趋于模糊。

B.13 网络电影发展报告

张　霁*

在经历了前几年的爆发式成长后，网络电影在2018年进入"减量提质"的转型调整期，内容更加积极健康，含有不良内容的网络电影数量明显减少，既有口碑又有票房的作品不断涌现，网民的认可度也不断提高。网络电影在政策引导、市场推动以及行业自我演进的多重作用下，更加讲品位、讲格调、讲责任。

2018年全网共新上线网络电影1526部，总时长约为116126分钟，较2017年度的2200部下降31%，降幅较为明显。

表1　2018年部分关注度较高、影响力较大的网络电影列表

序号	节目名称（按拼音排序）	题材	播出平台
1	超级大山炮之海岛奇遇	东北喜剧	爱奇艺
2	超自然事件之坠龙事件	穿越	爱奇艺
3	达拉的青春	青春	爱奇艺、优酷、搜狐视频
4	大梦西游4伏妖记	港式喜剧	爱奇艺
5	大蛇	悬疑+惊悚+动作	优酷、土豆
6	爹地	情感	优酷、土豆
7	冬日暖阳（2018）	剧情	爱奇艺

* 张霁，国家广播电视总局监管中心视听处编辑。

续表

序号	节目名称（按拼音排序）	题材	播出平台
8	夺命剑（风云再起、喋血江湖）	悬疑+古装+武侠	腾讯视频
9	晃过上帝（生命之杯、占地为王、重返街头）	体育	爱奇艺
10	霍家拳之威震山河	武侠	爱奇艺
11	济公（神龙再现、英雄归位）	港式喜剧	爱奇艺
12	灵魂摆渡·黄泉	玄幻	爱奇艺
13	牧野诡事之金豹子	悬疑+动作	爱奇艺
14	齐天大圣·万妖之城	奇幻	优酷、土豆
15	特别有种：特警使命	军旅	腾讯视频
16	西游之决战大佛寺	少儿	爱奇艺
17	一个人的冬天	历史	爱奇艺
18	再见 18 班	校园	爱奇艺
19	镇魔司：四象伏魔	魔幻	腾讯视频
20	罪途（死亡列车、救赎代价、正义规则）	悬疑+犯罪+刑侦	腾讯视频

数据来源：国家广播电视总局监管中心（2018 年 10 月）

一、内容分析

2018 年，网络电影加速由量变向质变的转变过程，呈现出品质格调逐步提升、题材类型更加丰富、制作水准明显提高的面貌。

（一）品质格调明显进步，但仍有较大提升空间

2018 年，网络电影整体品质有所提升，不良内容明显减少。在政策引导和行业自律的双重作用下，2018 年 4 月中旬开始，主要视频网站先后对自有平台传播的网络电影进行自查清理，爱奇艺平台及片方自查下线不良影片；优酷联合多家知名网络电影公司，复查在线网络电影；腾讯视频清理第三方用户上传的非法节目，加大人工审核力度。自查清理行动效果明显，一批垃圾、糟粕视听作品得到清理，网络电影整体质量得到提升，视频平台主体责任意识得到加强，“自审自播”水平有所提高。

2018 年传递正能量、弘扬真善美的网络电影明显增加，把正面的、阳

光的、积极向上的、引人向善的或有警示作用的内容贯穿其中，如青春成长励志、维护公平正义、艰苦奋斗创业等。

但整体上看，网络电影仍存在良莠不齐的问题，且平庸者居多，部分作品仍体现出“重经济效益轻社会效益”“既不触碰负能量底线，也不攀登正能量高峰”的创作思路，“标题党”、擦边球、恶搞经典、“前6分钟”等顽疾在个别作品中仍然存在。

（二）题材类型垂直细分，艺术水准有所提高

2018年，含有情感元素的网络电影数量最多，含有喜剧、悬疑、动作等元素的作品数量均排名靠前，含有动作、喜剧、超现实、古装等元素的作品更受关注。网络电影虽在整体质量上与院线电影有较大差距，但其重要优势在于可满足互联网不同用户群体的喜好，在类型上可做到更为垂直细分，从而使受众群体更为广泛。2018年网络电影题材继续呈现出多元化发展趋势，在涵盖院线电影常见题材的基础上，还以其更大的包容度和更广泛的想象力，探索更多新的可能，既突出了“网感”，也更能满足个性化观影需求，其多元的题材类型触及了电竞类、体育类、音乐类、动画类等大银幕较少涉及的领域。

2018年网络电影的平均制作成本进一步提高，制作周期增长，使网络电影的整体艺术水准有所提升，涌现出了一批精心打磨剧本，用好故事去博取市场和观众认可，并在故事结构、思想内涵、人物刻画等方面均有所进步的影片。如《烽火逐金》讲述中国共产党地下工作者冲破各路江湖势力阻挠，成功将药品运往抗日前线的故事，剧情一波三折，引人入胜；《罪途》以悬疑推理的外壳包裹对社会现实的关照和人性的叩问，悬疑故事完成度较高，艺术表达克制又不失尖锐。同时，从节目体量来看，2018年网络电影单片平均时长约为76分钟，较2017年增长了4.1%。单片时长在60~70分钟的网络电影依然最多，但较2017年降幅明显；而时长在70~80分钟、80~90分钟、90分钟以上的网络电影数量占比较2017年均有所提升。

（三）原创剧本为主，系列化作品增加

2018 年，网络电影有 84%属原创剧本，其中不乏观众口碑和市场反响均较好的网络电影。另外 16%的网络电影剧本出自于对其他艺术形式的改编。文学、动漫、游戏、剧集、电影、民间神话、真实人物、歌曲等为网络电影创作提供了丰富的素材。同时，各主要视频网站积极推出“云腾计划”“HAO 计划”“比翼新电影计划”等，为网络文学、动漫改编网络电影项目提供了内容、平台、配套支持等资源。

2018 年网络电影系列化创作上保持了强劲势头，2017 年影响力较大的作品如《海昏侯传奇》《大明锦衣卫》等在 2018 年拍摄了续集，还出现了《杀无赦》《天才 J》等口碑与人气均较好的全新系列作品。此外，2018 年的系列化作品还呈现出更新节奏加快、上线排片密集、内容上更具有连贯性的“剧集化”特点，不仅影响力更高，也更具有用户黏度，进一步凸显系列化创作的价值优势。

（四）“龙标网络电影”数量剧增

网络电影的概念，从管理角度看，是指由视频网站等播出平台履行内容审核责任的作品，播出时一般标有“审核序列号”。而“院线电影”通常是指经过主管部门前置审核，正式获得《电影片公映许可证》并在院线公映的作品。2018 年获得《电影片公映许可证》，却以互联网为第一发行渠道的作品比 2017 年数量增长 370%。这些按照院线电影标准进行创作的作品不仅在内容品质上较好，而且通过“先网后台、先网后院、院网同步”的多种发行方式获得了较好的传播效果。“龙标网络电影”数量的大幅增长也推动了网络视听节目整体的“提质增效”。此外，主旋律、正能量的网络电影（如《西关大屋》等）也更倾向于通过申领《电影片公映许可证》来获得更好的传播效果和更多的发行途径。

二、制作与传播分析

（一）独播成主导，播出平台集中

2018 年上线的 1526 部网络电影中，独播影片达 1437 部，占比超九成。

独播已成为网络电影的主导发行模式。一方面，独播影片在平台参与度、宣发营销资源等方面有明显优势；另一方面，独播影片也能帮助平台实现内容差异化，为其带来更多的流量和新会员。同时，由于视频网站对于一些评级较低的影片没有投入营销资源，因此依然有少量网络电影在多平台全网发行。

2018 年网络电影的播出平台更加集中，从 2017 年的“群雄割据”逐渐演变成爱奇艺，以及优酷、腾讯视频、搜狐视频的“一超多强”竞争之势。各主要视频网站中，爱奇艺以上线 1010 部的数量包揽了全年 66.2%的新上线影片，占据主导地位；优酷以上线 373 部的数量占比 24.4%，位居第二；搜狐视频和腾讯视频分别上线 110 部和 108 部，位居第三和第四。爱奇艺、优酷、搜狐视频、腾讯视频四大播出平台上线网络电影数量合计占全网总数量的 98.8%，其他平台仅占 1.2%。

（二）分账纪录屡创新高，“档期”概念初步形成

网络电影的营收以付费点播为主，观众可通过单次购买影片或开通视频网站付费会员进行完整观看，非会员只能免费观看前 6 分钟（或前 5 分钟）。2018 年，优酷、腾讯视频等视频网站相继公布其网络电影最新分账模式，芒果 TV 也于 2018 年 10 月 10 日正式宣布重新进军网络电影领域，并公布了其分账标准。分账模式的发展，一定程度上得益于用户付费意识的养成以及平台付费会员的增长，而随着分账模式的不断更新和改进，网络电影的分账体系也日趋成熟。

网络电影分账纪录不断刷新，头部效应凸显。2018 年 2 月份《镇魂法师》成为首部分账突破 3000 万元的网络电影，2018 年 5 月底《灵魂摆渡 · 黄泉》和《齐天大圣 · 万妖之城》几乎同时突破 4000 万元票房分账。其中，《灵魂摆渡 · 黄泉》总分账金额达 4568 万元，成为今年票房分账最高的网络电影。2018 年爱奇艺和优酷分账超过 1000 万元的网络电影共计 22 部。

表 2　2018 年分账超过 1000 万元的网络电影列表

序号	片名	上线时间	分账（万元）	播出平台
1	灵魂摆渡·黄泉	2018. 02. 01	4568	爱奇艺
2	齐天大圣·万妖之城	2018. 03. 02	4036	优酷
3	镇魂法师	2017. 12. 01	3555	优酷
4	大蛇	2018. 09. 04	3255	优酷
5	陈翔六点半之铁头无敌	2018. 06. 11	2834	爱奇艺
6	济公之神龙再现	2018. 08. 09	2791	爱奇艺
7	狄仁杰之夺命天眼	2018. 07. 27	2516	优酷
8	济公之英雄归位	2018. 02. 16	2229	爱奇艺
9	新僵尸先生 2	2018. 01. 05	2010	爱奇艺
10	超自然事件之坠龙事件	2017. 11. 01	1880	爱奇艺

数据来源：国家广播电视总局监管中心（2018 年 10 月）

由于网络电影在观影时间、地点和方式上灵活性更强，因此，网络电影的“档期”并不像院线电影那样明显。但由于全年上线的网络电影数量众多，视频网站和项目方为了网络电影能获得更好的宣传发行效果，也逐渐开始对影片的上线时间和排片有了特别的考量，因而在某些特殊时间点上，网络电影呈现出了“档期”的特点。2018 年，网络电影的“春节档”“寒假档”“暑假档”等档期初现端倪。2018 年“春节档”期间共上线网络电影 11 部，相比 2017 年春节期间上线总量明显增多，打破了以往一到假期就遇冷的上线规律。其中，喜剧题材网络电影占比近半，符合节日喜庆氛围。如爱奇艺出品的《济公之英雄归位》选择大年初一零点上线，凭借专业演员的加入以及幽默元素成功吸引大量观众，取得了不俗的表现。

（三）制作机构多元化，商业机构为主

2018 年上线的 1526 部网络电影共涉及 2590 家出品机构、976 家制作机构以及 320 家宣发机构。将其按照主营业务划分可发现，宣发机构主要为影视文化传媒公司，制作机构主要由影视文化公司和个人影视工作室构成，而出品机构则涵盖广泛，不仅包括一线视频网站、传统影视公司、新生代

影视公司、传统广播电视机构、政府相关机构等，还包括食品加工企业、房地产公司、贸易零售公司、金融投资公司、酒店等诸多影视领域之外的公司。

中国电影股份有限公司、北京电影学院青年电影制片厂、湖南电视台电影频道、金盾影视、华谊兄弟等影视机构在 2018 年涉足网络电影领域，出品了不少“叫好又叫座”的网络电影作品，这些机构的加入为网络电影品质加速提升发挥了重要作用。与 2017 年相比，政府机构参与出品的网络电影在逐渐增多，如由共青团中央网络影视中心出品的《达拉的青春》《西游之决战大佛寺》，中共晋城市委宣传部出品的《情定孤堆底》，广西壮族自治区归国华侨联合会出品的《爱也有阿禾》，贵州省农村信用联社黔南审计中心出品的《冬日暖阳 2018》等。这些作品为网络电影带来了更多正能量，将崇高的价值、美好的情感融入影片内容中，春风化雨、润物无声。

（四）新人导演、演员仍是主流

2018 年参与网络电影拍摄的主要演员近三千人，其中超过八成的网络电影主演在参演一部作品后便无后续作品。如果将参演两部及以上作品的演员作为网络电影领域的主要演员群体，统计发现网络电影演员群体十分年轻，主要演员群体中 80 后、90 后演员占比超过八成以上，00 后演员亦有一定比例。而主要演员群体大部分是由影视类院校毕业生构成，亦有部分演员是由歌手、主持人、相声小品演员、模特等其他行业转职而来。相比传统影视剧每年有限的上映数量，网络电影庞大的体量和较低的门槛给这些刚入行的新人们提供了一个广阔的历练平台，同时也有众多年轻演员通过接拍网络电影来获取经验和积累知名度。

近年来，网络电影在蓬勃发展的同时，专业人才紧缺的问题也日益凸显，特别是优秀导演的数量远不能满足行业发展需求。视频播出平台等相关机构逐渐加大对青年导演的扶持力度，推出各项青年导演扶持计划，如阿里影业的“A 计划”、爱奇艺的“大爱计划”、腾讯视频的“青梦导演扶持计划”、淘梦的“导演梦想绽放计划”等，各项导演扶持计划也为年轻导演们的成长起到了积极的助推作用。

随着网络电影的规模化和专业化，参与拍摄的传统影视剧演员、境内外知名艺人也在增多，甚至有香港影片原班人马以网络电影的形式拍摄续集作品。他们在为网络电影领域带来名气和流量的同时，也促进了其质量的提升。而马德华、于根艺等一批老戏骨的加盟也使得网络电影曾经“看颜值不看演技”的观念在一定程度上得以扭转。在网络电影中老戏骨们或许并不是主角，但他们却能给观众带来细节处的惊喜，增加了作品厚度，丰富了演员层次。

网络电影在吸引并历练年轻导演的同时，也吸引了越来越多传统影视剧的导演、制片等影视人参与其中。或开拓新锐的题材及拍摄方式，或探索与院线电影不一样的风格。如曾借《爱的替身》《Hello！树先生》等获取国内外奖项的韩杰拍摄的《玩世英雄》，曾担任《大红灯笼高高挂》《让子弹飞》等作品摄影的赵非拍摄的《前任局中局》等。

B.14 短视频发展报告

汪文斌　傅　琮*

短视频应用迅速发展，正逐渐成为一种互联网生活方式。为了推动短视频行业的健康有序发展，中央广播电视总台（以下简称“总台”）央视发展研究中心对 9 个移动客户端（央视新闻+、新华社、人民日报、今日头条、新土豆、秒拍、腾讯视频、梨视频、快手）2018 年 1 月 1 日 ~12 月 31 日的短视频进行了为期 1 年的监测。通过分布式爬虫系统开展镜像模式采集，每日 3~4 次定时采集，并对采集到的数据进行去重处理，单条短视频持续追踪 15~30 天。对日均抓取到的 800 万条短视频，月度不重复计算约 2000 万短视频以及 60 万个月均活跃发布者，进行数据处理。

一、短视频内容概貌

（一）基本情况

1. 平台

2018 年，上述短视频平台发布量排序前五的依次是：今日头条、快手、新土豆、秒拍、腾讯视频。其中，今日头条发布数量最多。短视频平台播放量排序前五的依次是：秒拍、今日头条、快手、腾讯视频、新土豆。其

* 汪文斌，中央广播电视总台央视发展研究中心主任。
傅琮，中央广播电视总台央视发展研究中心发展战略研究部战略研究组组长、主任编辑。

中，秒拍播放量最高。

2. 制作机构

2018 年，有 13 个传统媒体发布者进入 9 个平台发布者的 TOP 30，播放量占 TOP 30 的 46.7%。这 13 席传统媒体发布账号分别是：SMG“看看新闻 Knews”、央视新闻、新京报“我们视频”、澎湃新闻、新京报、北京新媒体集团“时间视频”、人民日报、新京报“动新闻”、成都商报“1 视频”、中新视频、1818 黄金眼、新华视点和 SMG“全球眼 News”。

2018 年，有 11 个社会机构制作发布者进入发布者 TOP 30，播放量之和占 TOP 30 的 40.1%。其中，梨视频旗下共有 8 个账号进入发布者 TOP 30，播放量合计占 TOP 30 的 34.1%。

2018 年，有 6 个自媒体发布账号进入发布者 TOP 30，播放量占 TOP 30 的 12.2%。2018 年下半年以来，多数自媒体账号的播放量较上半年下降 50%以上。

3. 节目类型

2018 年，生活类短视频是最受欢迎的类型。9 个平台短视频播放量 TOP 100 中，生活类占比（33%）居首位，是最热播的内容品类。新闻类（24%）居其次，娱乐类（12%）和游戏类（12%）并列第三，动漫类（9%）列第五。

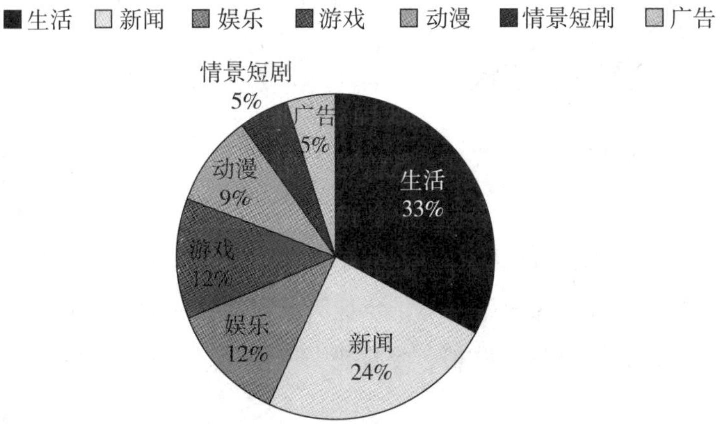

图 1　9 个主要平台短视频综合播放量 TOP 100 内容类型分布

最热播 TOP 10 中，生活类、娱乐类、游戏类各 3 条，新闻类 1 条（总台制作的时政微视频）。生活类 3 条，分别是美食推荐、情感和外卖调查，内容贴近生活；娱乐类 3 条，分别是明星、影视和音乐等热门内容；游戏类 3 条均为软件最新版本更新宣传。

4. 节目时长

2018 年，热播 TOP 100 短视频中，3～5 分钟的短视频占比最多（32%），且在九个平台 TOP 10 中占 5 条。在 TOP 100 中，1～3 分钟短视频占 28%；5～8 分钟短视频占 25%；1 分钟以内的占 11%。

（二）总台、人民日报和新华社短视频相关情况

2018 年，总台、人民日报和新华社都在时政微视频方面发力，共有 14 条原创时政微视频进入 9 个平台 TOP 100，播放量之和达 12.9 亿，占 TOP 100 播放量的 21.3%，成为热播短视频的主要内容构成。

1. 发布量和播放量

总台原创时政微视频的数量超过人民日报和新华社之和，播放量在三家央媒中的占比为 67%。播放量过亿的原创时政微视频共 5 条，总台占 4 条，人民日报 1 条。其中，总台制作的《历史时刻——中国国家主席宪法宣誓纪实》是唯一进入 TOP 10 的时政微视频。

2. 对外发布账号

2018 年，总台、人民日报、新华社均有发布账号进入 9 个平台发布者的 TOP 30，其中，“央视新闻”居第 3 位，“人民日报”居第 18 位，“新华视点”居第 29 位。

3. 内容创作

总台有丰富的时政视频资源，推出了数量多、播放量高的多个短视频精品，如《习近平的“轻松时刻”》《家国天下》《闽宁镇的故事》《构建人类命运共同体》《窑洞里的读书人》等，播放量都在 6500 万以上。同时，拓展新闻内容的创新表达，以轻松诙谐“接地气”的表达，拉近新闻与用户间的距离。如《不冻哭你算我输　央视段子手朱广权又双叒来了》《普京：坐火车有种浪漫的感觉》等，播放量在6000万以上。人民日报发挥其评论和策划优势，推出了《人民领袖》《奋斗》等短视频精品，《牵妈妈的手》开启2018年春节全网“牵妈妈的手”大型互动活动。快闪形式短视频《中国很赞》、国家形象宣传片系列《中国一分钟》等，播放量虽然没有进入TOP 100，但获得舆论好评。新华社注重文案策划和形式创意，利用其图片优势，推出《那年，我们21》《答卷》等高播放量作品。同时策划推出了多个短视频栏目。在《国家相册》之后，打造了《习近平时间》《习近平的足迹》等短视频品牌。

（三）传统媒体发展短视频呈现的问题

虽然以总台为代表的传统媒体在原创时政短视频制播方面成效显著，时政微视频成为短视频头部内容的重要品类，但传统媒体发展短视频存在两个突出问题：

一是传统媒体占据了新闻类短视频头部内容，但非新闻类短视频头部内容为社会制作机构和自媒体占据。2018年，有24条新闻类短视频进入9个平台TOP 100，其中21条来自总台、人民日报和新华社，播放量之和占TOP 100的21.3%，总台、人民日报和新华社在新闻类短视频中占据头部内容。文化、娱乐、生活等非新闻类短视频，社会制作机构和自媒体占据了头部内容。进入TOP 100的76条非新闻类短视频中，仅有1条来自人民日报转发的音乐短视频，传统主流媒体有待在文化娱乐、生活等非新闻类短视频领域发力，丰富品类，扩大覆盖面。

二是传统媒体是热播短视频内容的主力贡献者，但缺少自主可控有影响力的平台。2018年，共有13个传统媒体发布者进入TOP 30，播放量占TOP 30接近一半，但其播放量约98.7%来自商业平台。其中，有6个传统媒体发布者进入发布者TOP 10，占据一多半，比2017年下半年增加2个。进入TOP 30的传统媒体发布者13个，比2017年下半年增加了5个。数据表明，2018年，传统媒体在短视频内容制作领域进一步发力，取得明显成效，成为短视频内容制作领域的主力部队，但其播放量主要来自商业平台，缺少自主可控有影响力的平台。传统媒体作为短视频领域热播内容的主要贡献者，亟须建设自主可控、具有影响力的短视频平台。2018 年 12 月 28 日，总台与三大运营商、华为公司就合作建设 5G 新媒体平台签署协议，标志着以短视频为核心的 5G 新媒体平台建设正式启动，这无疑将极大地促进短视频精品创作，进一步壮大网络主流舆论。

二、短视频内容制作的共性和规律

短视频不是把长视频剪短成为短视频，某种程度上，因其短而需要更加精细的构思和创作。短视频的内容制作有哪些规律和共性？总台央视发展研究中心对 9 个平台 2017 年 7 月到 2018 年 6 月每月 TOP 30 短视频共 360 条进行重点分析，初步提炼总结出短视频内容制作的“七字诀”，内容方面包括选题“亲”、切口“小”、情感“共”、信息“密”；形式方面包括标题“实”、表达“潮”、技术“新”等特征。

图 2　短视频内容制作的共性和规律

（一）选题“亲”

选题“亲”是短视频的一个重要特征。所谓选题“亲”，是指题材内容接地气、贴近生活、贴近百姓，包含“亲民”“亲切”或“亲近”等要素。

在360条热播短视频样本中，选题包含“亲”的要素的视频有190条，占比达53%。这190条涉及短视频的多个类别，包括时政、新闻资讯、纪实专题、情感、生活、娱乐、文化、广告等。其中，“亲”的要素在时政类、纪实类、生活类和情感类这几类短视频中更集中体现。

时政类微视频在移动端传播，选取更接地气的内容和更亲民的角度更容易获得热播。获得热播的有关领导人形象的时政微视频，无一例外地塑造了领导人的“亲民”形象。在360条热播短视频样本中，时政类微视频共有43条，其中以习近平总书记为主人公的17条原创微视频几乎全部都选取“亲民”的角度。中国国际电视台（CGTN）制作的《习近平的轻松时刻》，选取了习近平总书记日常生活中的几个片段（踢足球、充当文化讲解员、打拳、吃苹果、和奥巴马总统唠家常等），展现了总书记诙谐、幽默、轻松、活泼的一面，展现了一个“不为人知的习近平”，获得1.29亿播放量。

（二）切口“小”

短视频内容制作切口要“小”。在360条热播短视频样本中，从小切口入手的短视频达323条，占比约90%。选取“小”的视角，挖掘小场景、小片段、小情感来表现各类主题，是热播短视频的一个显著共性。

小切口可以讲大故事。人民日报在2018年春节期间推出的《牵妈妈的手》，主题是弘扬中华优良传统“慈孝”美德，以“你有多久没牵妈妈的手”为切入口，以多位游子在外打拼，过年时还是会想家的场景开篇，以习近平总书记的同期声“慈母手中线，游子身上衣……谁言寸草心，报得三春晖”结尾，将领袖和平常人一样的对家的思念、对亲情的渴望和慈孝之情连接起来，以小切口讲大故事，播放量过亿。

小切口容易引发受众共鸣。新华社在2018年“六一”来临之际推出短视频《礼物》，以孩子们在“六一”儿童节希望获得什么礼物为切入口，对多个家庭面对面采访，展示习近平总书记陪伴孩子的画面，总结出“陪伴，就是给孩子最好的礼物”主题。该短视频内容聚焦于百姓的现实生活和真实情感。从小切口、生活化、接地气的场景入手，以普通百姓的视角讲故事，让受众感到故事中有自己或身边人的影子，引发共鸣，获得热播。

（三）情感“共”

情感“共”，即有共情能力，是热播短视频的一个重要因素。在360条热播短视频样本中，情感“共”的短视频占比多，包含两类：一类是本身并不是情感类题材，但在制作中通过“打情感牌”与观众产生共鸣，达到“以情动人”的效果。这一类共有127条，约占总体的1/3。二是专门的情感类题材，多数是以展现青年人的爱情困惑，解答爱情难题为内容（主要由自媒体制作），这一类共有35条，占比10%。

情感类短视频不仅数量多，而且在高播放量短视频中占比多。平均每个月有3~4条情感类短视频进入TOP 10。情感类短视频内容直击痛点，切中现代社会中人们内心的孤独，呈现现实年轻人群情感困惑与渴望。多条短视频播放量过亿，如《舍不得又怎样，到最后我们还不是说散就散》《我们是这样错过彼此的》等播放量均过亿。

（四）信息“密”

信息密度大是短视频的显著特征。纵览360条热播短视频样本，都具有这一特性。短视频要在短短几分钟内浓缩大量的内容。信息密度有多大，叙事力和感染力就有多大。如新华社在建党95周年之际制作的《红色气质》，用9分5秒的时长浓缩了中国共产党建党95周年的发展历史，虽然比一般的短视频长，但信息密度大，使得作品叙事力、感染力强。梨视频要求资讯类短视频3秒钟内要直奔主题，要在15秒内抓住观众，专题类短视频要在30秒之内抓住观众，开篇不能拖沓，内容信息要“密”。

（五）标题“实”

标题“实”，指短视频的标题要概括出视频内容，直截了当阐述事件核心，让观众决定是否看下去。标题“实”有利于迅速抓住移动端观众。在360条热播短视频样本中，84%的短视频标题是直白地点明事件的核心要素。如《街头出现“掏耳朵”碰瓷，已有多人被讹》《为什么我们这么恨抄袭》。

标题要概括出视频内容。因此，标题通常字数比较多，大部分视频标题在10~20字之间，甚至出现一小段话的长标题，比如中国长安网制作的《特警登顶珠峰，零下30度，他身着制服，噙着热泪，唱响〈歌唱祖国〉，为这一份赤诚点赞!》，标题长达34个字。总体来看，短视频的标题普遍比长视频长。

（六）表达“潮”

所谓“潮”，就是要有网感，用新思维带来新表达，用时代性、时尚型的创新表达，赋予作品更多的活力。从360条热播短视频样本看，虽然大部分短视频是用传统的纪实手法制作，但有一部分短视频，因表达“潮”，在表达上大胆突破、形式创新，获得热播。

一是动漫形式。卡通和动漫形式使短视频内容更加生动有趣。如《文物戏精大会》是抖音协同全国7家博物馆联合制作，在表达手法上大胆突破，用动漫让“沉默”的千年文物集体“复活”，时长1分30秒的视频让受众大开眼界，4天播放量突破1.18亿。

二是歌舞形式。有手指舞、说唱等形式。歌舞形式以轻快活泼吸引年轻人。如人民日报制作的《中国很赞》手指舞邀约众多明星一同演绎手指舞，互动性强。再如新华社制作的《二人转里唱小腔》，用二人转的形式唱厕所革命以来农村人民的生活新变化，朗朗上口，轻松活泼。

三是快闪形式。2018年3月人民日报制作的快闪短视频《人民日报的年轻人玩了段手指舞，一起来!》以及《快看！首列中国很赞地铁来了颜值超高》以快闪形式获得年轻受众喜爱。

（七）技术“新”

技术“新”，是指短视频制作应用一些新技术，比如3D动画、虚拟现实（VR）、增强现实（AR）、无人机航拍、H5等，增强互动性，增强形式创新感，给予用户更好的欣赏体验。虽然在监测的360条热播短视频样本中，技术“新”的作品数量不多，主要来自三大央媒制作。社会制作机构和自媒体也是热播短视频的制作主体，但受限于制作成本，技术“新”的作品少。目前，短视频采用的新技术主要有以下几种：

H5。总台、国家文物局联合摄制的《如果国宝会说话》用活泼的画风、出人意料的“脑洞”和短小的分集设置，以及 H5 技术手法，与传统传播方式形成反差而受欢迎，增加了视频的互动性。

3D 特效。用 3D 特效技术产生动画效果，可以模拟事件发生全过程。如新京报制作的《3D 还原川航机长史诗迫降：超低温手动操作全身发抖》，采用 3D 技术全程再现新闻现场；新华社在《红色气质》中也采用了 3D 特技，用静止的图片作出视频的效果。

航拍技术。航拍技术一般用于拍摄出宏伟的景观和主题。如总台制作的《190 秒看高颜值厦门璀璨绽放》以航拍技术从多个角度展现召开金砖会议的厦门美不胜收的景色。党的十九大期间中国政府网和新华网联合制作了短视频《无人机航拍：换个姿势看报告》，用无人机航拍，同时也采用了 H5、AR 和数据可视化技术，创新了融媒体作品的表达。

抠图技术。如总台为党的十九大制作的《6000 帧抠图还原首次“党代表通道”》使用抠图技术，还原了十几位党代表们的声音，表达了党代表们的意见和观点，观众获得强烈的画面代入感。

B.15 2018中国网络视频精品节目发展现状与趋势解析

陈　思　刘雁翎[*]

2018年是中国网络视频产业的一个蜕变期，相关部门的监管进一步严格规范，市场趋于稳定和理性，作为主要竞争产品的短视频和网络直播发展劲头迅猛，过去几年流量为王、IP为王的模式都开始失灵，内容为王的精品化战略成为网络视频的必然选择，扎实的“文艺创造”引领了整个视频行业的转型。

一、网络视频行业的发展现状

从整个时代背景来看，2018是贯彻党的十九大精神的开局之年，网络影视精品化适应了新时代对于文艺创造的需求。党的十九大报告指出：“社会主义文艺是人民的文艺，必须坚持以人民为中心的创作导向，在深入生活、扎根人民中进行无愧于时代的文艺创造。”十九大报告同时要求在当代中国实现中华优秀传统文化的创造性转化和创新性发展。这些重要论述都对网络视频发展提出了根本遵循。首先，要提升作品自身的思想文化价值，

---

* 陈思，北京大学视听传播研究中心研究员；北京航空航天大学人文与社会科学高等研究院讲师。

刘雁翎，北京大学新闻与传播学院博士生。

坚定正面的价值导向；其次，要提高作品的艺术审美水准，开发更多的创新模式。2018 年，网络视频较好地回应了时代的要求，依据第 43 次《中国互联网络发展状况统计报告》[①] 解析，2018 年网络视频自制内容上线量同比呈略微下降的趋势，但播放总量、单剧播放量均大幅增长，精品、独播、创新的内容形态更受用户青睐。

以当下市场格局来看，网络视频依然是网络娱乐产业的核心支柱，成为数亿用户的娱乐刚需[②]。由于互联网公司强劲的议价能力，优质节目“先网后台”的播出顺序已成为常态。与此同时，短视频迅速崛起，网络直播在获得高额融资后行业集中度加速提升，进入精细化运营的转型期。截至 2018 年 12 月，短视频用户规模短期内扩张至 6.48 亿，网络直播用户较 2017 年稍有回落，仍有 3.97 亿[③]。与日渐“电视化”“电影化”的网络视频相较，短视频所提供的信息和娱乐短、平、快，更鼓励 UGC 内容的生成，具有更加明显的社交属性；网络直播中使用率最高的则为游戏直播，与 4.84 亿网络游戏用户深度关联。时值“碎屏时代”的当下，短视频和网络直播都具有了自身不可替代的特征与难以争夺的用户群，网络视频若想要保持自身优势，建立更加稳固的市场根基，必然要集结更加优质的资源，创作精品乃至经典，才能在视听内容过度盈余的时代守住自身核心支柱的地位。

二、网络视频精品节目的发展现状

（一）网络剧

自网络视频行业逐步落实网上网下“导向一致、标准一致、尺度一致”的监管政策以来，网络剧与电视剧的分野愈发缩小，网络剧的竞争优势从宽松的平台优势转移至背后互联网公司的资金优势，与电视剧竞争的核心

① 中国互联网络信息中心（CNNIC），第 43 次《中国互联网络发展状况统计报告》，2019 年 2 月。
② 中国互联网络信息中心（CNNIC），第 43 次《中国互联网络发展状况统计报告》，2019 年 2 月。
③ 中国互联网络信息中心（CNNIC），第 43 次《中国互联网络发展状况统计报告》，2019 年 2 月。

也逐渐归结于谁能制作出或首播精品化的内容。2018 年，网络剧的备案数量相较于 2016 年和 2017 年有所回落，但总体品质上升，虽缺乏《白夜追凶》等极具代表性的头部剧集，精品内容从文化意涵与审美品位上来说仍是可圈可点的。

从文化意涵的角度来看，2018 年网络剧最明显的变化来自悬疑剧，从血腥暴力的惊悚剧情到逻辑严密的推理剧情，以《原生之罪》《古董局中局》《疯人院》为代表。这些网络剧不再用电视上不能出现的血腥暴力镜头作为卖点，而是靠环环相扣的故事和精湛的演技成为精品。剧集中对于文物保护或精神疾病的较为严肃的探讨皆符合正向的价值导向要求。

从审美品位的角度出发，2018 年的精品网络剧有两大亮点：其一，一些现象级古装剧，摒弃了网络古装穿越剧偏爱的鲜艳色调，用考究的、符合史实的服化道和内敛的后期调色获得了受众的喜爱，掀起了一场网友对非物质文化遗产蚕丝绒花和“清朝莫兰迪色系”等传统文化的追捧；其二，以盗墓笔记系列的《沙海》为代表的对 CG 技术①要求比较高的探险剧和玄幻剧，摆脱了网络剧特效一贯的廉价感，同时不再单纯追求流量明星所能带来的点击量，反而赢得了网友和原著粉丝的好评。

2018 年的网络剧在整体精品化的道路上迈进了一大步，却也并非十全十美，其最大的问题在于现实主义题材的缺失，主角所向披靡的“爽剧”成为最受欢迎的故事范本。在中国网络视听节目服务协会发布的《2018 中国网络视听发展研究报告》中的上线网络剧播放量前 20 中，有 12 部古装剧，其中无论是现象级的剧集，还是在玄幻小众圈中评价较高的《媚者无疆》等皆是大女主的“爽剧”。与 2017 年备受好评的《虎啸龙吟》一样以三国时期为背景的《三国机密之潜龙在渊》，剧本质量以及其基于现实的对历史的反思精神都不能与前者同日而语。在 8 部时装剧和民国剧中，也缺乏真正能触撞时代痛点或反映时代变迁的剧本，唯有《乡村爱情协奏曲》基本保持了整个系列的来源于现实的艺术创作水准。

① CG，Computer Graphics 的英文缩写，即利用计算机技术进行视觉设计和生产。

（二）网络电影

时至2018年，备案的千余部网络电影业已脱离草根化的标签，以“网大”的名号并入了主流表达之中，获得了不错的商业回报。相关机构报告显示，2018年中国网络电影行业规模达到了30亿元[①]；爱奇艺发布的《2018网络大电影年度报告》则显示，其票房冠军《灵魂摆渡·黄泉》获得了4548万元的票房分账。相较于体量大、周期长的网络剧和网络综艺来说，网络电影“船小好调头”，通过灵活的融资和合作制片机制，鼓励了艺术创新，出现了一批各具特色的精品内容。

在题材上，网络电影中动作片的播放量最高，占比达28.9%，其次为悬疑、爱情、奇幻和喜剧，这一特征与院线电影基本一致[②]。在2018年的网络电影中，较为出色的动作片有《陈翔六点半之铁头无敌》；悬疑类的精品代表作则是《罪途》系列，在5月上线了三部曲——《死亡列车》《救赎代价》《正义规则》；奇幻类的“年度爆款”为《灵魂摆渡·黄泉》。

在市场表现上，网络电影的项目周期短，一般拍摄10天就可结束，制作周期平均3个月左右，从项目启动至回款通常不超过13个月。因此，网络电影颇受资本市场的青睐，大量资本涌入头部市场，以求A类精品网大高额的回报[③]，行业目前仍处于红利期。对于平台来说，独播成为爱奇艺、腾讯视频和优酷三大网络电影平台的竞争策略，截至2018年11月，网络电影在三大平台的独播占比超过95%，独播网大的分账率要远高于非独播影片。

网络电影的市场表现普遍良好，整体上与精品化尚有差距。即便是头部内容，也和网络剧的制作团队水准差距较大，行业中不乏投机者，在一

① 烯财经热度研究院，《2018中国网络大电影行业分析报告》，2018年12月，https://baijiahao.baidu.com/s?id=1620095003333056744&wfr=spider&for=pc。

② 烯财经热度研究院，《2018中国网络大电影行业分析报告》，2018年12月，https://baijiahao.baidu.com/s?id=1620095003333056744&wfr=spider&for=pc。

③ 烯财经热度研究院发布的《2018中国网络大电影行业分析报告》显示，2018年A类网大的投资回报率均较为可观，普通影片的回报率在50%左右，《陈翔六点半》作为头部精品内容回报率达900%。

定程度上阻碍了网络电影的差异化、创新性发展，在观众中的口碑也普遍较差。在各大影视评分网站上，网络电影中的精品内容一般情况下只能获得6分左右的及格分，2018年仅有《灵魂摆渡·黄泉》获得了较高的评价。此外，爱奇艺发布的“年度大电影报告”显示，其营销分成金额逐年增加，营销价值开始凸显，合作方营销意愿不断增强。

（三）网络纪录片

网络纪录片在2018年以整体的高水准在网络视频中站稳了脚跟，所涉及的题材极为广泛，创作者们用作品解读现实世界，为现实世界的情感找到出口，引发共鸣。

网络美食纪录片《风味人间》和《人生一串》大获好评。前者通过全球视野审视中国美食，超微观摄影和显微摄影的拍摄方法为观众展示了技术带给艺术的美好变化；后者展现了全国各地独具特色的烧烤文化，极具市井气息，传递了烧烤的乐天内涵与江湖风味。

纪实性真人秀是网络纪录片与网络综艺的结合体。2018年9月份上线的纪实性明星真人秀《奇遇人生》，让主持人“通过探索世界的方式探索自己”，将非洲的大象孤儿院、美国的龙卷风和中国台湾的身心护理疗养中心拍出了顶级风景片的质感，不露声色地展露了当下的环境保护、临终关照和文化遗产保护等问题。

关注素人的纪录片有定位为“互联网微纪录片”的《三日为期》和购买了日本NHK版权的《纪实72小时》，将纪录的落足点放在进藏公路上、街边的游戏厅里、国贸的观景餐厅等，能看到现实生活的切面，具有鲜明的时代烙印。

（四）网络综艺

2018年是网络综艺开疆拓土的一年，在守住了堪称精品的语言类节目、情感类真人秀节目和文化类节目的阵地的同时，将选秀类节目的阵地拓宽至偶像养成，并且承续上一年《中国有嘻哈》的成功经验，将目标对准了相对小众的载人航天事业、街舞文化、机器人格斗文化和街头篮球文化等，通过一线流量明星的加盟和成功的话题运营，让综艺不再仅限于泛泛的大众娱乐，而具有了一定的分众化的、专业化的特征。

偶像养成是2018年网络综艺中对流行文化影响最为广泛的一个新生种类。自1月份上线的《偶像练习生》，到4月份开播热度持续至暑期的《创造101》，网络视频的年轻受众们并不太关心赛制和最终的冠军是谁，只热衷于对其中的一些情节进行创作与演绎，一次次将这两档节目送上了热搜榜。此类网综的制作较为精良，都有流量明星加持，且能持续保持话题度，将选秀类节目的审美趣味从"一夜成名"提升至长期的情感羁绊与养成。对于播放平台来说，培养出偶像并用较为低廉的出场费来降低网络综艺的制作成本，也是一种良性循环。

代表了小众文化的航天类综艺和机器人格斗类综艺的精品化，说明在网络视频中制作较为专业的、具有长尾性质的类型综艺是可行的，可以获得社会效益和经济效益的双丰收，也带动了年轻用户们去了解这些小众文化。

三、网络视频精品节目的发展趋势

（一）台网分野的消弭

移动互联网的发展和移动终端的普及，使泛视频行业进入"碎屏时代"，各类视频提供者争夺的不仅仅是电影院场景里的观众或家庭场景里的电视受众、电脑屏幕前端坐的受众，还有交通工具上的或睡前、工作间歇等碎片化时间中使用手机和平板电脑观看视频的观众。加之网络视频所具备的社会影响力，在相同的监管标准下，可以预测：专业团队制作的网络视频节目的竞品不再是电视台播出的同质节目，而成为短视频、直播等平台上输出的由UGC和MCN集结的PGC共同构成的碎片化内容。因此，2018年之后网络视频需要关注的问题不再是台网分离或台网互动，而是如何通过更为精良的制作和差异化的方略保持并扩大自身的市场。

（二）雅俗共赏的取向

在2018年，中央广播电视总台的《国家宝藏》《如果国宝会说话》《中国诗词大会》等精品节目获得了较高的受众满意度，网络文化类综艺以及网络纪录片与之齐头并进，在脱离了过度娱乐化的倾向之后选择了雅俗共赏的审美取向——以视频作品的故事性、知识性和艺术性为主导，而并非以话题性为主导。此取向的选择是浮躁的市场趋于冷静的标志，创作者不再一味追逐流量明星，或者用剪辑手法刻意制造冲突，而从编剧、艺术指导、后期等环节增加制作成本，齐心协力为一部作品反复打磨。市场对此取向的反馈也是非常积极的，在获得较高点击量的同时，也因其在较高端消费者中培育的用户黏性而吸引了稳定的冠名商和广告源。这也为网络视频的后续发展提供了新的范式——雅俗共赏审美取向及其所指向的制作方式。

（三）自主创新的崛起

在经历了多年的来自世界各地的视频节目版权引进之后，网络视频迎来了自主创新的一年。2018 年堪称精品的网络综艺和网络纪录片几乎都是自主创新的结果。如《奇遇人生》，启用了获得过艾美奖、伊文思奖和金球奖的纪录片制片人赵琦担任导演，让资深主持人阿雅主持，给了两位主创较为宽松的创作环境和较大的创作空间。再如《一本好书》，创新点在于促进精英化阅读向大众化阅读的方向转变。在自主创新节目的崛起期，市场投资也许对其不会十分友好，2018 年的网络视频已经开始有所转变，树立起文化自信，为更为广泛的自主创新作出了一系列有益的探索。

B.16 5G与广播电视融合发展报告

李远东*

即将到来的5G时代拓宽了媒体融合的维度，广播电视将拥有更加可持续发展的平台，5G高速智能的传输网络将进一步增强广播电视的节目制播、传输、呈现等能力。广播电视行业应紧抓5G带来的发展机遇，大胆运用新技术、新机制、新模式，加快融合发展步伐。

一、5G的宏大愿景与理想

5G即“第五代移动通信”。国际电信联盟对于5G系统的能力有着很高的愿景需求，主要涉及增强型移动宽带（eMBB）、大规模机器类通信（mMTC）、超高可靠与低时延通信（URLLC）等三大应用场景，以及千兆移动宽带接入、智慧家庭/建筑、语音、智慧城市、3D及4K/8K超高清视频、云上工作及娱乐、增强现实、工业自动化、公共安全、自动驾驶等典型应用。理论上，如果这些愿景最终都成为现实，5G将会成为有史以来最为强大的移动通信系统；且由于有望实现信息与通信技术的深度融合，5G将在经济高质量发展中扮演重要角色。2018年6月，5G第一阶段国际标准冻结完成，满足了部分移动通信运营商希望通过率先商用5G来扩展既有移动通信系统容量的需求。中国移动、中国电信、中国联通计划从2020年开

* 李远东，中国广播电视网络有限公司业务部业务管理处主管。

始在部分城市提供5G商用服务。

二、媒体行业成为5G在垂直行业应用的重要探索方向

全球范围内，移动通信从1G到5G的几十年时间里，逐渐形成了一些经典的发展规律。其中一个就是，移动通信只在偶数代（比如2G、4G）取得了巨大的商业化成功，而奇数代的1G、3G则相反。如果把这一规律应用于5G，则移动通信行业将可能需要等到6G（第六代移动通信）才能使得国际电信联盟对于5G的上述所有愿景期望得到全部满足。移动通信业界逐渐形成一个观点，5G要想打破这一移动通信经典发展规律，应该通过与相关垂直行业协作来创造出5G新的商业模式以及生态系统。处于发展状态的5G产业链正在朝这一方向努力。

“媒体行业”成为上述的“5G+垂直行业应用”的重点探索方向之一。国际移动通信标准组织3GPP规范《5G系统业务需求》提出，5G网络将会无缝地集成包括单播、组播及广播在内的各种网络技术（移动网络、固定网络、卫星及光网络）及其他能力（比如于网络边缘的媒体内容高速缓存），将具备满足正常运营各类媒体业务所需的移动数据传输速率、为大量用户同时提供相同服务的相应系统容量、更为严格的服务质量（QoS），以覆盖媒体行业的所有应用场景。高/超高密集度组网的5G网络还将具备对快速变化的移动数据流量进行管理的伸缩能力。这种能力对于移动通信运营商可持续发展的商业模式特别重要，对于应用、设备及服务提供商也很重要，并可助力这些机构持续进行设备及业务创新。此外，将来的5G运营商还可通过开放应用编程接口（APIs）、软件开发工具包等，使得内容应用需求能实时地适配到网络能力，达到快速培育创新型媒体生态系统的目的。

三、5G关注哪些媒体应用

从能力上看，基于3GPP第一阶段5G国际标准的中频段5G系统在单用户速率（单用户可体验到下行1.3 G、上行175 M；小区边缘下行30 M、

上行 512 K）以及端到端时延（≥10 毫秒）方面，能够满足部分媒体类型 5G 应用的需求。欧盟把“媒体及信息娱乐”作为 5G 应用的八大垂直行业之一。中国 IMT—2020（5G）推进组把“新媒体”作为 5G 应用发力的一大重点垂直行业。从全球已经提供的 5G 商用服务来看，视频等媒体内容是这些早期 5G 系统业务形态的重要组成部分。总结下来，5G 主要关注以下类型的媒体应用。

一是沉浸式应用和虚拟现实（VR）。远程沉浸式媒体可以实现位于不同地点的用户进行多方实时交互，可增强人们在视频通信/会议、电子医疗、视频广告、在线游戏等活动中获得一定的“身临其境”之感。当下，在 VR 基础技术发展演进的推动下，各类基于 VR 的下一代通信应用开始出现，并有望逐步成为未来网络世界的主流业态。沉浸式媒体应用必须满足严格的服务质量（QoS）和体验质量（QoE），需要解决的关键挑战在于“可用性”以及“用户之间的实时交互”，以确保提供流畅平滑的用户体验。沉浸式媒体应用中，对于原始物体的立体（3D）影像重建，具有很高的视觉质量要求，需要以时变网格（TVM）的形式进行创建，然而这一过程会产生大量的异构数据，于是就需要提供具有挑战性的网络方案。虽然 TVM 数据可以通过静态网格压缩或动态（时变）数据相关技术进行压缩，但现有的压缩方案尚不能支持实时应用。此外，可以预计，实时远程沉浸式媒体应用产生的数据量将会急剧增加。综上，远程沉浸式媒体应用对于底层网络系统的要求包括：极大带宽、极低时延、甚小抖动、超高可靠、超高容量（一般满足高人群密度区域的宽带接入）。从这些需求看来，如果采用无线通信技术来承载各类远程沉浸式媒体应用，当前的 LTE 及其后续演进难以完全满足，采用 5G 网络技术就成为实现远程沉浸式媒体应用的必要条件。

二是广播电视节目的“智慧制作”。由于成本逐步上升，广播电视台正在寻找新兴的、低成本以及省时的节目制作方法，其中包括在广播电视节目制作中适时适量加入合适的用户自制内容（UGC）、受众实时互动参与的内容等。这些类型的生产方式，统称为“智慧制作”。越来越多的广播电视节目制作发生在远程。“远程制作”对于广播电视节目的“智慧制作”具有更大的意义。传统上，远程制作在实际操作方面通常需要配备大型团队，并进行事前的长时间准备——比如把音频和视频设备运送到外场，并为特定的远程节目制作活动进行设置、配置和调整；架设并调试微波、卫星等回传链路；另一个耗时的部分是为声音及视觉工程师、编辑和指导团队在外场建立临时控制室以用于远程制作时的现场调度。在远程的节目生产中，常会使用位于广播电视台内部的控制室/演播室对远程场地的设备进行实时调度。从而，就需要建立从远程现场到广播电视台演播室的专用网络连接，把高质量（比如 4K/8K 超高清）的内容及时回传到演播室。这一场景对于回传链路的要求相当高，需要达到“广播级”质量——尤其是对重要事件的现场新闻直播。需回传至演播室播控台的现场视频图像，一般是高清、超高清格式而且未经压缩，从而对回传链路的带宽有很高的要求；而且，由于有时涉及现场直播，就要求回传链路超高可靠、极低时延、甚小抖动。5G 的到来，为广播电视节目“智慧制作”中的“远程制作”新增了一个用于节目素材回传等的可选项，有望对现有专有解决方案形成补充甚至替代效应，具有降低复杂性和成本的潜力。此外，在一定的商业模式下，还可以开发其他广播电视节目“智慧制作”，比如结合 5G、移动边缘计算、人工智能技术进行“个性化”“定制化”的现场直播等。总之，5G 系统的大带宽传输能力有望成为实现灵活的媒体素材获取与制作、审核与传播的方式之一。

三是视频内容的更高效分发。在 5G 正式商用到来之前，近年来能够接收视听内容的终端设备的种类与数量都呈现出迅速增长态势，包括从固定大屏电视机到个人计算机、平板电脑、智能手机、游戏机、流媒体智能机顶盒等。视听终端设备的处理能力、存储容量以及屏幕质量等性能也正在稳步提高。这些发展演进，加上不断扩大的内容提供和创新服务也在持续推动用户期望的上升，尤其是在选择、质量、可用性以及可负担性等方面尤为突出。可以预见，到了5G时代，主要类型的视听终端在性能、渗透率方面将会有进一步提升，而且终端硬件将会得到进一步的创新（比如可折叠屏幕、显示屏从液晶屏LCD向柔性AMOLED屏幕的规模换代、电池容量更大等）以期提升用户的视觉体验与使用体验，这些关键因素将有可能进一步提升人们在便携式智能终端上的视频内容观看时间。基于5G系统的大容量、高带宽、低时延能力，以及5G与边缘计算、人工智能、大数据分析等重要周边技术的高效结合使用，在可行的商业模式支撑下，可能有多种形态的5G视听内容传输分发，包括但不限于热门电视频道直播、视频点播、体育赛事/综艺节目/公共活动的个性化/定制化直播等。爱立信在2019年1月发布的移动报告预计，到2024年（属于5G商用的早期阶段），宽带移动通信网络中的数据流量将有高达74%是由视频内容产生的。

四、广播电视紧抓5G机遇

从5G媒体应用来看，广播电视的节目制播、传输、呈现都可以利用5G技术来增强。中国广播电视行业正紧抓5G带来的潜在发展机遇。

布局新一代无线广播电视技术。总体而言，5G系统在无线技术上没有大的革新，尚不能满足海量音视频媒体内容的带宽需求。2018年4月，国家广播电视总局（以下简称总局）科技司在北京组织召开了无线交互广播电视工作组成立会议，研究5G背景下的新一代无线广播电视技术。工作组将联合各行各界产学研用相关单位，共同推进落实智慧广电战略，推动无线交互广播电视技术研究、制定标准、开展国际化交流并引领行业发展，打造新一代无线交互广播电视网。在第一阶段工作中，以广播科学研究院为主体加入了3GPP，完成了5G标准现阶段增强广播电视（EnTV）的立项工作。在第二阶段，全面启动了系统架构组、广播信道组、双向信道组、业务组、核心网以及BOSS组的研究工作。工作组确定将在2022年北京冬奥会提供基于5G/无线交互广播电视技术的超高清电视广播服务。

谋划广播电视5G网络发展。2018年11月，总局印发的《关于促进智慧广电发展的指导意见》明确提出，加快5G技术在广播电视网络中的部署和应用，加快建立面向5G的移动交互广播电视技术体系。2018年以来，一些省份的广电网络企业也开始积极行动，抢抓机遇。如，湖南电广传媒、广东广电网络、山东广电网络等省网公司相继与华为公司签署战略合作协议，推动5G创新实验室重点项目建设，在5G端到端系统建设、物联网、4K等5G视频业务孵化、全媒体云平台、5G人才培养以及共同开展5G行业应用示范等领域开展深度合作。部分地方政府也大力支持广电5G发展。2018年9月，湖南省出台《湖南省信息通信基础设施能力提升行动计划（2018—2020年）》，把湖南广电网络控股集团列为推进5G网络规模建设的实施单位。2019年1月，河南省印发《河南省5G产业发展行动方案》，提出建设5G应用示范基地，积极申请开展国家智慧广电5G移动多媒体交互广播电视网试点，支持中国广电在河南省落地实施一批5G重大示范工程项目。

广播电视台大力拓展5G渠道。中央广播电视总台（以下简称总台）把5G作为建设新型主流媒体集团的重要支撑。2018年7月，总台下属中国国际电视总公司与中国移动正式启动在5G技术研发、4K超高清频道建设、内容分发、大数据以及资本等六大领域，从技术、内容和资本三大层面开展深度合作。2018年12月，总台与中国电信、中国移动、中国联通签署《合作建设5G新媒体平台框架协议》，启动“5G媒体应用实验室”的联合建设工作，积极开展5G环境下的视频应用和产品创新。5G媒体应用实验室将在国内选取10个左右试点城市和相应的测试点，建立端到端的应用试验系统，全力推动5G核心技术在4K超高清节目传输中的技术测试和应用验证，研究制定基于5G技术进行4K超高清视频直播信号与文件传输、接收制作技术规范等。

5G给广播电视发展带来潜在重大机遇，但也带来诸多新的挑战。相信在全行业的共同努力下，广播电视的5G应用一定能够取得新的成绩。

B.17 网络视听新技术发展与应用报告

庄卓然*

互联网视频行业到今天，经历了三个发展阶段。从 PC 互联网阶段开始，技术迅速地将用户、内容和内容创作者连接起来。而移动互联网时代，进一步把这个连接变得无处不在，观众和用户可以在任何时间、任何地点观看任意节目内容。到了今天，视频行业进入第三个阶段，一个更加激动人心的 5G 和人工智能（AI）时代：以 5G、AI 为代表的信息技术加速向网络视听领域广泛渗透，新技术为网络视音频领域带来了新的变化——更加沉浸式的体验、更加智能化的交互、更具创意更合规的内容。而互联网视听技术的演进也正驱动着高质量内容的生产，通过实现技术和内容的完美融合，更好地满足广大用户的精神文化生活需求。

一、5G 带动超高清视频产业、移动大屏和虚拟现实（VR）/增强现实（AR）的加速发展

5G 可提供超大带宽、超低接入时延和广覆盖的接入服务，从技术上可以带动并满足超高清视频产业、移动大屏、VR 产业的发展。2018 年，5G 在标准制定、网络基础设施和测试验证等环节上取得了长足发展，各行各业保持高度参与和热情关注。2018 年被视为 5G 的“破壳元年”。泛 5G 概

---

* 庄卓然，阿里巴巴集团副总裁、优酷 COO /CTO。

念包括当下市场中无线广播电视技术、网络技术、电信技术、计算机技术、互联网技术等所有电子技术，是集大成者，它不是简单的替代4G通信技术，而是以无线通信技术为基础，联动、关联着上述所有技术。

（一）5G将带动超高清视频产业加速发展

2019年3月，工业和信息化部、国家广播电视总局、中央广播电视总台（以下简称总台）联合发布了《超高清视频产业发展行动计划（2019—2022年）》，明确按照“4K先行、兼顾8K”的总体技术路线，大力推进超高清视频产业发展和相关领域的应用。此“行动计划”提出，到2022年，中国超高清视频产业总体规模将超过4万亿元，4K产业生态体系基本完善，8K关键技术产品研发和产业化取得突破。“行动计划”明确提出要探索5G应用于超高清视频传输，实现超高清视频业务与5G的协同发展。

2019年总台央视春晚揭开5G神秘面纱，正式在全球观众前亮相：5G助力视频业务流畅无卡顿，从摄像机视频源到转播车的实时4K高清视频回传，各个分会场的观众可以实时观看其他分会场的精彩内容。在此之前，2018年9月，中国联通联合阿里云在云栖大会首次进行广播级5G+8K视频直播展示，8K视频分辨率高达7680×4320，是4K视频的4倍，5G终端单台下载速率实测达2.3G，确保能满足8K视频信号传输，实现多项功能延展。

具体来看，在4G网络环境下，视频直播信号的最大码率是4M；在家用宽带网络环境下，最大码率可达30M；而在5G网络下，伴随带宽的提升，未来视频码率将有望逐步提升到100M、250M、500M甚至更高。5G网络支持网络切片，可以划分出独立的带宽给直播信号，即使是在高负载的网络环境下，直播信号也可以实现长时间的、稳定的、安全的传输，其用户端下行速理论值可以达到20G，上行速可达10G，每平方公里内可支持100万设备接入。更重要的是，演唱会、体育赛事等直播现场，往往人员密集、通信拥堵，无线传输的稳定性和可靠性面临着巨大挑战，5G网络采用“毫米波”+“小基站”的传输方式，超低延迟的信号接收均匀，承载量大，很大程度上保障了 5G 网络的稳定性，视频直播卡顿、延迟的情况将成为过去式。

（二）移动大屏，可折叠屏幕带来全新体验，视频消费继续加码

大屏幕可以提高手机的使用率，从而促进互联网服务业务，尤其是网络视听等视频服务的收入增长。根据市场研究公司凯度数据，拥有 6 英寸或更大智能手机屏幕的用户，通常使用的应用程序数量是 5.5 英寸屏幕手机里应用程序的两倍之多；较大屏幕手机的用户玩游戏的可能性也高出 62%；每天观看视频的可能性也是屏幕较小的人的两倍。此外，大屏手机的处理器通常比小屏设备更快，而手机内存和图形处理器也相对更好，硬件平台能力提升有助于更多的互联网应用沉淀。

一直以来，手机屏幕发展受到两个相互矛盾的因素所左右：一是移动互联网时代大屏带来的体验、效率需求；二是便携性要求的小尺寸机身。屏幕是各大手机厂商的必争之地，在延续多年的沉寂之后，最近屏幕也迎来突破性的进展。2019 年 2 月，三星和华为都分别发布了可折叠智能手机，其中华为手机的两块屏幕展开后是一块完整的 8 英寸全面屏，分辨率达到了 2480×2200。

可以说，在 5G 和 AI 等技术的进步下，移动侧的新变革来临，加上折叠屏带来了更大的交互空间，这也意味着交互逻辑的变化，随之而来的就是 UI 和 APP 都需要重新设计。根据奥维睿沃预测，在大量柔性 AMOLED 生产线量产推动下，2019 年三星、华为等整机品牌的折叠终端产品将陆续上市，折叠手机将真正实现量产，预计全年出货将突破 100 万台。同时折叠大屏手机上观看更高分辨率 2K/4K 的需求会越来越强烈，用户的观影习惯等都会受到影响，观看娱乐视频的同时，互动模式也会增加更多。

（三）5G 为 VR/AR 提供更灵活接入方式，6 个方向自由度（6DOF）渐成主流

VR/AR 现实是借助近眼显示、感知交互、渲染处理、网络传输和内容制作等新一代信息通信技术，构建身临其境与虚实融合沉浸体验所涉及的产品和服务。5G 天然具有移动性和随时随地访问的优势，为 VR /AR 业务提供了更加灵活的接入方式。5G 使得 VR 业务从固定场景、固定接入走向移动场景、无线接入，从技术上赋能虚拟现实多元化业务场景。在 5G 网络部署进展及 VR 业务早期应用方面，2018 年，中国三大运营商已在超过五个城市部署百余个 VR /AR 5G 基站，试点虚拟现实等创新业务。2019 年央视春晚也加入了 VR 直播技术，观众透过电视屏幕即可感受动态逼真效果。

在视听领域，体育类 VR 直播+全景视频是相对发展较快的领域，除了继续给场外观众带来身临其境的参与感，通过精准广告营销也可获得大赞助商的青睐，充分发挥平台能力来联动优质节目和观众，提供非同一般的消费体验。VR 直播可将活动现场还原到虚拟空间中，现场氛围要远远高于普通显示屏观看，观众的情绪极易被充分调动，增加观看愉悦感。

中国视频编码标准组织 AVS 标准组已经成立了面向虚拟现实和立体视觉的专题组，发布了针对 VR 视频压缩传输与表达行业标准《信息技术虚拟现实内容表达》，并有望成为国家推荐性标准。标准组沿着立体可交互观影的技术路径，从 VR 视频向 6DOF 标准视频不断推进。

6DOF 可移动式虚拟交互体验在 5G 应用趋势下会逐渐成为主流，通过突破用户在 VR 中无法移动观看位置的限制，使虚拟交互内容具备更高的信息密度和艺术表现形式，推动高品质 6DOF 虚拟交互视频内容的生产制作，使更多优秀内容出现在移动平台上。另外，运营商云 VR 业务也会落地，更多消费者可以通过运营商渠道的家庭业务，将 6DOF 虚拟交互视频体验带到生活中。2019 年，会有更多的线下渠道，包括各大品牌的移动 6DOF 一体机、子弹时间视频拍摄等多种形式；而线下体验店会往主题公园、大型多人实时对抗方向发展，小型尝鲜式线下体验店会受到巨大冲击。

2018 年，短视频的影响力不断提升，而 AR 可以增加短视频的可玩性，不断引入各种好玩有趣的功能，并能实现技术普惠。2018 年 12 月 24 日，快手新版上线了“萌面 Kmoji”魔法表情，用户通过相机拍摄能生成自己的专属脸部 AR 虚拟形象。同时，该功能还可以捕捉到用户的表情，精准还原眨眼、张嘴等细微动作，这意味着未来 AR 形象会成为短视频平台的标配。

二、AI 全面推动视听新媒体产业发展

AI 正重塑着网络视听行业，表现在智能媒体融合、智能内容安全、智能视频运营等方面。

（一）AI 与媒体融合

随着近年来机器智能技术的沉淀和不断突破，2018 年，AI 在网络视听行业发挥的作用进一步增大，尤其在智能生产、智能播放等领域尤为突出。

从视频内容生产开始，基于 AI 和大数据的智能剧本分析、智能选角、智能流量预测使得产出精品内容的可能性增大。以优酷鱼脑平台为例，通过大量数据分析和模型计算，能够达到提前一年预测内容生命周期各个环节，比如流量、明星、话题、事件等。

而在视频制作生产环节，智能切条基于 AI 视频内容理解和图像算法基础做视频拆条、混剪、包装以及自动生成封面并且结构化视频内容，极大降低用户获取及感知精品内容的门槛，提升用户体验。主要使用场景包括：影剧综漫的短视频生产、精彩瞬间、“只看他”、智能预告、竖版小视频等。以优酷为例，智能生产的内容几乎覆盖优酷所有版权视频及职业生产内容（OGC），每日智能生产的内容播放量约占全站的 15%。

在视听环节，根据 IHS Markit 数据，市场对大屏幕电视的需求在 2018 年第三季度剧增，其中 4K 电视机占据了近 44%的电视出货量。用户对于视听体验效果的要求不断增长，那些陪伴用户成长的经典影视作品的影像质量已经不适合现在人们的视听需求，AI 赋能这些经典 IP，通过超分辨将标清画面升至 4K，经过高清内容智能转换，智能调色等应用，让用户获得真 4K 的体验效果。老电视剧修复近年逐渐被视频网站所重视，其强 IP 属性带来的强用户黏性，修复后的复播可以提高会员的拉新进程。优酷自 2018 年 11 月启动“经典影剧修复计划”，利用 AI 识别、算法工具，已完成对 100 余部、逾 4000 集经典剧集，以及 20 余部影片的修复重映。

（二）AI 赋能视频内容安全

AI 参与到审核视频工作中，极大地提高了视频审核和内容管控的安全性和准确性。通过安全大脑，AI 云端每天可处理信息超过 10 亿条，节省 99%以上人力成本，支持 100 种以上风险场景检测，支持各种内容格式的多模态识别。但是从全面内容安全性考虑，机器和算法机制仍需要配合人工审核，两者结合才能真正发挥辅助作用。

（三）AI 助力视频智能分发营销

AI 不但提升了视频生产效率，还能提升分发环节的效率及用户满意度，通过个性化推荐及热点过滤，降低用户内容获取及内容选择门槛，最大化提升用户体验。同时 AI 技术在广告精准投放及情景化投放上也发挥了越来越大的作用，比如通过对用户行为分析，勾勒用户画像来推荐合适广告内容，根据智能 OCR 文字识别能够理解当前用户播放视频语义，据此推送符合情境的广告，这些都使广告效果得以精准触达。各大视频网站如爱奇艺、优酷等都将 AI 技术应用到广告分发推送全链路中。

三、区块链技术和 DRM 将为新媒体版权保护贡献更多力量

版权保护和网络视频正版化的维系，同样也是行业的重心。无论是企业通过各种途径维权追责，以及采用各类技术手段提高反盗版能力，还是以网络视频正版化联盟为代表的行业力量的监督协调，都需要投入大量的时间、人力、资金等资源。只有尽可能降低盗版对企业及行业带来的损失，中国网络视频行业才能有更大的发展空间。在这方面，区块链技术和数字版权管理（Digital Rights Management，DRM）系统都将大有可为。

（一）区块链技术开始为媒体和娱乐行业贡献力量

区块链共享账本方法的核心特征就是在交易过程中，签订智能合同，为各参与方构建透明、可信、高效、快捷、安全且可控的媒体供应链。这在媒体内容的交付、使用和支付以及广告运营方面尤其重要。区块链技术还有助于减少广告欺诈（比如由机器人而非真人点击广告）以及版权侵权

行为。一些开始创建区块链解决方案的媒体和娱乐企业（主要在海外）已经有能力比竞争对手领先一步。

区块链技术有潜力帮助转变音乐、视频及其他娱乐类型的媒体内容的交付、使用和支付方式。现有的数字化生态系统并不适用于管理复杂、个性化的捆绑内容与服务，无法有效管理数字权利、版税收取以及大量中介之间的交易。而区块链技术凭借共享账本方法，通过提高透明度、安全性和可控性，帮助改善媒体供应链，减少版权侵权事件。

例如，2018 年，Comcast 与 NBC Universal、Disney 和 Channel 4 以及其他一些企业共同发布了 Blockchain Insights Platform，该平台能够匹配受众数据集，而无须共享数据，从而可以更好地规划、执行和衡量广告投放的效果，有的放矢地投放广告。在音乐领域，Spotify 并购了区块链初创企业 MediachainLabs，致力于开发更出色的技术，以便对接艺术家和其他权利拥有者，合法地通过 Spotify 的服务传播他们的音乐。

（二）DRM 助力新媒体平台监测盗版行为

2018 年 8 月，优酷决定采用符合 ChinaDRM 标准的爱迪德版权保护（Irdeto Rights）系统来保护播出的优质内容，该系统的 DRM 解决方案，达到了好莱坞工作室关于 4K 超高清内容和首映内容的标准。优酷还将对其付费订阅服务部署用于移动端、PC 客户端、OTT 端的点播视频，能够进行实时监测并打击窃取、复制内容等盗版行为。

DRM 涉及版权流通的各个环节，既要实现全产业链的打通，还要构建足够完善的终端安全生态，更关键的是推进版权相关法规。在内容制作、内容审核、内容交易时通过数字水印实现可追溯；在内容分发侧使用 DRM 技术进行版权保护；在内容流通时进行盗版追溯、盗版维权，同互联网法院相结合，实现盗版证据的打通，简化诉讼流程。DRM 技术将为中国网络视频行业带来更大的价值。

四、OTT 行业进入发展黄金期，智能设备提升客厅体验

近年来，在智能电视、OTT 盒子等终端硬件厂商以及视频服务平台等

网络视听内容方的推动下，用户开始重回客厅，在电视上花费更多的时间，用户开机和使用时间回升，在线视频直线增长，围绕着 OTT 大屏的客厅经济地位日渐重要。随着 OTT 终端激活数量上涨，传统数字电视缴费用户下滑，预计 OTT 用户激活数量将在 2019 年超越数字电视缴费数量，进入行业发展快车道。

2018 年世界杯期间，大屏观看如火如荼。数据显示，世界杯开赛以来，CIBN 酷喵新增用户数周环比增长超过 300%，酷喵影视下载量周环比增长超过 400%，日活跃用户数量（DAU）峰值超过 800 万。优酷体育的 CBA 内容将延续世界杯直播模式，在直播与互动的基础上，联合优酷热播综艺《这！就是灌篮》《战斗吧！篮球》为 CBA 赛事增添新的综艺元素，打造全新的“直播+互动+综艺模式”。

在客厅 OTT 观影体验中，要提升用户多维度的内容观看体验，除了包括用户对视频画质高质量（4K/8K），高动态颜色（HDR），沉浸式音效（5. 1/7. 1 环绕）的追求无止境，还需要建立对用户娱乐需求的感知力。各大视频平台都开始将预测用户需求作为重点，如亚马逊通过智能屏幕音箱 Echo Show 的落地，让用户可以随时随地与其对话，观看亚马逊 Video 中的电影；爱奇艺将 AI 技术与自制的 3D 虚拟偶像“奈奈”进行结合，通过语音识别新闻中播报的内容，自动转换成手语，为听障人士提供全新的观影体验。

B.18 未来视听媒体发展报告

张苗苗*

随着大数据、云计算、5G、人工智能、虚拟现实、量子信息、移动互联网等技术的研发和应用，媒体行业进入了视频化表达和智能化引领的时代，万物皆媒和万物智联将成为大趋势。以用户为核心，以互联网为主导的，以信息技术为主要驱动的未来媒体发展方兴未艾。

对于“未来媒体”或者“未来视听媒体”的具体样态尚未形成明确而统一的概念。本文从战略性和方向性的角度对其解读，认为其是指当下媒体的未来发展形态，是在移动互联网、大数据、云计算、人工智能、虚拟现实、5G等新技术以及经济社会发展强烈需求的共同驱动下，基于传统媒体与新兴媒体融合发展的基础而升级演变的、以用户为核心的新型媒介和新型媒介组织。未来视听媒体除了传递信息的基础功能之外，还集合了社交关系、产品服务、使用场景等要素，融合出新的媒介产业类型，媒体外延性不断增强。

一、未来视听媒体发展的政策环境

党的十九大开启了新时代中国特色社会主义新征程，标定了党和国家方方面面事业发展的新的历史方位，必然为中国未来媒体发展提供新的时

* 张苗苗，国家广播电视总局发展研究中心研究人员。

代坐标和历史机遇。特别是习近平总书记在中共中央政治局就全媒体时代和媒体融合发展举行第十二次集体学习时强调，全媒体不断发展，出现了全程媒体、全息媒体、全员媒体、全效媒体，信息无处不在、无所不及、无人不用，导致舆论生态、媒体格局、传播方式发生深刻变化。这一重要论述为推动未来媒体发展提供了根本遵循。全媒体时代，要求我们要因势而谋、应势而动、顺势而为，按照全媒体发展规律，在理念、技术、商业模式、体制机制等方面根据新变化不断迭代创新，引领和促进未来媒体发展。

近两年，国家连续出台一系列与媒体未来发展紧密相关的具有重要意义的政策文件，如，国务院正式印发《促进大数据发展行动纲要》《“十三五”国家战略性新兴产业发展规划》《国务院关于印发新一代人工智能发展规划的通知》；广播电视行政主管部门相继发布《关于进一步加快广播电视媒体与新兴媒体融合发展的意见》《新闻出版广播电视“十三五”发展规划》《关于促进智慧广电发展的指导意见》；工业和信息化部发布《大数据产业发展规划（2016-2020年）》《关于加快推进虚拟现实产业发展的指导意见》，等等，扶持推动与引导监管并重，使未来视听媒体发展的环境不断优化，发展动力持续增强。

二、未来视听媒体发展现状与特点

当前，视听媒体呈现出视频化、移动化、品质化、智能化、生态化特征，逐步形成新型文化业态和文化消费模式，各级各类媒体都在积极谋划、努力布局未来视听媒体发展，在移动传播、智能场景应用、技术研发等方面有所作为。

（一）移动传播方面

媒体发展已进入移动互联时代，“终端随人走、信息围人转”成为信息传播的新态势，呈现移动化、品质化、社交化和智能化的主要特色。主要表现为：

一是主流媒体谋求转型，加大力度布局移动端。媒体融合发展进入智能化阶段，传统媒体转型需要搭建可管可控智能平台系统、全流程生产供给链条以及具有大数据处理和应用能力。2018 年，各机构布局的媒体移动端产品和服务已覆盖新闻媒体、社交媒体、视听媒体、搜索引擎、知识平台等，类型日趋多样化。如，截至 2019 年 1 月 2 日，央视新闻移动网已正式入驻矩阵号 400 家，矩阵号系统构建进一步升级，逐步形成覆盖全国范围的省市县级媒体及纸媒、报业机构的综合性新闻资讯平台，融媒体聚合能力明显提升。华西都市报打造新兴媒体平台“封面新闻”，以封面新闻为主阵地、主平台，实行“互联网+”的深度融合和整体转型，初步构建了包括封面新闻 APP、封面直播、封面视频、封巢、封面电商等产品矩阵。

二是移动终端带动内容消费市场规模持续增大，用户体验逐步迁徙。移动互联网及智能设备的进一步普及再次掀起了媒体在移动端应用的快速发展，用户进一步向移动端迁徙，使得移动创新成为未来媒体发展的主流方向。截至 2018 年 12 月，中国网民规模为 8. 29 亿，互联网普及率达 59. 6%；手机网民规模已达 8. 17 亿，网民通过手机接入互联网的比例高达 98. 6%；网络视频用户规模达 6. 12 亿，占网民整体的 73. 9%①。截至 2018 年 9 月底，互联网电视累计覆盖终端达到 3. 22 亿台。网络视频及其衍生品已成为整个网络娱乐产业内容消费领域核心支柱，产业进入快速发展期。2018 年，整个视频内容行业的市场规模为 2000 多亿元，未来整体视频内容行业规模仍将保持高速增长。中国移动阅读市场有望保持 10%的复合增长率快速发展，2018 年移动阅读市场规模在 166 亿元左右，到 2023 年，将达到 290 亿元；中国网络支付用户规模达到 6. 00 亿，其中，手机网络支付用户规模为 5. 83 亿，年增长率为 10. 7%②。

三是 VR/AR 虚拟硬件设备前景看好，投资消费趋于理性。2017 年中

① 中国互联网络信息中心（CNNIC），第 43 次《中国互联网络发展状况统计报告》，2019 年 2 月。

② 中国互联网络信息中心（CNNIC），第 43 次《中国互联网络发展状况统计报告》，2019 年 2 月。

国虚拟现实产业市场规模达到160亿元，同比增长164%。到2020年，中国虚拟现实设备出货量将达820万台，虚拟现实市场规模预计超过550亿元[①]。鉴于中国庞大的市场潜力和健全的创新体系，有望在这一领域成为全球的增长中心。据风险投资公司数据显示，2018年全球VR/AR融资总额已经突破10亿美元。2018年上半年全球AR生态系统继续快速发展，AR公司的数量增长了50%达到290家[②]。到2025年，VR/AR技术将可能产生800亿美元盈收，快速发展情况下，则可能产生1820亿美元的市场价值[③]。另外全球AR移动应用下载量已经超过1300万次，其中2017年风靡全球的手机游戏《Pokémon Go》让人充分感受到了AR的乐趣，在两年中获得了18亿美元的营收。VR/AR作为热门高新技术，吸引着众多投资者的眼球，经历着陆期的调试，VR/AR市场投资已经开始回暖并趋于理性。

四是短视频为传统媒体有效传播提供新机遇。短视频并不是新的内容呈现方式，但是随着移动互联网技术的日趋成熟、移动终端的智能化丰富化，使得短视频成为越来越重要的内容消费形式。截至2018年年底，网络短视频用户规模已达6.48亿，用户使用率为78.2%，2018年下半年用户规模增长率达9.1%[④]。人民日报、新华社、中央广播电视总台都已尝试短视频制作传播。同时，政务号入驻短视频平台，已经成为当下政务新媒体传播的一种趋势。相关专家预测，从2015年到2020年视频流量预计将增长10倍，占移动端总流量的80%[⑤]。

总之，传统媒体迈向未来的智媒体，技术驱动、优质内容供给和打造传播矩阵是必不可少的法宝。可以预见，随着5G、人工智能、可穿戴设备

---

① 中证网，《2020年我国虚拟现实市场规模预计超过550亿元》，2017年9月。

② 199IT，The Venture Reality Fund：2018上半年全球AR/VR行业融资金额突破10亿美元，http：//www.199it.com/archives/748259.html，2018年7月。

③ 搜狐财经，《智媒化：未来媒体浪潮——新媒体发展趋势报告（2016）》，http：//www.sohu.com/a/124660065_479794，2017年1月。

④ 中国互联网络信息中心（CNNIC），第43次《中国互联网络发展状况统计报告》，2019年2月。

⑤ 通信世界网，《GSMA葛颀：5G发展的5个关键议题》，http：//www.cww.net.cn/article?id=445959，2019年1月。

等技术的不断演进，移动媒体必将进入加速发展的新阶段。

（二）智能场景应用方面

2017 年，人工智能技术开始加快寻求在传媒等行业落地融合的契机和步伐，初步打造智能化平台、应用智能化创作、尝试智能化服务、营造智能化生态。2018 年，综观业界应用态势，以人工智能为代表的新技术应用为广播电视和网络视听内容的发展提供了有力支撑，推动视听媒体进入新的发展阶段。

一是 AI 技术催生媒体新变革，让内容更聪明。在以广播电视和网络视听为代表的媒体行业从内容生产到智慧运营，从媒体服务到人机交互，AI 技术正在不断催生新应用新变革。人工智能技术比较广泛应用于媒体行业，其中最主要的应用系统为智能视频创作系统、智能视频生产系统、智能内容分发系统和智能商业变现系统，这些技术应用，逐步重塑媒体格局，让内容呈现更符合用户需求。

二是 AI 赋能视频信息筛查，让内容传播更安全。在大数据、云计算、人工智能技术迅猛发展的今天，每天都会产生千亿量级的音视频信息。新技术是把双刃剑，在给人们带来便捷高效的同时，也可能给网络安全和信息安全带来风险。面对海量信息，如何及时、精准地将涉恐、暴力、色情等违法违规内容过滤出来、保护视听内容版权、维护用户合法权益等，成为刻不容缓的命题。一些机构和企业将 AI 技术融入信息审核中，力求传播更安全。如，阿里云将人工智能参与到审核视频的工作中，提高了视频审核和内容管控的安全性和准确性。通过安全大脑，阿里云每天处理信息超过 10 亿条，节省近 99%的人力成本，支持 100 种以上风险场景检测，支持各种内容格式的多模态识别。由此可见，对于未来网络视听信息内容传播的风险防控，应该是建立一个由风险情报网络、数据智能识别、源头打击和行业生态合作相结合的综合防御体系。

三是 AI 融合视频场景，让用户体验更丰富。人工智能技术不断加快在视频场景的应用步伐，智能语音是人工智能技术的重要组成部分，也是智能家居的重要入口，其让用户从纷繁复杂的界面窗口、工具栏以及菜单选项中解脱出来，从而与智能终端建立起便捷高效的联系。建立在该技术基础上的智能电视被视为下一个“风口”，不仅获得了智能终端制造企业的青睐，互联网巨头也加速布局。如科大讯飞通过利用语音合成、语音识别、自然语意理解、AI广告精准营销等技术，帮助视频内容生产者和用户重塑视频内容。广电网络运营商是智能家居产业链中的重要主体，近年来积极摸索智能语音在智能家居的应用模式。如，新疆广电网络尝试AI与广电的融合包括内容、终端、运营等环节，在内容端，已实现智能配音AI+IP、智能转换AI+2K/4K、T2O边看边买、智能创作与制作等应用。未来3~5年，人工智能与垂直领域加速结合，应用场景将不断丰富。

（三）技术研发方面

人工智能取得突出效果。2018年上半年，中国人工智能领域在技术研发和产业应用层面均取得突出效果。其中，语音识别/自然语言处理是目前人工智能落地较为成熟的领域之一，国内语音交互企业在智能语音助理、导航软件及智能摄像头等产品研发方面取得明显进展；同时，AI芯片研发进程加快，促进AI芯片更能满足AI算法所需的庞大计算量。另一方面，机器对人的感知能力也在增强，这也归功于人工智能的发展。从媒体的角度看，这种具有新的感知能力的机器可以帮助新闻生产者更好地洞察用户心理与需求，未来信息生产与推送将更加精确。

区块链技术发展初具规模。中国的区块链相关业务在政府、企业、资本的多方推动下已经初步形成规模，并且在专利数量、融资环境、政策扶持、应用落地等方面处于世界前列。世界知识产权组织数据显示，2017年全球有406个与区块链相关的专利申请，其中225项来自中国。截至2018年3月，中国以区块链为主营业务的公司数量已达456家①。区块链产业初步形成规模，从上游的硬件制造、平台服务、安全服务，到下游的产业技术应用服务、行业投资、媒体宣传、人才服务等产业链环节已基本完备。

① 工业和信息化部发布的《2018年中国区块链产业白皮书》。

超级计算机技术取得突破。2018 年 6 月，根据 www.top500.org 最新排行榜，全球超算前五名中中国“神威·太湖之光”、中国“天河二号”入榜，中国的高性能计算机数量已经增加到了 206 台。在 500 强榜单排名前五的制造商中，中国公司占了三家，联想、浪潮和中科曙光分别位列第一、第三和第五名。

云计算市场增长趋于稳定，行业云时代全面开启。2018 年，中国公有云市场保持 50%以上增速①。预计到 2021 年公有云市场规模将达到 902.6 亿元②。云计算的应用正从互联网行业向政府、金融、工业、交通、物流、传媒、医疗健康等传统行业渗透，各大云计算厂商纷纷进军行业云市场，行业云进入了各方追逐的“战国时代”。

人才储备不足，与国外尚有差距。尽管中国人工智能、区块链、超级计算等与未来媒体发展紧密相关的技术都已取得明显进展，但是依然存在诸多不足，比如，中国 AI 技术研发多在应用层，基础层方面还相对薄弱；超级计算机应用水平与国外相比还有一定差距，企业用户的数量依然不高等。这都需要加大研发力度和人才培养，实现创新突破。

三、未来媒体发展的前景趋势

总体来看，随着中国互联网人口红利期的逐步消失，未来媒体发展将逐步由用户的增长驱动向用户价值驱动过渡转变。未来，传统的广播电视和网络视听媒体与互联网的融合发展，或许将用云端为产品存储平台、用垂直细分为内容整合方式、用场景为入口对接需求，向智能化媒体方向迈进，构建智慧与高度情感关注的新型样态。

面向未来，网络视听理应在坚持方向、坚守正道的前提下，更加注重创造性转化、创新性发展，始终走在时代前沿、引领风气之先。**一是注重服务创新**。坚持以人为本、服务至上，深度挖掘理解受众需求，丰富内容

① 中国信息通信研究院统计有关数据。

② 中国信息通信研究院，《云计算发展白皮书（2018 年）》。

样式、服务模式，提供更优质、更贴心、更人性化的视听体验，努力开辟新的“蓝海”。**二是注重技术创新。**要善于运用正确价值观指导下的“算法”推进工作，让个性化定制、精准化生产、智能化推送等技术更好为优质内容服务。**三是注重融合创新。**在融合发展、智慧发展的浪潮中，发挥自身视听优势，在主管部门的引导下，与广播电视的优势有效结合，生发培育智慧广电业态，更好地服务大局，服务人民。

B.19 部分发达国家视听新媒体产业发展报告

周 菁*

2017~2018 年，新兴技术的发展和用户消费方式的变化不断重塑视听新媒体产业格局，在不同平台的视听服务内容和质量渐趋统一，传输速度和用户体验成为影响产业发展的关键。截至 2018 年年底，发达国家 80.9%的人口已经联网，提供在线视听服务的机构多达 480 余家，视听需求不断增加，产业不断升级，视听新媒体行业呈现出一些新情况、新特点和新趋势，为未来产业发展和政府监管带来新的挑战。

一、部分发达国家视听新媒体产业发展概况

以美国、西欧国家为代表的发达国家继续领跑视听新媒体产业，移动服务发展迅速，收入持续增长；技术对产业影响加大，产业持续升级；内容日益多元，高品质、个性化和互动性等消费新需求，持续推动业务不断创新。

（一）产业规模不断扩张

在线视听消费占互联网流量的比例不断攀升，移动终端成为在线视听消费的主要渠道。2017 年在线视听服务占全球互联网流量的 56%，美国在

---

* 周菁，国家广播电视总局发展研究中心研究人员。

线视听服务的流量占全网流量的75%①。2018年第二季度，18周岁以上美国人人均消费视听内容4小时24分钟，其中收看传统电视的时间仅为2小时，网络在线视频观看量不断攀升。在美国、英国、加拿大分别有68%、69%、51%的在线视频内容是通过移动终端消费的②。据统计，美国在线视频用户每天使用手机观看在线视频的平均时间为37.75分钟，占在线视频消费时长的46.54%③。

视听新媒体产业广告收入持续攀升，在线视听服务订阅收入不断增加。2018年美国数字广告收入超过1000亿美元，占据了广告市场的半壁江山，其中70%的收入来源于移动互联网④。2018年全球138个国家在线视频订阅收入达到350.4亿美元，其中，美国在线视频订阅服务的收入占全球收入的48%，达到167.5亿美元。截至2018年9月，西欧在线视频订阅服务用户达到7600万户，占视频用户比例从2015年的13%增加到29%，收入达到140亿美元。全球订户最多的公司分别是奈飞（Netflix）、亚马逊（Amazon）和葫芦（Hulu）⑤。

（二）网络视听内容日益多元

网络视听内容形态多元，市场影响力越来越大。网络原创视频（Original Digital Video，ODV）是最受关注的内容之一。2018年，美国网络原创视频制作预算占全年数字视频制作预算的47%，共推出495个原创剧集，其中在线流媒体服务机构推出了160个原创剧集⑥。由于原创剧集价格相对低、独特性强，成为网络视听平台全球扩张的竞争焦点，如2018年亚马逊在原创剧集的投入达45亿美元，奈飞投入近60亿美元。

社交视频发展迅速，竖屏内容受到越来越多的关注。脸书（Facebook）

---

① IAB，State of Video，2018年11月。

② Comscore，2018 Global Digital Future in Focus，2018年3月。

③ Nielsen，Total Audience Reprot Q2 2018，https：//www.nielsen.com/content/dam/corporate/us/en/reports-downloads/2018-reports/q2-2018-total-audience-report.pdf，2018年12月。

④ IAB，Digital Trends：Consumer Usage，Ad Revenue and Impact，2018年9月。

⑤ Digital TV research，Globe Pay TV Revenue forecast，https：//www.digitaltvresearch.com。

⑥ INS markit，The top trends of 2019：powered by transformative technologies，2019年1月。

推出了直播服务，其他社交网络也纷纷推出视频分享功能。照片墙（Instagram）推出了名为“故事”的视频分享服务，“故事”自从2016年上线以来，视频内容制作总量增长了842%，其制作者是来自主要社交平台的9.7亿用户[①]。由于智能手机是社交视频消费的主要终端，竖屏内容日益流行。传媒大亨默多克之女伊丽莎白·默多克成立了垂直视频公司专门生产竖屏内容；2018年9月，优兔（YouTube）上线了竖屏视频广告。

网络直播向垂直化方向发展，成为争取年轻用户的重要手段。根据美国互联网广告署（IAB）的统计，全球70%的互联网用户每天至少观看一次网络直播。体育直播、电子竞技直播是视频直播的主要战场，市场主体纷纷布局。2018年，推特（Twitter）与欧洲体育联播网（ESPN）联合开通“Sports Center Live”，亚马逊与美国橄榄球协会（NFL）、国际足联等机构加强了体育赛事直播合作。迪士尼、ESPN、美国广播公司（ABC）等纷纷加入电子竞技直播。

视听内容的创作方式日益发生变革。人工智能（AI）等技术已经在内容制作领域广泛应用，协助内容制作者不断提高视听内容综合利用。随着5G的商用和虚拟现实（VR）、增强现实（AR）、AI等便携终端性能的逐步完善，生物识别、生物验证、语音交互、感知智能等更广泛的应用，内容制作将会迎来革命性变革。

二、部分发达国家视听新媒体发展主要特点和趋势

近两年来，发达国家视听新媒体产业的发展呈现出以下几个特点和趋势。

（一）媒体融合，用户习惯重塑视听消费市场

一方面，视听娱乐服务的行业壁垒日渐打破，市场参与者增多。为了获取竞争优势，产业纵横联合频繁，新旧媒体、新旧服务互相交融，信息产业的各个业务之间的界限日益模糊。视听内容提供商和平台服务商水平

① IAB, Video Landscape Report, 2018年12月。

整合，技术及传输机构与内容提供商合作，形成超级市场主体拓展垂直业务。迪士尼、康卡斯特等传统媒体不断推出流媒体服务，亚马逊、奈飞、Facebook、YouTube 等新兴媒体也推出电视或视频直播服务。融合的市场主体面临着更大的竞争压力，无论他们的核心竞争力在哪里，都必须同时参与内容创制、分发、访问、全球拓展、技术、用户体验等全方位的竞争。

另一方面，用户在媒体和娱乐内容、方式选择方面拥有了更多的主导权。随着人工智能、感知科技的发展，视听服务从互联互通发展到感知互联，用户消费不再受限于某一平台、某一终端，内容主导地位逐渐被用户主导所取代，他们倾向于自己生产内容、主导内容、左右内容的发展。视听服务机构顺势加强直接面向用户（Direct To Consumes，DTC）的服务，如 2019 年 1 月，维亚康姆 3.4 亿美元收购流媒体服务 Pluto TV，推出直接面向消费者的视听服务；体育赛事和演出直播中也不断推出观众视角的内容；奈飞开始生产用户可以选择剧情走向的剧集。视频社交、社交流媒体的兴起也体现了服务机构对用户需求的迎合。

未来用户个性化、互动性、智能性需求将不断提升，将不断开辟视听服务新领域。传输系统将会增强灵活性、互动性，积极响应并支持用户导向的控制；内容制作机构将密切切合用户需求增加直观互动内容。

（二）在线流媒体服务成竞争布局焦点，有望产生新的传媒巨头

发达国家视听付费市场成熟。尼尔森的调查显示，2018 年，美国 66%的家庭订阅在线视频服务，51%的人购买过长视频，42%的人通过下载购买数字内容①。英国通信办公室（Ofcom）调查显示，2017 年开始英国在线流媒体订户开始超越传统付费电视，2018 年奈飞、天空卫视（SKY）在线服务和亚马逊会员在英国的订阅量达 1540 万。

传统产业巨头纷纷布局在线流媒体服务。各类市场主体通过购买、合并等各种方式掌握海量原创内容、巨大用户流量、大范围的传输渠道，构建独立的生态系统。内容制作机构纷纷推出在线服务或者通过并购推动在

---

① Nielsen，Total Audience Reprot Q2 2018，2018 年 2 月。

线服务。如迪士尼通过收购福克斯公司对葫芦拥有绝对控股权，借以与奈飞争夺在线播放上的话语权，康卡斯特收购 SKY 将业务迅速扩展至英国。经过合并而成的主体资金力量雄厚，拥有大量用户并且具有高度国际性，逐渐成为新型超级传媒企业。在当前的媒体格局下这种平台型企业效益已经显现，如奈飞在超过 190 个国家和地区拥有超过 1.3 亿付费用户，2018 年 5 月，奈飞的市值超过媒体巨头迪士尼，达到 1526 亿美元，成为全球最有价值的媒体公司[①]。

（三）5G 走向现实，移动优先将深度改写产业格局

5G 具有高稳定性、巨大带宽、低延迟的特性，将为视听新媒体带来新的发展浪潮。据统计，5G 流量的 90%将由在线视听服务贡献，5G 入局有望改写视听服务格局。一方面，5G 会带来视听服务模式的更新。高带宽、移动性的传输网络将会使 4K、8K、AR、VR、感知智能、3D 等新技术加快应用。视听媒体将会拥有触觉和感觉，服务将会更加具有可感知性，体验将会大幅度提升。另一方面，随着技术演进，内容制作、传输方式，广告传播方式、手段、形态将发生重要变革。5G 成为行业竞争的有力抓手，率先发展 5G 服务的主体在流媒体方面的话语权将强于其他市场参与者。2019 年全球共有 25 家无线运营商计划推出 5G 服务，预计到 2022 年，5G 设备将占全球移动设备和连接的 3%，5G 网络流量将占移动流量的 12%[②]。

移动优先成为视听新媒体发展的关键词，移动专享（Mobile Only）用户出现。相关机构预测，2019 年 26%的媒体消费将发生在移动互联网上[③]。移动平台在线交易比其他平台更加活跃，在线电影电视节目的购买行为有 70%发生在移动设备，数字音乐的消费行为有 72%发生在移动设备[④]。为了

① 国家广播电视总局广播影视发展研究中心，《奈飞的发展经验及其对我国的启示》，载《国外广播影视动态》第 24 期。

② Deloitte，Technology，Media，and Telecommunications Predictions 2019，2018 年 12 月。

③ 国家广播电视总局广播影视发展研究中心，《2019 年 26%的媒体消费将使用移动互联网》，《国外广播影视动态》，2017 年第 20 期。

④ 国家广播电视总局广播影视发展研究中心，《移动驱动内容交易》，《国外广播影视动态》，2017 年第 17 期。

适应移动优先的市场态势，视听服务提供商提供的服务更加便携、更加易于跨平台流动。传统电视机构也加入移动传播领域，例如英国维珍传媒（Virgin Media）推出了“Virgin TV Go”应用程序，推动有线电视内容向手机、平板电脑的转移。

（四）技术对产业影响加大，将推动视听产业进一步变革

2018 年，新技术在视听新媒体领域的应用更加广泛，AI、AR、VR、区块链、物联网和边缘计算（Edge Computing）、量子计算等技术加大应用，部分技术逐步从专业领域的应用走向消费端，各类主体不断加大对新技术的布局。

人工智能是目前在视听新媒体服务中运用最为广泛的新技术。在内容制作传播上，使用推荐算法分析消费者体验和需求满足来提供内容和服务，推动广告精准投放，鉴别新闻真伪；在服务用户上，视听服务平台普遍用人工智能识别用户特征制定收费标准，识别用户习惯开展内容推荐、设置播出模式，实现精准送达；在个性化、智能化应用上，人工智能的应用使“声音优先”成为服务的常态，亚马逊、IBM、谷歌等推出智能音箱、智能语音助手等产品进入客厅，展现出利用物联网链接全屋家居的勃勃野心。2019 年将有更多加载人工智能的终端产品进入市场。

VR、AR、**区块链等技术目前仍是配角，其应用主要集中在体育赛事直播等视听内容服务上。**2018 年 VR 终端的销量已经达到 3690 万①，2019 年终端将更加大众化，进一步推动相关技术在服务领域应用。区块链开始应用于媒体信源追踪、UGC 内容审核、数字版权保护、付费内容订阅、传播效果统计等方面②。未来随着物联网发展，内置传感器的可穿戴设备上市，将会推动感知智能在视听服务领域的应用。

（五）连接无处不在，网络安全将成为制胜法宝

联网设备增加，人工智能、生物识别的应用，人与网、人与物的连接

① Deloitte，Technology，Media，and Telecommunications Predictions 2019，2018 年 12 月。

② IHS Markit，White Paper：The Top Technology Trends of 2019，2019 年 1 月。

更加紧密，网络安全受到前所未有的关注。根据统计，2018 年网络攻击的风险增加了 600%[①]。媒体和娱乐是网络安全隐患较大的十个领域之一。未来，构筑产品安全性、获取用户信赖将是视听服务参与者亟待解决的问题。

用户高度关注网络安全，变得日益谨慎，这从智能家居联网率相对较低可见一斑。互联网巨头纷纷以智能音箱和智能语音助手作为客厅入口，打造连接家庭联网设备的平台。但是相对联网后的便捷性，用户更加惧怕身边的智能家居变身成带来隐患的攻击性武器，似乎并不准备扩大智能音箱和 AI 设备与家庭终端的连接。未来视听服务机构应当打造安全、稳定的服务，降低网络风险，获得用户认可，才能在这方面有更大的突破。

三、部分发达国家视听新媒体监管的新情况

视听媒体的监管趋向统一，监管主体根据视听服务的新发展不断扩大监管范畴，各国更加注重内容版权保护、本土内容保护和用户合法数字权益保护。

（一）新兴业态纳入监管范畴，非法内容成为监管重点

视听新媒体不断发展，新兴服务不断被纳入管理范畴，且标准越来越严格。在德国，媒体监管机构将智能电视及机顶盒用户界面纳入审查范围，确保相关服务提供商遵守透明、非歧视、平等和用户自主原则，而以往该机构的监管仅限于付费电视或者有线电视公司。在英国，有议会议员提出对社交媒体适用与广播电视相同管理规则的议案。

非法内容、侵权内容、虚假内容成为监管重点。欧盟发布《抵制非法网络内容通报》，承诺监督抵制非法网络内容进展，并评估是否需要采取措施确保对非法网络内容进行快速主动的检测与清除[②]。爱尔兰法院判决关停侵权网站，西班牙逮捕多名付费电视盗版者，澳大利亚法院裁决封堵盗版

---

① Symantec, Cyber Security Predictions: 2019 and Beyond, https://www.symantec.com/blogs/feature-stories/cyber-security-predictions-2019-and-beyond.

② 国家广播电视总局广播影视发展研究中心，《欧盟强化对非法网络内容的监管措施》，《国外广播影视动态》，2018 年第 5 期。

网站。欧盟计划制定规则加强对虚假新闻的管理，要求主要的线上媒体平台要展示自我管理效果评估，关闭虚假账户、切断假消息源的收入来源，下一步将对 Facebook、亚马逊等影响较大的平台进行重点管理。

（二）市场开放趋势增强，本土内容保护进一步加强

视听服务市场进一步开放，各国顺应趋势加强视听服务流动性的同时，加大对本土内容的保护。顺应这一趋势，欧盟通过“在线内容可跨境携带规则”，保障公民对视听内容便携性和移动性的要求。该规则保障消费者在欧洲境内能够访问他们在本地订阅的在线服务内容，欧盟 28 个成员国的用户订阅的在线视频服务、网络电视服务、在线音乐以及在线游戏都可以在欧盟境内跨国使用①。

开放的市场带来竞争加剧，各国加大对本地产业的保护。Ofcom 对进入英国的视听服务机构（包括在线视听）提出了与本地广播电视服务机构同样的内容、制作规格等要求②。部分国家和地区对视听服务播出本土化内容份额提出了要求。2018 年 12 月欧盟公布了新的法规，强制要求奈飞、亚马逊等流媒体服务必须保证其至少有 30%的内容预算用于制作欧盟成员国的本地内容③。根据这项要求在欧洲开展业务的流媒体公司须委托欧洲公司制作、购买欧盟本土生产的电视节目、电影，或者向欧洲电影基金捐款来保证 30%的内容预算投入要求。这将推动欧盟本土制作产业的进一步发展。

（三）数据安全风险增强，监管注重用户合法权益保护

用户数字合法权益保障成为监管机构关注重点。如美国联邦通信委员会（FCC）对智能电视生产商 Vizio 搜集用户数据的行为罚款 220 万美元，因为该机构违反了“智能电视生产商在收集和共享用户收视信息之前，应

① 国家广播电视总局广播影视发展研究中心，《欧盟确认在线服务可携带性正式开始》，《国外广播影视动态》，2018 年第 5 期。

② 原国家新闻出版广电总局广播影视发展研究中心，《欧盟、欧洲议会相继通过在线内容可跨境携带规则草案》，《国外广播影视动态》，2017 年第 17 期。

③ 原国家新闻出版广电总局广播影视发展研究中心，《欧盟为订户视频点播服务确定 30%的本地内容配额》，《国外广播影视动态》，2017 年第 20 期。

当获得用户授权”的规定①。

欧盟实施最严数据保护条例。2018 年 5 月 25 日，《通用数据保护条例》（*General Data Protection Regulation*，GDPR）正式生效。该条例赋予了欧盟境内的数据所有者即消费者数据的许可权、访问权、纠正权、限制处理权、反对权、可携带权、被遗忘权和告知权等。互联网运营主体进行数据处理的前提是用户同意，用户有权随时撤回其同意。《条例》对侵犯个人合法数据的行为规定了严格的处罚，最高可征收高达 2000 万欧元或全球年营业额 4%的罚款。

总之，互联网新媒体监管呈现出以下几个趋势。一是媒体监管受到了来自言论自由和经济活动的影响，各国总体上放松监管，但是实际上采取的监管措施更加有利于本国产业发展。二是全球化使媒体监管差异减少，加强国际监管的呼声已经出现，对互联网媒体的全球治理将会提上日程。三是因各国制度设计、媒体结构、传播方式等仍然存在差异，技术应用进展也有差异，媒体监管采用不同的监管模式，但随着基础技术的融合，监管也走向融合和统一。四是互联网不断演进的技术和功能给监管带来了更大的挑战，各国监管机构在保护公民隐私和合法数字权益方面发挥越来越重要的作用。

---

① 原国家新闻出版广电总局广播影视发展研究中心，《美国联邦通信委员会对智能电视生产商非法搜集用户数据罚款》，《国外广播影视动态》，2017 年第 2 期。

B.Ⅳ

看大势·说未来

B.20 人民网：守正创新 昂扬奋进 唱响视频主旋律

余清楚*

习近平总书记在2018年全国宣传思想工作会议上强调，“我们必须科学认识网络传播规律，提高用网治网水平，使互联网这个最大变量变成事业发展的最大增量。”作为“网上的《人民日报》”，人民网顺应互联网发展趋势，推进融合创新，在2018年深化移动优先、视频优先战略，全面发力短视频，交出了亮眼的成绩单。

一、匠心独运精品频出

2018年，人民网视频注重创意策划和表现形式创新，在重大主题的宣传上不落窠臼，受到用户的喜爱。为做好习近平总书记系列重要讲话精神的宣传，彰显习近平总书记的治国理政方略和执政为民情怀，人民网于2018年10月起推出第一季动画政论短视频《习近平讲故事》，以同名书籍为基础，共10集，对文字故事进行了生动贴切的可视化再现，一经推出，就引起了社会各界的热烈反响。

在2018年的APEC会议报道中，人民网善于捕捉细节，并以多种报道

* 余清楚，人民网总编辑，厦门大学新闻传播学院院长，高级编辑。

手段加以丰富多彩的呈现，如动画短视频《2018APEC 领导人穿什么？90 秒带你穿越 APEC“最炫民族风”》，上线不到两个小时，播放量即突破 300 万次，并被人民日报、北京电视台、环球网、环球时报、央视网等多家媒体转载，人民日报客户端还用首页大图进行了展示。

在首届进博会期间，人民网视频独辟蹊径寻找报道的突破点，推出创意动画《别眨眼！全世界最酷商品全来了 60 秒快闪动画解密进博会》，对时下流行的快闪风格加以创新应用，节奏多变，画风炫酷，先后登上央视网首页焦点区、央视影音客户端推荐区、微信新闻插件全网推送，并在央视等多家电视台播出。

2018 年 4 月 1 日，在雄安新区成立一周年之际，人民网联合雄安媒体中心精心打造《雄安一岁啦！120 秒震撼视频回看雄安的“第一次”》，以时间顺序为主线，记录雄安一年来重要的 14 个“第一次”，节奏紧凑、气势恢宏，为雄安留下了重要的历史影像记录，各平台点击量、覆盖量超过 5 亿，并被全网推送，人民网海外分公司将其译成不同语种，向世界各国网友展现了雄安风采。

二、合纵连横见证时代

人民网联合多家传统媒体、新媒体推动报网端台联合播出新模式，不断扩大地域、人群、内容覆盖面。

强化党媒在重大政治报道中的责任担当，打造报网端台联动传播矩阵。 人民网融媒直播《两会进行时》是 2017 年推出的两会重要节目，一经上线便荣获第二十八届中国新闻奖特别奖，是 5 个特别奖中唯一的融媒直播项目。2018 年两会期间，人民网携手百家党媒将《两会进行时》打造成大型全景式视频直播栏目。《两会进行时》在 58 家党媒客户端、19 家党媒 PC 端、5 家电视台落地，35 家地方党媒投稿 200 余条，参与联动的媒体及渠道超过 100 家。《两会进行时》在各平台累计总浏览量超过 4 亿，赢得了口碑和流量的双丰收。

联合多家媒体记者，报道两会中的媒体人，独特视角体现时代发展。两会期间，人民网还推出了《两会夜归人》特别策划，将镜头对准参与两会报道的媒体人，让传统的媒体人的所见、所闻、所思，化作一份份视频版的手记立起来、活起来、动起来，通过他们的视角，讲述两会融媒体报道的台前幕后，侧面反映时代的发展。《两会夜归人》共计推出21集，全网播放量超3500万，社会反响强烈，成为2018年两会报道中的一道独特风景，树立了讲述类视频节目标杆，入选国家广播电视总局“弘扬社会主义核心价值观共筑中国梦”主题原创网络视听节目征集推选和展播活动优秀节目。

探索“人民视频主导，多媒体平台分工，全视频行业推广”的联合传播新模式。为庆祝改革开放40周年，人民网在2018年联合映客直播、KK直播等直播平台及短视频资讯平台共同推出“看美丽乡村庆改革开放”大型主题直播活动。从2018年10月9日至11月28日，48天48场直播，总观看人数超过3.8亿人次，全面展现改革开放40年中国乡村建设的重大成就，这一活动也是中央媒体与地方党媒、直播平台深度融合多方联动的有益实践。整个直播活动时间久、地域广、规模大、融合深，在中国网络报道史上具有重要的意义。

三、激浊扬清正音舆论

当下中国社会舆论复杂多元，主流媒体要成为社会舆论的定盘星和压舱石。2018年，人民网运用视频手段在热点事件中积极发声，体现了主流媒体的责任担当，有力引领舆论正向发展。2018年10月28日，重庆不幸发生了公交坠江事件，部分媒体曝出“女司机逆行”引发惨剧，涉事女司机一时为千夫所指。当天傍晚“@平安万州”通报辟谣，称“公交坠江事件系公交行驶中突然越过中心实线，撞击对向正常行驶小轿车后坠江”之后，“@人民视频”即发布了直观可视的演示动画还原了事故过程。此后，事故真相在舆论场扩散，引发人们多重反思。

2018 年，人民网还联手《人民日报》重磅推出融媒体调查报道《来信调查》。以《人民日报》“读者来信”栏目为基础，以“行使舆论监督、促进干群沟通、推动政务公开”为己任。由人民日报政文部记者和人民网视频记者共同采访，分别在《人民日报》推出文字稿件和在人民视频推出视频稿件，并整合到人民视频的《来信调查》专栏，腾讯新闻、新浪微博等都对报道进行了重点推送。截至 2018 年年底已陆续推出《“冤！太冤了！”五证齐全，何以成了违章建筑》《河北廊坊部分河渠污染问题待改善工人用网清理水面漂浮物》《“钾肥”无钾，两万亩土豆大幅减产》等多篇融媒体调查报道。截至 2018 年 12 月初，《来信调查》点击量超过 4000 万，评论过万条。

四、大举发力短视频

视频内容的火爆是信息传播技术发展和用户使用需求相契合的必然趋势，5G 时代的到来，网络视频会进一步成为信息传播主要的载体，成为用户使用的主要介质。2018 年，人民网在全面发力视频领域的同时，更是将短视频作为突破的重点。人民网于 2018 年 8 月成立了人民视听科技有限公司，着力打造“人民视频”客户端，打造中央级的视听内容制作、集成和发布平台，打通人民、腾讯和歌华三大平台，为业界和用户提供内容制作、品牌推广、技术支撑、数据分析等一站式的视听服务。2018 年，人民网统筹网内外视频资源、合力试水短视频平台，为众声喧嚣的短视频平台强力注入正能量，传播力、影响力显著增长。

一是入驻主要短视频网站，打造“爆款”优质内容。截至 2018 年 12 月 5 日，人民网在主要短视频平台的账号粉丝总数突破 600 万，点赞总数超 1 亿，播放总数超 25 亿。人民网短视频以社会暖新闻、突发事件、重大报道及原创策划等内容为主，结合用户使用特点，深耕细作，“爆款”不断。如人民网官方抖音号推出的习近平主席在首届进博会上的演讲金句精剪《大海依旧在那儿，中国将永远在这儿！》单条播放数 4422 万，点赞数 186

万，评论数 7 万，传播广泛，互动良好。“新疆消防战士营救被困夫妇”的视频虽然仅有 28 秒，但通过及时的报道、震撼的画面和具有感染力的音乐，获得 7535. 8 万网友点击观看、380 万网友点赞、6 万多网友评论。

二是结合用户群体特点和需求，与短视频平台联合打造人气活动。人民网联合抖音平台推出正能量挑战，借力吸引人气，放大传播效果。2018 年高考期间，人民网抖音账号推出“高考加油舞”参加人次 23 万，网民发布视频总播放数达 21 亿。“5·12”汶川大地震十周年之际推出“5·12”手势舞挑战，参加人次 8. 3 万，网民发布视频总播放数达 4. 7 亿。

三是与国家机关合作宣传，在部分专业领域推出公益短视频。人民网与公安部、最高人民法院等部委建立了密切而稳定的合作关系，推出了一系列的短视频和直播节目。2018 年清明节期间，由公安部提供独家素材、人民视频制作的《生命的定格：有种担当叫“我是警察”》短视频，在全国 120 余家公安新媒体矩阵发布，微信总阅读量超过 150 万，视频播放量超过 1100 万。直播最高人民法院《决胜执行难》系列活动 20 余期，受到广泛关注。

2019 年，人民网将继续以习近平新时代中国特色社会主义思想为指导，增强“四个意识”、坚定“四个自信”、做到“两个维护”，全面贯彻落实全国宣传思想工作会议精神和全国网信工作会议精神，深入推进移动优先、视频优先战略，以主力军创新姿态向主阵地昂扬奋进。

B.21 融视频：新华网的形态变革与业态转型

田舒斌*

面对舆论生态、媒体格局和传播方式的深刻变化，新华网一直在积极探索网络媒体的进化路径。两年前，新华网尝试视听新媒体的“新华模式”；一年前，提出“融视频”概念，试图通过创新思维和革新举措，逐步找到符合自身特点的发展模式。2018 年 12 月，新华网正式启动视频化战略，标志着新华网在视频领域由探索阶段进入整体推进阶段。视频业务已经成为新华网形态变革与业态转型的重心，并作为构建内容新生态的战略支点，带动向视频化、移动化、知识化、智能化的全面转型。

一、形态：用“融视频”回应全息媒体时代

在全息媒体的时代背景下，信息传播形态更加丰富，内容呈现更加立体。传统新闻视频形态的框架被打破，人们日常接触的大量资讯视频已经超出了新闻视频、专题片、纪录片、宣传片等传统分类，已经融合文字、图片、图表、音频等媒介元素，调动新闻、广告乃至游戏等叙事模式，运用 3D 特效、动画模拟、虚拟现实（VR）等技术手段，形成了一种崭新的形态。我们称之为“融视频”。这种向前兼容几乎所有内容形态的新容器，显然更加适应全息媒体时代的传播生态和用户需求。

---

* 田舒斌，新华网董事长、总裁、党委书记。

新闻类“融视频”已经成为新华网的鲜明特色和独特优势。新华网在党的十九大、全国两会等重大节点中推出的视频报道，收获了数以千万甚至过亿的播放量，占据了全网各终端各平台的“头部空间”。其中，微电影《我梦想我奋斗我奔向》八分钟一镜到底，14 个场景无缝衔接，成为纪念改革开放 40 周年现象级“爆款”产品，上线一天内总点击量突破 1 亿次；微视频《跃然纸上看报告》结合 3D 立体画和折纸动画，创新呈现全国两会政府工作报告，截至 2018 年 3 月 20 日浏览量达到 1.05 亿次。新华网以“融视频”为主要形态着力打造融合态专栏，专注核心报道的“学习进行时”、饱含家国情怀的“国家相册”和用数据传递新闻价值的“数据新闻”，在四年间揽下三座中国新闻奖一等奖奖杯。其中，“国家相册”第一季 100 期完美收官，截至 2018 年 12 月末总浏览量超过 21 亿次。

“融视频”并不只适合重大主题宣传和重大新闻报道，新华网正在将其向知识化内容等更多领域拓展。2018 年，新华网与新华社联合国分社、中国移动咪咕视讯联合打造系列短视频《直播联合国》，用 100 个故事独家探秘联合国的每一个“角度”，运用增强现实（AR）、虚拟现实、3D 动画等视觉技术，直播联合国台前声音，讲述和平发展故事。节目刚推出不到十集，就引发业界关注，获得中国网络视听大会“年度优秀网络视听专题节目”奖项。“融视频”的应用领域还很广阔，新华网将按照“创意引领+技术驱动+跨界融合”的模式，打造更多优秀原创作品。

二、业态：锻造支撑融合创新的能力体系

内容形态的变革，需要业务流程、组织架构、人才团队、技术研发、基础设施等全方位支撑。新华网过去几年投入大量资源，着力夯实基础，未来也将继续在能力建设上保持专注，为即将到来的网络视频爆发期积蓄力量。

一是创意孵化能力。新华网着力打造的媒体创意工场于 2018 年年底正式启用，它拥有全球领先的交互式智能制作系统和混合现实演播空间，是

推动科技与创意融合的孵化平台。作为新华网视频化战略的枢纽单元，媒体创意工场将深耕视觉传播领域，以创意短视频、数据可视化、交互式新闻为重点，全面提升融合产品的创意生产水平。

二是整合传播能力。“新华网”客户端完成优化升级后，成为以短视频为主要内容形态的移动端传播平台；“新华视频”频道即将全新改版，转型为文化视频聚合平台。以此为基础，依托新华系各类新媒体终端和覆盖全面、触达广泛的站外传播网络，将支撑优质视频内容分发更多阵地、辐射更多用户。

三是技术驱动能力。技术与传媒的融合，已经成为新华网业态演进的重要驱动力。在视频领域，目前新华云视频服务平台已具备视频智能化生产能力，能够支撑高效快捷的生产流程；生物传感智能感知技术体系初步建成，能够为视频内容提供科学精准的效果评估和优化建议；此外，新华网控股公司新华智云推出的媒体大脑 MAGIC 平台以及新华社“现场云”平台和智能虚拟主播技术，共同推动视频生产从“PGC”模式升级为“PGC+UGC+MGC”① 模式，充分提升了效率和产能。

四是人才支撑能力。历经数年磨砺，新华网视频业务的“种子战队”已经成型，创意活力和制作水准行业领先，创作了大量精品，收获了众多荣誉。下一步，内部挖潜和外部引入将同步推进，进一步扩充专业力量。对内，加大人才转型力度，推动三分之二左右的人力资源转向视频化移动化业务；对外，启动“百名高端视频专业人才招募计划”，吸引更多杰出人才投身视频事业。

三、生态：构建正能量短视频开放生态

网络主旋律的弘扬，需要更多的“合唱”与“共鸣”。当下，短视频成

① PGC，Professional Generated Content，专业生产内容。
UGC，User Generated Content，用户原创内容。
MGC，Machine Generated Content，机器生产内容。

为热门传播形态，它易于制作、便于传播、短小生动，为正能量的传播提供了新的理想载体。为了连接更多元的资源、汇聚更广泛的力量，共同推动正能量短视频的生产和传播，新华网与众多伙伴联合发起了“共鸣计划”。

首批联合发起方包括新闻出版集团、广播电视台、短视频平台、视频网站、电信运营商等产业链领先机构。新华网将开放自身所有能力和资源，汇聚联盟成员在流量、渠道、技术等方面的优势，共同构建面向内容生产者的“一站式孵化体系”。

“共鸣计划”将采取“工作室”机制，面向的对象除了专业内容生产机构外，还包括政府、企业、高校甚至个人。新华网将在一年内遴选和设立50个左右的工作室，提供优质内容培育、重点IP打造、人才培训、技术支撑等全方位服务，广泛发现和充分挖掘正能量创作生产的力量，推动优质短视频不断涌现。

视听新媒体是拥有无限潜力的广阔新航道。新华网作为网络主流媒体，将借助形态、业态、生态创新，转变航向、加快速度，努力扮演好创造者、传播者、赋能者、多重角色，迎着5G时代的曙光逐浪前行。

B.22 央广网：坚持守正创新高起点构建全媒体传播格局

李向荣*

党的十八大以来，习近平总书记对推动传统媒体和新兴媒体融合发展提出了一系列新思想新要求。央广网切实履行主流媒体职责使命，守正创新、加快转型，在体制机制、人员合作、内容共享、产品融合、技术融合等方面努力探索，不断丰富媒体传播手段，创新呈现方式，逐渐走出一条有央广特色的媒体融合发展之路。

一、坚持移动优先奋力展示央广声音特色、声音优势，让习近平新时代中国特色社会主义思想“飞入寻常百姓家”

音频产品是央广网的独家优势。在新媒体激烈竞争的格局中，央广网坚持以新技术、新理念扩大优势，全力做到人无我有、人有我新、人新我强。2018 年，央广网在产品创新等多方面深入推进媒体融合，让习近平新时代中国特色社会主义思想“天天见、天天新、天天深”，将品牌栏目《习声回响》打造成中央广播电视总台（以下简称总台）头条工程知名品牌。同时，重点做好“改革开放四十周年”“上海合作组织青岛峰会”“中非合

* 李向荣，央广网执行总裁。

作论坛北京峰会”等重大主题报道，创新使用了“手绘动画”“声漫”“微图解”等多种新媒体传播方式，推出《嗨！七点出发》《数描中国》等新媒体品牌栏目，形成以声音为统领，音频、视频、图片、文字、漫画集于一体的央广新媒体作品风格，提高了央广品牌知名度、辨识度。

2018 年 6 月 1 日，央广新闻微信公号重点推出的《嗨！七点出发》专栏正式与网友见面，栏目内开设《每日一“习”话》音频专栏，将习近平总书记重要讲话、论述与传统文化相结合，深入浅出阐释习近平新时代中国特色社会主义思想。栏目融合音视频、短评、图文等多维元素，“特色版块+趣味点评+优质播报+清新范设计”的特点为用户带来短平快的轻阅听体验，吸引年轻受众转发互动。同时，央广网创新尝试“工作室”模式，不断优化《嗨！七点出发》栏目结构，凸显声音特色，在新媒体早新闻产品中独树一帜。栏目推出半年，各平台累计阅读量已突破 2 亿次，收获多个 10 万+。

二、整合全网资源发力短视频，不断提升主旋律宣传的吸引力感染力亲和力

央广网以“受众在哪里、读者在哪里、用户在哪里，我们的工作重点就在哪里”为原则，把打造精品视频作为 2018 年媒体融合工作的重要突破口，集中全网力量精心制作系列微视频。为庆祝改革开放 40 周年，央广网创新产品呈现形式，精心策划推出五期《习声回响｜习近平论改革开放系列原声动漫微视频》，从社会、经济、生态、文化、政治五个方面，选取习近平总书记关于改革开放的金句原声，采用原声手绘动漫微视频的呈现形式，以习近平总书记原声配以漫画模拟场景，每一阶段字幕、原声话语与视频画面所展现内容准确贴合，使用户在欣赏视频、感受国家发展变化的同时，直观、快捷地获取信息。

央广网以动漫数据 AE 合成微视频形态讲述改革开放 40 周年中国的发展变化，策划推出八期创意动漫数据人工智能（AI）合成微视频《数描 40

年》，内容涵盖改革开放40年来衣食住行、教育、环保等八个方面的40个大数据，全平台累计播放量超两千万次。小切口、多角度讲好中国故事是《数描40年》系列最大的特色，通过笔画的先行后续更有逻辑地“讲数据”，将一组组数据讲到大家心坎上，引发受众共振共鸣，以可视化的互动传播形式拉近与受众的距离，在润物细无声中礼赞改革开放四十年来中国翻天覆地的变化。

三、立足总台“一键触发”机制，先行先试融入总台重大主题策划讲好中国故事

2018年3月，中央决定在“中央三台”的基础上组建中央广播电视总台，这是打造现代新型主流媒体的重大战略举措。央广网立足于总台新媒体“一键触发”机制，积极融入总台重大主题报道统一部署、共同策划机制，与总台央视网、总台中国国际广播电台国际在线在人员合作、内容共享、产品创新三方面积极融合，在“雄安新区一周年”“博鳌亚洲论坛”“北京国际电影节”“中央广播电视总台成立挂牌”等重要节点中推出了“雄安一岁了，送上一份声音贺礼”“听，习总书记论改革开放”“声漫”“你好！总台”等受众点赞的好报道、好产品，实现了“1+1+1>3”的传播效果。

上海合作组织成员国元首理事会第十八次会议期间，总台央视网、央广网、国际在线共同策划，三网主持人共同出镜，首次以融合直播的方式，报道上海合作组织青岛峰会盛况，央广网、央广新闻客户端、央广网官方微博同步推送直播《三网探上合》。

2018年，由总台、教育部、国家语委联合推出的“中小学语文示范诵读库”第一季、第二季相继上线，央广网、央广新闻客户端、中国广播客户端等多平台同步推出。总台优秀播音员、主持人用标准普通话倾情录制的“有声语文教材”，已经惠及了全国1.5亿中小学生和900多万教师。

四、创新融合时政报道 H5 产品，集中优势资源实现全平台宣传推广

央广网创新手法展示习近平总书记大国领袖的风采，策划推出庆祝中国共产党成立97周年七一奉献H5互动产品《习声回响｜特别策划：中国共产党人的“精神密码”》《党的生日，来央广照相馆留个红色影像》《习声回响｜特别策划：一个中国共产党人的初心》等系列新媒体产品。181家中央重点新闻网站、地方门户网站及商业网站进行转载，形成了PC端、移动端交叉立体传播声势，央广网时政类新媒体产品融合生产与传播迈上了新台阶。

“七一”期间，总台推出12集大型音频纪实文学《梁家河》，以富有感染力的声音、专业的音频制作向海内外受众奉献精彩的“有声版”《梁家河》。总台对节目全平台融合传播进行统筹部署，在新媒体端与广播端深度互动，打破了以往先广播后网络的播出流程，在广播播出前，一次性将12集音频节目在央广网、央广新闻、中国广播客户端等新媒体平台集纳推出，央广中国之声、文艺之声、娱乐广播等频率连续播出，形成传统媒体与新媒体矩阵传播。

五、重点建设融合生产指挥中心，推动媒体深度融合发展

传播手段创新的重要内容就是媒体融合发展。央广网围绕习近平总书记的要求稳步推进媒体融合发展，2018年建成融合媒体生产指挥中心，指挥中心配备的15.5㎡无缝高清指挥大屏服务央广台编务会，提供指挥、调度、决策和反馈等多种功能。指挥中心设有实景演播室和虚拟演播室，实现了与央广四层广播集中导演室、B区音视频录音棚的信号联动，能够将台内视频信号进行汇聚转发；多媒体设计制作和视频后期制作能够完成“两微一端”的音视频专题、H5动画等快速发布。指挥中心秉承移动优先发展战略，支持一点登录、多渠道共享、多平台发布，以小而精的内容制作团

队服务中国广播、央广新闻客户端，提升了央广媒体融合生产能力。

依托融合媒体生产指挥中心的建设，央广网加快组建媒体融合和新媒体运营的专门队伍，结合互联网内容汇聚、大数据分析等技术完善媒体融合指挥、生产、运行的机制，重造采编播流程，推进央广媒体深度融合。

2019 年开年，中央政治局的第一次集体学习，把“课堂”设在了媒体融合发展的第一线。习近平总书记在集体学习中提到“全程媒体、全息媒体、全员媒体、全效媒体”，对全媒体时代做了四个层次的阐释。全媒体时代对新闻工作提出更高的要求，央广网旗帜鲜明坚持正确的政治方向、舆论导向、价值取向，通过理念、内容、形式、方法、手段等创新，推动媒体融合向更深领域发展；坚持一体化发展方向和移动优先策略，通过流程优化、平台再造，实现各种媒介资源、生产要素有效整合，牢牢占据舆论引导、思想引领、文化传承、服务人民的传播制高点。央广网将因势而谋、应势而动、顺势而为，自觉承担起时代赋予的使命任务，努力建设既能“守正”又善“创新”的人才队伍，为打造具有强大影响力、竞争力的新型主流媒体贡献力量。

B.23 央视网：智能互联网时代独特发展之路

钱　蔚*

中央广播电视总台成立后，提出了“台网并重、先网后台”的发展战略。央视网作为总台新媒体旗舰平台，努力落实总台融合转型战略，通过互联网这个“最大变量”为内容产品赋能、为传播渠道赋能、为产业生态赋能，走出了主流媒体在智能互联网时代独特发展之路。

一、创新主题主线宣传，占领互联网舆论主阵地

在碎片化、轻量化、社交化的移动互联网时代，媒体需要根据市场反馈对自身内容建设的方略作出调整。央视网守正创新、出奇制胜，以内容严谨、细节严苛、手段先进的作品获取受众，积极创新主题主线报道，精品力作频出。

（一）重点打造“首页首屏首条”工程，提高舆论引导力

央视网紧紧围绕贯彻落实习近平新时代中国特色社会主义思想和宣传报道重要时政活动，强化主流媒体网站的舆论引导能力，重点打造“首页首屏首条”工程，推出系列融媒体报道作品。截至 2018 年 12 月 18 日，央视网系列时政报道共有 3484 篇（条）获中央网信办推荐全网通发，276 篇（条）获全网置顶通发，有效提高了舆论引导力。

---

* 钱蔚，央视网董事长、总经理。

一是打造《央视快评》专栏。以习近平总书记活动和讲话为切入点，撰写思想深刻、短小精悍、生动活泼的评论文章，在快、准、优、精方面下功夫，打造具有央视特色的评论品牌。截至2018年12月18日，《央视快评》累计发布169篇，均获中央网信办推荐全网通发，系列稿件在总台自有新媒体平台和两微平台的总阅读量超16亿次，多篇被香港《文汇报》《大公报》转载。

二是推出原创时政微视频。央视网2018年全年推出原创时政微视频40支，其中17支获中央网信办推荐全网首页头条置顶通发，19支全网首页重要位置转发，总传播数据约8.7亿次。《贺新春：长长的记忆》《家国天下》《新时代致敬英雄》单只传播数据均破亿。时政特稿影响力日益提升。2018年10月1日至22日期间，围绕习近平总书记东北三省考察、国庆假期、党的十九大召开一周年、改革开放40周年等，深度筹谋，精心策划，采用金句、金句+解读、综述等表现形式，实现连续二十二天被中央网信办推荐全网头条置顶的新纪录，总阅读量超5000万次。

三是推出时政漫评。时政漫评是目前行业内唯一的、融短评和动漫于一体的网上时政报道产品。2018年以来围绕习近平总书记活动推出了23个系列漫评共57期作品，其中28期被全网通发。

（二）充分运用新技术新手段新载体，增强新闻产品吸引力感染力

2018年，央视网三项作品问鼎第二十八届中国新闻奖：《央视网零首页十九大特别报道矩阵设计》为特别奖，央视影音短视频作品《公仆之路》、央视网联手CCTV—1《中国相册》栏目组打造的移动直播作品《“天舟一号”发射任务VR全景直播》获得一等奖，在创作传播方式上实现了新突破。

一是体现创新层面的示范性。《央视网零首页十九大特别报道矩阵设计》通过形式创新、界面创新、交互创新、体验创新，推出由“开屏动画”“页面封套”“特别号外”“电视腰封”“伴随式浮层”共同构成的特别报道矩阵，为党的十九大深度式报道提供了强而有力的支撑保障，是首个获得

中国新闻奖特别奖的“网页设计”作品。

二是体现传播层面的穿透性。在移动互联网时代，新闻传播要不断有新方法新招数，尤其对时政报道而言，要产生好的传播效果，有必要借助新手段、新技术，带来新感受。《公仆之路》是由央视网微视频工作室打造的一支“现象级”时政微视频，在5分26秒内完成48年的时空漫游，再现党和国家领导人从黄土地到中南海，初心不变、始终如一、为民服务的公仆历程。《公仆之路》精选典型场景、图像、声音，综合运用一镜到底、三维投射等多种技术手段，用镜头带领人们走进习近平总书记履历中的历史现场，尽展人民公仆本色，截至2017年12月5日全网播放量2.5亿次。

三是体现技术层面的先进性。天舟一号虚拟现实（VR）直播开创了三个“首次”：首次航天领域VR直播；首次最近距离（100米）全程直播火箭发射；首次在VR直播中引入专业讲解员，为受众提供了全新的收视体验，使受众由被动接受转为主动获取，让新闻变得立体可感。

（三）互联网内容品牌凸显融媒体特色

2018年世界杯期间，央视网与央视体育频道推出《足球道路》全媒体融合产品，全媒体传播累计覆盖20亿人次，并获得了第24届中国纪录片学术盛典年度收藏奖。与央视体育频道联合推出前方报道产品《世界杯足迹》，自上线一个月以来自媒体平台总浏览量超过2.4亿次，相关微博话题阅读量超12.5亿次，H5产品总访问量超过7000万次。

在纪录片《足球道路》讲述背后的故事和足球文化的同时，同步上线有奖竞猜和互动游戏《天天足球》等各类互联网产品，举办“球星见面会”“球迷日”等线上线下联动活动，推出明星球衣等一系列衍生产品、一系列全链条垂直化服务。

（四）海外传播效果显著

央视网2018年海外社交平台总浏览量达81.3亿次，相比2017年同期增长7.08%；总视频观看量为26.3亿次，同比增长14.09%。持续打造外宣文化名片“熊猫频道”，熊猫频道全球粉丝数超2300万，成为熊猫主题全球最大规模账号，脸书（Facebook）官方统计报告显示，2018 年 4 月至 8 月，熊猫频道 Facebook 账号的互动率位居全球第二，超过 BBC、CNN、路透社等国际主流媒体互动率位。

二、建设“数据中台”，强化业务支撑

平台化是媒体融合发展方向。平台的优势在于拥有强大的数据处理能力。经过历时一年的摸索实践，央视网建成了集数据采集、数据计算、数据萃取、数据交换以及算法能力为一体的大数据平台，在建设过程中，央视网融媒体数据中台的整体思路不断被打磨成型，努力打造数据孤岛的整合者、信息资产的盘活者、传播生态的重塑者。

数据孤岛的整合者。“中台”概念，是相对于前台和后台而生，数据中台将业务发展的全流程数据化并整合，以数据链打通生产和传播，坚持技术驱动，整合生产数据和多终端用户数据需求，可以实现更有效更精准的定向传播，实现生产的优质内容传播给更多的用户。

信息资产的盘活者。央视网数据中台，致力于打通创新数据应用场景和寻找新的数据应用价值，采用前沿技术努力盘活数据资产。

传播生态的重塑者。央视网在打造自身业务关联的同时，也在探索数据的更深层价值。数据开放、数据流通以及数据共享，意味着可以获得更多的数据资源，并赋能整个行业共同成长。

历经一年努力，央视网数据中台集成了统一的数据采集能力、计算能力、萃取能力、交换能力和算法能力，构建了 One ID、One Data、One Service 的数据管理体系，准确把内容、平台、用户联结起来，提供热点发现、指导调度、内容生产、精准传播、用户运营、效果评估、品牌管理、营销服务等全流程的支撑服务，推进一切业务数据化的进程。目前，“数据中台”已经形成“贯通多终端、统一管理”的数据采集分析体系，实现对央视网多终端覆盖情况及传播效果进行全流量监测、评估、分析，每天用户访问记录超过 100 亿条。

得益于数据“中台”的大数据支撑，在过去的一年，央视网取得了诸多亮眼成绩：2018 年春晚报道，央视网多终端与爱奇艺、优酷、腾讯组建网络传播联盟直播春晚，直播报道期间视频直播收视规模达 4.18 亿次；2018 年全国两会期间，央视网多终端（网站、APP、手机电视、IPTV、OTT）相关报道视频直点播收视规模达到 21.7 亿次；2018 年世界杯期间，央视网多终端相关报道视频直点播收视规模达到 65 亿次，视频直播最高秒级同时在线用户高达 658 万。

三、构筑融媒体矩阵，实现“多屏覆盖无处不在”

央视网一手抓移动优先，一手抓智能大屏，双轮驱动，一个“多屏覆盖、无处不在”的总台新入口正在形成。目前，央视网正在升级建设“一网（中央重点新闻网站）+一端（移动客户端）+新媒体集成播控平台（IPTV、手机电视、互联网电视）+市场端口连接”的全新传播格局，努力打造“无处不在”的总台新入口，构建大小屏联动发展的“网上新总台”。

（一）推动智能大屏终端发展，IPTV 和互联网电视用户规模突破 1 亿

一是建设全球最大 IPTV 集成播控总平台。IPTV 集成播控总平台目前已与全国 27 个地区的集成播控分平台及电信运营商实现对接，“全国一张网”初现规模，已成为总台打造“自主可控、具有强大影响力的新媒体平台”的宝贵资源。截至 2018 年年底，IPTV 总平台用户数 1.1 亿，较 2017 年同期提升 56%，增长速度远超全国 IPTV 用户增长速度，已成为全球最大的 IPTV 平台。二是互联网电视激活终端达 1.04 亿台，居行业首位。

（二）加强发展移动端业务，“央视影音”客户端建设取得新突破

“央视影音”是央视网打造的视频旗舰客户端。央视网已整合成立央视影音运营开发中心，初步形成全网成规模的内容运营体系。目前“央视影音”累计用户下载量超过 7.5 亿，较 2017 年同期增长 24%，是中央主流媒体中下载量最大的新媒体产品。世界杯期间，央视影音客户端新增激活用

户超过 4000 万，开幕前三日，平均每分钟就有 3000 人同时下载激活；央视影音客户端视频直点播整体收视次数高达 12.7 亿，其中移动客户端单日独立访客数（UV）和访客访问次数（VV）高点分别超过 2500 万和 8600 万，刷新单日历史新高点。

与中国移动合作建设的 4G 手机电视播控平台覆盖中国移动 7 亿 4G 网络用户数，聚合直播频道 700 路，接入内容服务牌照方及聚合内容提供方共计 232 家，手机电视月度访问用户近 6500 万。

四、构建生态链，推动“媒体+服务”

随着媒体融合进程走向深化，媒体边界正不断模糊，新闻资讯产品的功能逐渐脱离单纯的信息传递，开始实现对政务、党建、民生等领域信息化服务的支持，媒体不断壮大，业态不断丰富。央视网积极搭建融合“新平台”，为产业生态赋能，通过“媒体+服务”的模式，整合上下游与平行关联的产业资源，并与社会各界力量深入合作，从而形成多元参与、开放融合、价值重构的媒体新生态。

在“智慧家庭”发展新浪潮中，充分利用 IPTV、互联网电视等智能大屏的牌照资源和平台优势，积极与各方开展合作，共同探索生活缴费、电子政务、社区管理等民生服务以及在线教育、电商等信息增值服务，组建多方共赢的智能大屏生态共同体。

未来，央视网将充分利用数据的开放合作和共享能力，坚持以用户为核心、平台为基础、引导为目标、服务为支撑的原则，在数据中台的基础上持续发展视频中台和业务中台，构建完善的平台架构体系，通过自主可控的平台为县级融媒体等行业用户赋能，与政务服务、民生服务、电商服务、社区服务以及文化服务相结合，以数据提升与整个产业的链接能力，建立开放的数据生态，构建完整的大数据生态链，拓宽媒体融合的边界。

B.24 共青团中央：加强网络新媒体建设将党的声音有效传播给青年

景　临*

2018年，共青团中央宣传部深入学习宣传贯彻习近平新时代中国特色社会主义思想和党的十九大精神，牢牢把握培养中国特色社会主义事业合格建设者和可靠接班人的根本任务，着力深化政治引领和价值引领，围绕“强阵地、建队伍、发声音、搞活动、做产品”的工作框架，出新招出实招，大力推动共青团网络新媒体工作改革创新发展，有效提高共青团在广大青年中的吸引力感召力凝聚力。

一、开展“青年大学习”行动，努力推动党的创新理论在青年中入耳入脑入心

（一）深入开展线下主题学习活动

团中央构建了“导学、讲学、研学、比学、践学、督学”的“六学”体系，把“青年大学习”行动贯穿全年、覆盖全团，明确领导带头学、指导基层学、培训引导学、深入调查研究、青年主题研讨、青年学习竞赛等17个重点项目，广泛开展形式多样、生动活泼的学习教育活动，着力提升

* 景临，共青团中央宣传部部长。

学习的制度化和实效性。“五四”期间，全团集中开展了“青年大学习”主题团日活动，各级团组织广泛开展学习研讨、理论培训、宣讲交流、知识竞赛等主题鲜明、形式丰富的学习活动95.2万余场次，超过6300万名青年直接参与。

（二）精心创作线上学习产品

2018年，团中央推出三季24集“青年大学习”网上主题团课，采用青年中流行的短视频+互动问答形式，解读习近平新时代中国特色社会主义思想，1.7亿人次团员青年参与网上学习，课程点击量超过4.2亿次。推出“青年大学习”打卡互动小程序，每天摘录一段习近平总书记系列重要讲话中的内容，做成精美壁纸，吸引青年坚持日常学习。拍摄制作《梁家河全景VR带你走近青年习近平》，让青少年身临其境感受总书记在梁家河艰苦奋斗的七年知青岁月，2018年点击量超过1350万次。

二、深入推进“影响力工程”，持续加强网络舆论引导力

（一）入驻平台型新媒体，在各新媒体平台上影响力数据再创新高

一是入驻微博、微信、知乎、B站等社交媒体平台，传播力位于各政务榜前列。截至2018年11月上旬，@共青团中央微博粉丝达700万，月阅读量约6亿次，长期居“全国政务指数排行榜”和“微博传播力BCI榜”第一名。@共青团中央微信粉丝超过2500万，年阅读量约5亿，位居政务榜首位。团中央B站平台粉丝数达170万，后援团（投币超过20枚的深度粉丝群）人数达到4.4万余人，视频总播放数达到2亿，影响力居全站媒体账号类第一名。团中央QQ空间粉丝529万，浏览量达到9325万。团中央知乎平台粉丝37万，累计发布问题回答、文章等591个，收获110万点赞。团中央网易云音乐平台粉丝9.1万，总播放量达66.6万次。

二是积极拓展短视频平台，短视频播放量进入千万级别。2018年3月、4月，团中央分别入驻抖音、快手和微视，极大地提高了在这些短视频平台的传播力。截至2019年2月，@共青团中央抖音平台粉丝207.4万，累计

发布 268 个短视频，其中两个播放量超 8000 万、15 个播放量超 1000 万，点赞总数量 3800 万；@共青团中央快手平台粉丝 117.9 万，发布短视频 223 个，其中九个播放量达 5000 万；@共青团中央微视平台粉丝 542.2 万，发布作品 133 个，其中一个的播放量达 1000 万。

三是入驻今日头条、澎湃新闻、百家号等新闻聚合分发平台，影响力持续提升，均居政务榜前四。

（二）积极参与网络议题设置，加强舆论引导

首先，澄清事实，清朗网络空间。在“厦门大学田佳良事件”“成都航空职业技术学院事件”“苍井空佩戴红领巾事件”“万达集团红领巾事件”中，旗帜鲜明地打击谣言、澄清事实，对于网民非理性情绪和错误认识进行有效引导，切实清朗了网络空间。

其次，发起话题，提高主流价值影响力。发起话题#我和我的家乡#，阅读量超过 30 亿，2022 万余人次参与网络讨论，数百位社会名人参与家乡贫困地区农产品推广，取得广泛社会影响。发起话题#中国华服日#，在西安举办第一届中国华服秀和第一届华服日国风音乐盛典，活动直播当天观看人数高达 2000 万，话题阅读量达 2 亿。

第三，举办研讨会，加强沟通联系。先后举办了微博影响力账号座谈会、B 站知名 up 主座谈会、中国国风音乐发展研讨会、中国网络小说发展座谈会，加强与微博、视频直播、国风音乐、网络作家等新兴青年群体的团结联系。

（三）积极进军网络直播领域，创新宣传方式

开办“团团直播间”栏目，完成“军旅”“奋斗”“扶贫”“国乐”等主题直播，每期在线观看数平均约 360 万人次，累计观看约 1000 万人次。举办“团代会时刻”系列网络直播活动，分别以“沐浴在党的阳光雨露下”“强国时代青年的风采使命”“新时代的中国共青团”为主题，采用嘉宾访谈和产品展播相结合的方式，有效传达团十八大精神，展示团的工作和青年风貌。

三、实施“产品化战略”，创作推广大量优秀青年文化产品

（一）围绕改革开放 40 年，制作推出系列产品

联合中国青年报推出创意视频《40 秒 40 年》和《青春的回答》改革开放 40 周年歌曲 MV，以青年视角展示改革开放巨大成就。制作推出《中国青年说——激荡青春四十年》电视节目，每期邀请一位改革开放初期全团涌现的先进模范人物以及一位党的十八大以来奋勇投身改革开放大潮的青年典型录制访谈节目，充分展示广大青年投身中国特色社会主义伟大实践的行动和风貌。与中央少年广播合唱团联合制作音乐短视频《童声飘过四十年》，以经典少年儿童歌曲为线索，展示改革开放 40 年来中国少年儿童的成长发展和精神风貌。

（二）结合重要时间节点，制作推出爱国主义教育产品

2018 年清明节期间，推出《今天，请给他们一分钟》H5 作品，引导人们专心为英烈默哀一分钟，当天超过 1400 万人在线参与。国庆期间，发起“带着国旗去旅行”网络互动，播放量 1300 万次，掀起了爱国正能量的传播热潮。持续制作“青年网络公开课”，邀请张捷、金灿荣、徐焰等专家学者拍摄完成新一季产品，从“中美贸易摩擦”“大国博弈”“中国权”等角度进行讲解，受到网友普遍关注。推出《天行健》《家园》等短视频，激励网友的清醒思考、正向思考。

（三）开展专题创作，推出优秀青年文化产品

创作推广优秀青年文化产品。一是将共青团工作内容创新转化为新媒体产品。推出《共青团公开课》三期，就“三会两制一课”“高校共青团组织”“中学共青团组织”等进行专题介绍。做强《共青团新闻联播》网络视频栏目，使之成为团内新闻宣传高地。制作专题片《十八岁第一课》，配合新出台的《全国中学生 18 岁成人仪式规范（试行）》，指导全国各普通中学和中等职业学校团组织更好举办 18 岁成人仪式。二是推出三期《青年学党史——旗帜》产品，专题讲述青年习近平、俞秀松、张

太雷等人物故事，以平易近人的语言风格向青年讲述党史国史。三是推出《出彩 90 后·中国好青年》系列纪录片 14 期，展现各行业普通青年的奋斗故事和出彩青春。四是联合摄制以引导全社会关爱失独家庭为主题的影片《心灵的救赎》。

发挥影视艺术手段和新媒体优势，创作优秀视听内容。团中央网络影视中心完成 32 集电视剧《花开的时节》拍摄，即将在央视播出。中国青年网打造的“青蜂侠”成为业界短视频品牌栏目，推出“青春励志故事”“中国人的故事”“梦想中国”系列多媒体项目。未来网“燃视频栏目”累计制作短视频 15000 余条，开设《从小学习》《最美家风》《少年正能量》《最美少年》等品牌专题栏目，其中《最美家风》已推出 1060 期；《少年正能量》已发布 1057 期，引导少年儿童向先进学习。

四、推进新媒体矩阵建设，加强对团系统新媒体资源的统筹协调

（一）建立团属新媒体联合选题会制度

定期安排团中央机关各部门、各直属单位就新媒体重点宣传任务、社会舆论热点、运营心得体会进行统一安排和交流。

（二）开展共青团新媒体矩阵试点

进一步完善共青团新媒体矩阵导控平台，在舆情监测、矩阵指挥、素材推送、考核评价、培训管理、保密通联等方面发挥积极作用。先后分三批在北京、天津、河北、辽宁、黑龙江、上海、江苏、浙江、福建、江西、山东、湖南、广东、重庆、四川、陕西等 16 个省份开展新媒体矩阵试点，共有 2658 个粉丝量较大的微博、微信账号入驻导控平台，在庆祝改革开放 40 周年、团十八大召开等重大主题宣传和日常网络宣传中展现了传播能力、积累了扁平化工作经验。

（三）统筹全团优质内容产品供给

围绕重大宣传主题，指导 15 个省份团组织创作了 25 项重点产品，在全

团集中推广。在团中央官方微信开设“团团展播厅”栏目，为各地团组织优秀文化产品提供展示平台。建设共青团中央文化产品管理平台，以期达到促进反复传播、团内资源共享、降低工作成本、激发创作热情、保证工作延续的目标。

B.25 国网公司：紧跟智慧广电战略加快推动广电网络转型升级

赵景春*

有线电视网络是宣传思想文化主阵地，是党和政府声音传向千家万户的主渠道，在传播主流舆论和发展先进文化中具有重要作用。随着三网融合的深入推进，IPTV、互联网电视、网络视听等新媒体业态迅猛发展，有线电视网络面临前所未有的挑战。但机遇和挑战并存，在中宣部和国家广播电视总局的正确领导和有力推动下，全国有线电视网络正以“智慧广电”建设为抓手，以网络整合为契机，加快转型升级，着力提升业务能力、服务能力、承载能力、运营能力、竞争能力，为广电事业产业发展提供有力支撑。

一、以“智慧广电”为主线，加快全国有线电视网络整合，明确“全国一网”新定位

目前，中国广播电视网络公司（以下简称“中国广电网络”）正在以“全国一网”股份公司筹建工作推进全国有线网络整合，通过真正实现全国一网，有效提高有线网络的整体实力。

* 赵景春，中国广播电视网络有限公司董事长。

（一）“全国一网”的广播电视网络是一张新型的媒体融合传输网

“全国一网”以讲政治、重导向为根本，将广大用户有更多的获得感、幸福感放在首位，通过直播、点播、网播、推播等多种播放模式，为用户提供点对面、点对点、多对多的“直播+互动”收视体验，为智慧广电发展提供网络基础设施支撑。

（二）“全国一网”广播电视网络是一张新型的数字文化传播网

一方面，“全国一网”通过对海量广播电视节目和素材进行深度开发和再利用，挖掘广播电视节目存量和增量的“金矿银矿”，汇聚海量广电内容。另一方面，整合集成各类宣传文化资源，打造内容为王的创新内容产品，使“全国一网”成为数字文化内容资源产业化聚集和传播的新型网络。

（三）“全国一网”广播电视网络是一张新型的数字经济基础网

“全国一网”不但面向最终家庭和个人用户提供视听产品和综合信息服务，还对企业、政府等集团客户提供多元化的信息化解决方案，提供高服务质量、高安全性能的专网服务，从消费网向产业网拓展延伸。

（四）“全国一网”广播电视网络是国家重要的战略资源网

当前，网络已成为意识形态角逐的必争之地。只要将全国有线电视网络加以整合改造，就可以再造一张新型国家战略资源网，真正做到安全可靠、可管可控、绿色互联，从根本上提升国家网络抗风险能力。

二、以“智慧广电”为要求，加快制度创新、技术创新、业务创新、管理创新，激发“全国一网”新作为

近年来，广播电视的传播和传输都出现了有力的竞争者，已经从“唯一”变成了“之一”。在高度竞争的市场格局下，全国有线电视网络整合要改变有线网络分散、分割的运营状态，必须加快制度创新、技术创新、业务创新、管理创新，从根本上激发网络的新作为。

（一）“全国一网”的制度安排是关键

第一，充分考虑省网的历史投入、现实权益和自主经营历史和现状，

保障省网的权益和经营自主权。"全国一网"股份公司是由中国广电网络、省网公司、战略投资者共同发起组建，股份公司成立后按母子公司制管理运营，保持两级运营格局，各省网公司作为子公司仍是独立法人，各省网的资产、人员仍保留在地方，国有资产的监督管理、人事任免、业务经营、税收等也保留在各省不变。省网公司在统分结合的体制安排中自主经营，并共享"全国一网"的发展红利。

第二，充分考虑中国广电网络三网融合主体的地位，由其牵头整合全国有线电视网络，提升网络整体实力。中国广电网络作为全国有线电视网络整合主体和广电网络参与三网融合的市场主体，将为有线电视网络发展争取更多政策、更多资源。同时，由中国广电网络牵头组建"全国一网"股份公司，作为运营主体负责全国有线电视网络的统一规划、标准制定、资源聚集、统筹管理，将切实提升全国有线网络的整体实力与合力。

第三，充分考虑广电网络分散和整体实力较弱的现实，"引来源头活水"推动发展。中国广电网络拟引进国有大型企业等作为"全国一网"股份公司的战略投资者，为全国有线电视网络整合发展进行运行机制、管理理念、业务模式等方面创新以及解决资金支撑等问题。

（二）"全国一网"的技术安排是基础

在技术路线上，以互联互通平台建设为抓手，着力提升网络承载能力和内容支撑能力，进一步加强有线、无线、卫星、移动协同发展的顶层设计，建设适应新时代互联互通、跨网、跨屏、跨终端的复合型全国性数字文化传播主渠道。在技术架构上，由中国广电建设全国有线电视网络互联互通总平台，各省建设分平台，实现地方网络与全国网络的互联互通、资源共用共享，最大限度地盘活网络资源和节目资源。在技术应用上，加快4K、5G、IPv6、量子通信、人工智能、物联网等新技术的端到端渗透，加快干线传输网、广电宽带数据网升级改造，以互联互通平台"云、网、端"一体化建设，推动广播电视网络业务拓展至通信网、互联网和移动互联网、工业互联网乃至物联网等新领域。

（三）“全国一网”的业务安排是重点

通过构建“统分结合”的业务体系，确保各级国有资产保值增值的最大化，逐步形成“全国一网”四大竞争优势。一是结构化优势。构建“3+X”统分结合的全国业务布局。“3”即“全国+基地+本地”的架构，全国性业务“统一规划、统一运营”，基地类业务“统一规划、基地运营”，本地类业务“统一规划、分省运营”；“X”即面向新技术新业务，加快推进智慧广电战略在有线电视网络产品和服务的部署和开展。二是规模化优势。打破“一省一网”条件下的分割运营现状，通过在全国市场统一经营，基于全国性市场及广电、电信兼有的业务许可，提供电视、通信及融合性综合解决方案和服务，既以规模化降低运营成本，又突破现有业务天花板。三是产业化优势。以“一省一特色，各省有特色”的发展思路，充分调度“全国一网”后各省的优势资源，将各省作为全国市场的区域中心，重点覆盖4K/8K、数字文化、文娱内容、游戏、教育、电商、养老、数字家庭、物联网、网络安全等领域，加快北京房山“智慧广电”产业园建设，并考虑在贵阳布局“智慧广电”示范产业项目。四是本地化优势。“夯实最后一公里”，做精做优本地化市场服务，以敏捷运营提升用户体验。

（四）全国一网的管理安排是核心

首先，“以人民为中心”，把提升用户体验放在首位。进一步树立用户至上的理念，加强管理，提高效率，改进服务，建立健全用户服务机制和体系。特别是要以新技术改变用户对机顶盒操作响应不快、业务体验不好的印象，推广部署新型智能融合终端，推出任何应用状态下“一键回电视”功能，创新大屏小屏互操作和融合服务体验。其次，保障广大用户“看电视”的基本文化权益。着力解决有线电视网络分割运营造成的不平衡不充分问题，为广大用户提供更多的选择权，使广大用户看到更多更优的节目，享受更好更快的服务，同样的费用得到更多的实惠。第三，确保整合的红利、发展的红利为人民群众所享。着眼于数字经济、智慧社会，开发适应数字生活需要的智慧产品，拓展智慧家庭等新业务领域，将电视大屏打造成为家庭数字生活应用中枢。

三、以“智慧广电”为目标，加快特色产品体系构建，引领“全国一网”新发展

“全国一网”的业务开展，要在确保导向正确、安全播出、“双效统一”的前提下，坚持四个导向的经营理念。一是坚持用户导向，从改变有线电视机顶盒“呆笨”、遥控器功能冗余做起，从改变有线电视直播节目资源利用率低、点播节目竞争力不强做起，从改变有线电视宽带业务网速慢稳定性差、综合信息服务成本较大做起，从改变有线电视用户服务意识不强、个性化程度不高做起。二是坚持品牌导向，要在“全国一网”整合发展和加快网络升级改造的基础上，着力培育“涌泉 TV”品牌，加快建设“中国广电融媒云”，打造新型融媒业务、互联网宽带业务和互联网电视创新业务，推出各项特色内容包。三是坚持市场导向，实现“涌泉 TV”产品 2019 年在 15 个以上省网落地，发展用户 2000 万以上。积极拓展产业发展，以互联互通总平台落地为切入点，启动北京房山“智慧广电”产业园建设。四是坚持效益导向，探索规模运营降成本，智慧体验黏用户，独家产品会员制，新型业务增收益、平台经营拉增长的商业模式。

未来 1~2 年，“全国一网”业务开展要着力形成差异化竞争力的业务生态系统，围绕“涌泉 TV”品牌，打造“1135”四大特色产品体系。

第一个“1”是具有广电网络特色的新型融媒业务。着力打造“中国广电融媒云”，提供“媒体云”等核心产品，提供“云搜”“云剪”“云播”“云桥”等全套采编播产品工具，为各级融媒体机构提供从技术保障、内容产品到服务支撑等融合媒体解决方案，提供短视频搜索、下载和发布工具。

第二个“1”是互联网宽带业务。基于工信部颁发的基础电信业务经营许可证，创新性开展三网融合业务，从根本上解决长期困扰广电网络出口带宽质量不稳定、成本高等问题，摆脱过去带宽出口“依附式”发展模式，构建自主、良性的产业发展格局。中国广电网络 2019 年将与三大电信运营

商在北京、上海、西安等直联点开通 60～100G 对等互联带宽，同时将分散在各地的内网流量盘活并与互联网公司深度合作，加快内网流量建设，为各省网公司提供全流量服务、端到端网络优化服务等业务形态。

“3”是广电互联网电视创新业务。基于国家广播电视总局授予的开展互联网电视集成业务资质，运营“点播+应用+融合通信”业务。涌泉点播主打“海量汇集+精品内容+速播服务”，以大数据技术为依托，实现直播节目播出后十分钟拆条、一小时内上点播专区。涌泉应用商店打造基于大屏电视应用的内容聚合平台，为全国广播电视网络用户提供涵盖教育、医疗、生活、娱乐等众多类别的应用服务。涌泉融合通信服务，赋予电视屏幕即时通信、社交、分享等更为丰富的功能属性，为广大用户提供家庭融合通信解决方案，推出基于电视大屏的“视信”“视频圈”等多媒体社交服务产品。

“5”是“体育+演艺+数字文化+影视+游戏”五位一体的特色内容业务包。一是全球体育节目包，在中国广电开办的“冰雪体育”“马拉松”“全民健身”“体育赛事”等 4 套高清付费频道的基础上，与国家体育总局合作，进一步拓展赛事等体育资源。二是演艺节目包，精雕细琢《东方大剧院》等产品，节目涵盖戏曲、曲艺、巨星演唱会、音乐榜单、剧院现场等。三是数字文化包，基于“国家文化大数据云平台”，面向公共文化机构、科研院所、文化产品生产机构提供数字化和素材化服务，面向消费终端用户提供中国文化资源云服务，实现“足不出户，看中华文化宝藏”。四是家庭游戏包，集成丰富的专业客厅游戏，涵盖体育、动作、角色扮演、棋牌、体感等全品类。五是高清视听包，汇聚境内外优秀高清节目内容，逐步形成百科纪实、IP 动漫、时尚生活节目聚合分发平台。

目前，中国广电网络行业发展进入加速期、攻坚期，我们将把握全国有线电视网络整合发展和广电 5G 网络建设的历史性机遇，坚定不移地以“智慧广电”为抓手，全面提升网络业务能力、服务能力、承载能力、运营能力、竞争能力，推动中国有线电视行业乃至整个广电做强做大。

B.26 芒果超媒：生态矩阵新引擎，媒体融合主力军

蔡怀军*

2018年，芒果TV经历了全力奔跑、敢想敢干的一年，在竞争红海中争得了一席之地。更自豪的是，2018年7月，芒果TV等五家公司成功纳入快乐购重组上市，并更名为芒果超媒。

从一个人到一群人，从单兵出击到组团作战，绝不是简单的加法，而是核反应、核聚变。正如习近平总书记对媒体融合作出的重要指示：融合发展关键在融为一体、合而为一。主力军抢占主阵地，芒果超媒的成军，是湖南广电人践行总书记重要指示的实际行动。

一、从正本清源到守正创新，释放红色基因的超强能量

芒果超媒以守正创新为指导，在“举旗帜、聚民心、育新人、兴文化、展形象”等方面主动担当。

一方面，整合传统电视新闻资源，制作优质新时代大片。芒果超媒是国有绝对控股的媒体集团，充分释放平台与生俱来的红色基因，肩负起年轻一代价值引领的重任。2018年，芒果TV与湖南卫视以及地面频道紧密合

---

* 蔡怀军，芒果超媒总经理、芒果TV总裁。

作，台网融合空前加强，从内容采买到联合制播，实现线上线下优势互补，用立体化传播矩阵推出《中国出了个毛泽东·故园长歌》《我爱你，中国》《我的青春在丝路》《四十年四十村》《赶考路上》《不负青春不负村》等新时代“精品大片”，获得中共中央宣传部、国家广播电视总局、湖南省委主要领导以及《人民日报》《光明日报》等主流媒体的高度肯定。

另一方面，整合超媒全平台优势，守正创新主流阵地。芒果超媒六大子公司发挥自身优势，优势互补，源源不断推出一系列青春正能量影视剧作品。目前，《国歌》《瞄准》《那座城，这家人》《奔腾年代》《大国湘商》《彭德怀》《隐秘而伟大》等献礼大剧已经或正在筹备上线，让主流阵地更加壮大。

二、从新媒体到全媒体，创造生态矩阵的超高价值

“生态双主业、卫视核心制、超媒中心制”是湖南广播电视台台长吕焕斌提出的芒果生态战略。芒果超媒的成立实现了从“新媒体”到“全媒体”的升级，形成同频共振的全媒体产业格局。主要是四个方面的升级。

一是生态矩阵升级。芒果超媒成军后，以芒果 TV 视听内容为核心平台，整合芒果娱乐、芒果影视的影视制作、芒果互娱的游戏电竞、天娱传媒的艺人经纪、快乐购的电子商务，打通上下游产业链，建立起一网联结、多点联动的生态矩阵，为芒果大会员提供多元化、差异化和精细化的服务。

二是人才融合升级。2018 年，芒果超媒以集团化改革为契机，大胆推行传统电视和互联网人才的齿轮型配置。目前芒果 TV 已经有 16 支内容制作团队，保证优秀的原创内容首先诞生在马栏山。

三是内容整合升级。2018 年，芒果 TV 虽然仅生产了全网综艺总量的 10%，但在全网 TOP10 榜单中，芒果 TV 占据了五席，造就了“马栏山的爆款逻辑”。2019 年，芒果 TV 将借力超媒各子公司的资源联动，通过“自制+独播”打造超过 40 档文化综艺节目和影视剧，实现内容升级。

四是技术创新升级。让技术成为生产力是超媒腾飞的一个重要推手。

芒果 TV 正式成立“创新研究院”，积极对 5G 、人工智能（AI）、虚拟现实（VR）等前沿技术前瞻布局，并在金融、游戏、文学等领域分步骤拓展，最大限度创造生态矩阵的超高价值。2018 年 12 月，芒果 TV 与华为签署合作协议，在视频内容、会员及联合营销、大数据推荐等六大板块展开深度紧密合作，产出更为奇妙的“化学反应”。

三、从情感共鸣到价值引领，传播青年文化的超凡影响

芒果 TV 的用户中 24 岁以下占比接近 70%，位居行业之首，芒果人常说“年轻就这么好看”，这不只是一句口号，而是我们的态度和定位。

什么是青年文化？就是青春向上、突破成长、敢于筑梦。芒果一直都致力于成为青年文化的引领者，这其中有三个阶段：第一个阶段是坚持正确的政治方向、舆论导向、价值取向，创新传播方式，润物无声地引领年轻人的价值观；第二个阶段是具备现实意义，贴近真实生活状态，能够引起年轻人共鸣；第三个阶段是具备圈层元素，打造垂直内容，能够引起年轻人关注。

2018 年 8 月，芒果 TV 举办了一场盛大的青春芒果节，把来自全国各地的会员请到了马栏山，让他们亲身感受芒果生态对用户的开放和热情。芒果 TV 还与湖南卫视紧密协同，让用户享受更多会员定制衍生节目和独特的尊贵体验，同时也实现对卫视的引流和反哺。芒果 TV 与用户的关系，正在实现从“拌饭综艺”到“灵魂伴侣”的深层跨越。

四、从马栏山到全球化，超级合作收获超级成果

截至 2018 年年底，芒果 TV 的海外用户已经覆盖了全球 195 个国家和地区，总数超过了 1620 万。湖南卫视芒果 TV 官方频道是优兔（YouTube）上用户规模最大的华语频道，目前有 420 万订阅户。2018 年 3 月，芒果 TV 国际 APP 正式上线并独立运作，有望实现几何级增长。同时，芒果 TV 利用自身优质内容，重点针对“一带一路”沿线国家和地区进行海外业务布局。

芒果TV已连续八年入选“国家文化出口重点企业”，连续四年入选“世界媒体500强”，成为“亚洲新媒体品牌十强”。

芒果TV致力于让责任、品质和价值三位一体的青年文化，真正在全球每一个角落开花结果，共同打造“世界的马栏山，开放的新芒果”。

一是业务的开放：芒果超媒打造了以马栏山为圆心的内外双生态圈，内环是芒果生态内部的高度协同，外环是“超级合伙人计划”。在内容制作上推行“自制+投资”两条腿走路，一方面通过“主投主控”前置话语权，从演员到剧本全程把控，不仅保证了内容优质，也大大降低了生产成本；另一方面，通过战略投资构建优质的“内容合作朋友圈”，实现共同增值。

二是资本的开放：芒果超媒成军后，以更开放的姿态迎接社会资本，进行资本合作，形成更紧密的血缘关系，实现资本和业务的共赢。

三是人才的开放：芒果TV作为从传统媒体到互联网企业的先行进化者，核心人才流失率远低于行业水平，人均产值年年拔高。这得益于建立了可持续化、高成长性，覆盖内容、技术、创意、硬件、投资、财务等各领域，面向未来的“芒果人才库”。

从马栏山到全球化，芒果的超级合伙人计划一直坚持三大原则：一是坚决不让合作伙伴吃亏；二是合作算大账；三是合作一定要看长远，要具备可持续性，不是一锤子买卖，不求一时所有，但求一世所在。

芒果超媒自组建成立起就没有办过“庆生宴”，而直接是“成军礼”。因为芒果超媒的诞生有着鲜明的战略目标：打造生态矩阵新引擎，勇做新时代媒体融合的主力军！

B.27 咪咕视讯：以创新促发展打造新媒体领域国家队

王　斌*

咪咕视讯科技有限公司（以下简称“咪咕视讯”）是中国移动旗下咪咕文化科技有限公司的全资子公司，是中国移动在视频领域的唯一运营实体，旗下囊括了“咪咕视频”“咪咕直播”“咪咕影院”等多款热门产品。自2014年成立以来，坚持创新发展，打造新媒体领域国家队。截至2018年12月，咪咕视频月活用户超1.3亿；咪咕直播月活用户1485万，累计完成2000场Liveshow直播；咪咕影院月活用户1485万。

一、多维纵深融合，构建健康有序的内容生态系统

咪咕视讯认真贯彻落实习近平总书记关于媒体融合发展重要讲话精神，积极适应网络发展的新形势，利用新技术、发展新业态、提供新服务、占领新阵地。

一是积极传播党的声音。作为新媒体领域的“国家队”，在咪咕视频和咪咕直播客户端第一时间全程直播党的十九大、全国两会和共青团十八大等，与央视合作推出《盛会十九大》《喜迎十九大》《砥砺奋进筑梦中国》

* 王斌，咪咕视讯科技有限公司总经理。

等专区，成为党的十九大报道的重要阵地，累计观看人次超过6300万。同时，在“咪咕圈圈”推出“初心”频道，面向年轻的“二次元”人群，传播党的十八大以来的各项建设成果，塑造主流价值观。

二是积极弘扬中华优秀传统文化。从2017年以来就联合光明网开展“致非遗敬匠心”的大型非物质文化遗产系列直播活动，累计观看超过2亿人次，单场最高直播观看量超过600万人次，得到主管部门的高度肯定。“咪咕直播”还先后参与了《国家地理》《旅行者看》《捷克文化交流团》《诗词大会》《汉字大风暴》《全球VR大会》等文化类内容的投资、节目制作、互动直播等工作，通过移动互联网直播技术，为用户带去了更快、更新、更高科技的文化视角。

三是支持国产优秀电影线上发行。推出在线观影平台“咪咕影院”，国产电影内容数量占比达到62%，其中包括《湄公河行动》《建国大业》《建党伟业》《建军大业》等优质爱国主义电影。2018年年初，咪咕公司参与联合出品的影片《红海行动》成为2018年春节档期票房冠军，突出展现了主旋律内容的生命力和创造力。

四是布局体育产业。咪咕公司在2018年与中央电视台达成合作，率先获得2018年世界杯直播和转播权，从比赛直播、自制节目、线下联动、技术创新等多方面着力，大幅提升用户的观赛体验。世界杯直播结束后，咪咕持续加大对体育赛事的引入，陆续引进了五大联赛、中超、CBA、排超等顶级赛事，还与NBA达成长期合作伙伴关系，乒乓球、羽毛球、跑步、搏击、冰雪赛事等各种体育IP也都在逐步入驻咪咕平台。用户通过咪咕视频每年可观赏到超过3000场的国内外高水平赛事，不同偏好的体育迷都将能在咪咕找到自己的归属，真正成为用户的体育新主场。

五是打造正版视频内容聚合平台。除体育赛事版权外，咪咕视讯已发展成为国内最大的正版视频内容聚合平台，拥有460万条视频，包括2万部精彩电影大片、3000部影视剧集、1万部综艺、7000集精品纪录片、1200多路音视频直播、2000场Liveshow。咪咕视讯以视频类版权内容为核心，在做强产品做大用户规模基础上，向全场景 IP 开发延伸，为用户打造全场景、沉浸式视听体验。

二、以技术创新为驱动，探索智能领域企业转型

为了满足日益增长的超高清视频生产和消费需求，提高网络传输效率，保障终端用户体验，咪咕视讯不断探索视频产品的前沿技术，已建成了以 4G 视频传播中心为基础，以 4K 超高清直播、AI 智能剪辑等技术为核心的视频制播能力。

一是依托 4G/5G 技术，打造新型手机媒体融合平台。2014 年，咪咕视讯与央视合作，共同建设 4G 视频传播中心，推进中国视频新媒体产业的融合，构建绿色健康、有序发展的 4G 视频媒体生态系统。经过三年的建设，项目主体工程已于 2017 年基本建设完成，已实现 700 路视频直播、200 路音频直播，年播控量超过 50 万小时。该平台已成为中国最专业、最权威、规模最大的手机电视内容聚合与集成播控总平台。随着 5G 的发展，双方正在联合推进国家级“5G 新媒体平台”建设，积极开展 5G 环境下的新技术、新业务的探索。

二是构建面向 5G 的 4K 超高清直播内容制作、互动分发平台。融合中国移动的网络保障优势，咪咕视讯在高并发状态下的多运营商、多渠道和多类型网络复杂环境下，顺利完成了 2018 年俄罗斯世界杯的超高清赛事直播制作和混合网络分发。在短短半年时间，咪咕视讯实现了 4K 超高清赛事直播的三级跳：从 2018 俄罗斯世界杯第一次在国内播出 4K 直播赛事，到 2018 年 9 月拍摄、制作、播出中超历史上首场 4K 足球赛事，再到 2018 年 10 月邀请马布里参与自制 CBA 有史以来第一次新赛季揭幕战 4K 直播。咪咕视讯通过立体化地锻造 4K“采、编、播、转、存”全流程环节，已形成高稳定、高效率、高开放度的面向赛事直播的全链路能力。现在咪咕视频平台上已经实现 4K 赛事的常态化播出，未来将进一步发挥行业示范效应，支持视听行业多元化真 4K 业务的快速扩展，并进一步向 8K、虚拟现实

（VR）延伸。

三是运用人工智能（AI）和大数据技术，满足用户个性化观看和分享需求。咪咕视讯运用 AI 和大数据技术，开发了 AI 智能剪辑、小编精剪、用户随心剪三大功能，开启直播短视频剪辑“秒看”时代，以其秒级剪辑速度、智能识别赛场球队球员、多屏共剪等炫酷技能，满足用户对体育赛事实况的短视频快速、海量、个性化的观看和分享需求。AI 实时剪辑的“C 罗进球短视频”，24 小时内观看人次突破 1 亿。咪咕视讯以 AI 赋能内容运营，加速内容剪辑生产，提升内容推荐精准度以及可看性，紧密贴合用户内容消费需求，获得用户认可。

四是创新协同切入智能行业创新领域。咪咕视讯联合产业链上下游企业，成立了 AVR 开发者联盟，将物联网、大数据、云计算、人工智能与 AV/VR 技术结合，形成可直接服务于目标企业的解决方案，应用于教育培训、旅游、医疗、建筑地产、工业制造与维修、交通等产业，推动新兴智慧城市的发展建设。咪咕视讯时刻紧跟数字技术的发展风向，深度布局数字经济领域，实现技术创新向经济价值的深度转换。

B. 28 阿基米德：广播的融媒转型探索

王海滨*

作为中国广播领域新媒体产品的领头军，阿基米德平台上已有超过 1. 6 万档节目（其中上海 324 档），内容涵盖音乐、新闻、公开课、生活等 16 种类型，截至 2018 年年底已吸引下载用户达 4000 万，用户年发帖量超 1 亿条，在全国形成了一定的影响力，成为音频市场形态独特的产品，细分市场排名进入前十。截至 2018 年年底，已有全国近 200 个省市电台签约入驻。

一、“新广播 新传播”催生阿基米德

2014 年，以新技术起家的网络媒体迅速占领传播市场，给传统媒体行业带来了更大的冲击，市场和受众的双驱动让广播必须走向媒介融合，全面拥抱移动互联网。

从物理空间的新媒体指挥中心到移动互联网的手机平台，上海广播试图探索一条转型路，即打造一个具有创新活力和影响力的广播媒体及广播生活服务运营商架构，实现广播的跨越式发展，充实“新广播新传播”的变革理念。在这个背景下，阿基米德应运而生。

自 2014 年成立之初，阿基米德坚持独立设计、独立开发、独立运营的理念，现今组建了产品—技术—数据—运营的百人全链团队，具备应用开

* 王海滨，阿基米德（上海）传媒有限公司 CEO。

发、大数据、音频、AI 应用等全面技术能力，做到产品研发无外包，成为一家具备市场竞争力的新媒体公司。

作为上海广播改革整合的产物，经过几年的砥砺前行，阿基米德努力在机制设计、发展速度上靠近互联网，在推动上海广播、推动传统广播的融合转型上作积极尝试，目前已发展成为一个体制内媒体融合转型的成功产品。有业内人士评价，阿基米德最大的优势是立足主业，帮助传统产业转型升级，提升行业水平，不仅仅关注平台自身的发展，更多的是帮助广播电台的管理层树立了互联网的传播理念，适应了互联网的传播规律，这一点最为宝贵。

二、推陈出新，推动广播融媒转型

和音频细分市场其他产品不同，阿基米德坚持为传统广播电台提供向新媒体转型的系统化方案：包括随时随地可以启动的手机直播系统；用户和主播可以方便地进行短音频剪辑、直播、短视频呈现的交互平台；推动微信、微博等平台上主流媒体内容的快速裂变传播；自主研发的数据分析系统，为广播打造包括内容与受众、转变评价标准等指标的全数据科学分析体系。

传统媒体的转型，围绕着技术、产品、用户、场景、市场、模式等要素有太多的纠结和焦虑，找到清晰有效的定位点有利于全行业更好地转型。

网络平台已经打破传统广播时空的界限，面对垂直的移动互联网模式，没有精准，就没有所谓的广覆盖。如果把广播内容看成数据，所有的数据都是有价值的，只是连接数据的形式不一样，或者使用数据的目的不一样，产生了不一样的价值。

阿基米德现在所做的，就是希望能够把音频内容由简单的信息提升为数据，回归到中介状态，然后再作各种连接。

前期阿基米德在字图音视的内容解构能力和用户画像能力方面投入了大量资源，也运用到了产品中，接下来还有两个正在推进的方向，即全网数据的解析和组合能力。原料来源于整个移动互联网，参考全网数据，对内容进行重构；自动运维和强大的接口架构能力，让任何时间、任何人，在任何地方、用任何设备都可以接收到任何信息。

三、创新模式，助力国家扶贫战略

阿基米德初步实现了产品、广告、消费的完整闭环，2017 年 5 月推出了对接传统广播的创新商业模式：为单一商品打开市场知名度并提供销售转化的 M 店。M 店平台深度融合传统广播广告营销，打通了线上及线下广告用户的需求，主持人通过口播植入向听众推销产品，平台与广告主合作完成商品的配送，由此形成一个闭环。在营销模式上，社群广告直面听众且形式多样，既可以在节目社区中实现，也可在与 M 店的对接中实现广告的转化，形成“1+1+1>3”的投放收益，构建全新的媒体商业体系。

广播是一个高转化率的媒体，不仅能够帮助客户树立品牌形象、扩大社会影响力，也可以帮客户直接实现销售，这样一种能力完全可以延伸到精准扶贫领域。阿基米德在 2017 年广播节以 M 店平台为基础发起了“自然的馈赠”大型精准扶贫行动，对接全国中西部地区八个省市区，将贫困县的农副产品通过 M 店售卖，聚合全国广播主播资源，推荐精准建档立卡户的小量农副产品，打造全面的产业生态扶贫新模式。

四、坚守责任，激发主流活力

阿基米德诞生于广播，所以天然带着主流媒体的社会责任感。在对接传统广播做好转型平台的同时，阿基米德精心布局红色内容体系，2018 年策划的“十九大精神十九人讲”共吸引了超过 1000 万人次的用户听众；在马克思 200 周年诞辰之际，阿基米德推出了“给 90 后讲讲马克思”栏目，讲述了马克思一生中 19 个有趣的故事，同时贯穿马克思主义基本原理，全国 49 家主流媒体全网传播，阿基米德联合 24 家广播电台同步直播，上线仅

20 天，累计收听量超过 3 亿人次。①

阿基米德通过移动互联网讲党课也取得了很好的效果。2017 年第一次推出成规模、成体系的在线党课，党员在线学习平台“学习同心圆”构建了红色内容生产传播基地，成为便利有效的党员常态化学习教育新平台。

2018 年 7 月 22 日，台风“安比”在上海崇明东部登陆。阿基米德第一时间成立“迎战台风”小组，24 小时关注并实时传播最权威、最新鲜的台风信息。“受台风中狂风暴雨影响，前方记者发声都十分困难”的音画在阿基米德平台的直播中被实时呈现，给了大众更直观的台风感受。同时，阿基米德从“两微一端”传播出发，实现自有新媒体传播全覆盖，充分利用开机屏及首页各项资源合理推广；联动江苏、浙江、上海三地气象台全媒体中心直播“安比”最新消息，共同传播，为广大用户提供实时情况，从而达到高效、全覆盖传播。用户只需打开阿基米德客户端，就可从开机页面直接进入“迎战台风安比”的 24 小时直播间，突破了传统广播的地域限制，将优质内容充分传播给更广泛的群体。

互联网时代，传统广播与新媒体的融合转型势在必行。阿基米德作为上海广播电视台媒体融合探索的先行者，已经从上海走向了全国，成为成功对接全国广播的融媒体平台。未来，阿基米德将不断充实“新广播新传播”的理念，努力成为中国广播行业最大的内容生产分发平台和上海改革开放重要的网络宣传平台。

---

① 中国新闻出版广电报，《阿基米德：生于广播再造广播》，2018 年 7 月，http：//data. chinaxwcb. com/epaper2018/epaper/d6789/d7b/201807/89191. html。

B.29 浙江广电“中国蓝”：融媒三剑客的进阶之道

祝云光*

在浙江广播电视集团（以下简称浙江广电）建设“六位一体”新型媒体集团战略中，新媒体主平台新蓝网被列为新一轮发展的重要引擎。近年来，随着移动互联网的发展和信息消费方式的改变，新蓝网的战略重点从先前的PC端和手机台转移到了移动客户端上，“中国蓝新闻”“中国蓝TV”和“喜欢听”三大移动客户端应运而生、强势崛起。这三款产品拥有集团自办节目全版权资源，在相当程度上能调动集团内频道资源，集中了浙江广电的视音频内容优势，直播、回放、点播等广电基础功能以及报料报名互动参与等交互功能，其中“中国蓝新闻”和“中国蓝TV”成为浙江广电打造“两核三圈一平三通”现代融媒传播体系的重要两核。

一、中国蓝新闻客户端：融媒升级与多平台整合的旗舰航母

中国蓝新闻客户端，是一款主打新闻资讯服务的融媒产品。“中国蓝新闻·蓝媒号”是浙江广电集团发挥龙头作用，强化省市县三级联动，以“中国蓝云”为技术依托、新蓝网“中国蓝新闻”客户端为平台而组建的全

* 祝云光，浙江新蓝网络传播有限公司董事长兼总经理。

省广电融媒体联盟，通过服务基层垂直拓展，进一步放大开放共享的平台属性，把浙江广电的这款 APP 变身为浙江全省广电的共同 APP，为营造全省广电新闻媒体联动联营的运营生态打下基础。

为发展蓝媒号，浙江广电早在 2017 年已完成了媒体融合三大基础性工程。一是“中国蓝融媒体中心”即中央厨房的建成和常态化的使用，为全省广电搭建起了一个融媒新闻生产制作分发的调度和指挥中心。二是“中国蓝云”融媒体技术平台的投入运行，为全省县级融媒体中心的建设提供了低成本高效率的技术平台服务。三是长期以来运行良好、关系融洽的全省广电新闻协作体系，向新型融合传播协作体系的成功转型。

蓝媒号以新的平台聚合资源、以新的渠道来拓展传播、以新的机制共建共享平台，合力构建内容共享、渠道共享、数据共享的融合传播协作体系，成为浙江全省广电融合传播的旗舰航母。截至 2018 年 11 月，浙江全省已经有 53 家市县电视台入驻蓝媒号。

蓝媒号的快速推进，得益于加快县级融媒体中心建设的强烈氛围，也顺应了省级广电和基层广电的自身需要。全省广电共建一个 APP，既能破解基层广电新媒体投资成本的问题，解决传播渠道单一、新媒体技术缺乏、运营推广难等难题，又能助推省级广电新媒体发挥自身优势，通过专业化、区域化和垂直化来快速整合资源，做大体量和规模。

二、中国蓝 TV：文娱方向的市场化探索者

中国蓝 TV 客户端专注文娱领域，依托浙江卫视的头部综艺以及特色自制节目等优质内容，是市场化程度较高的一款产品。2018 年以来，中国蓝 TV 围绕内容、用户和终端，重点做了三件事：

第一，开发垂直内容，布局文娱短视频领域。2018 年 6 月，新蓝传媒与中国知名 4A 公司思美传媒共同组建了一家内容营销公司“布噜文化”，致力于创造传播有营养的轻内容。思美传媒积累了大量的优质客户资源，具有成熟的资本运作经验，构建了泛娱乐产业布局，与中国蓝 TV 的平台、

品牌、牌照优势形成良性互补，不仅拓展了新阵地、打造新业态，还充分借力整合了浙江广电的生产能力和优秀制作团队。

第二，激活用户价值，进一步开发沉淀在平台上的6000万用户。2018年下半年，中国蓝TV与淘宝直播平台合作，将中国蓝TV原创网络IP“厉害了我滴星”升级为“厉害了淘乐星”，把才艺比拼、直播销售、全民互动融为一体，打造一档有趣有利、可以边看边买的消费者趣味综艺直播节目。另外围绕粉丝经济，打造“明星势力榜”小程序产品。这是一款工具化便携化的轻应用，基于微信大流量平台，客观反映明星热度。截至2018年年末势力榜用户已经达到200万，最高日活50万以上，次日留存70%左右。付费功能上线后，第一天收入就突破万元。在开发粉丝经济的同时，以用户养成为目标，借助中国蓝TV端的社区互动等功能，把具有共同属性的用户聚到一个互动平台上，围绕社区化运营，拓展产品用户，吸引更多用户入驻中国蓝TV。

第三，开拓终端市场。依托中国蓝的全平台布局和全牌照优势，打造中国蓝系列高清影音系统硬件产品，在2019年春节后推向市场。

三、“喜欢听”：用“交互”延续广播媒体“听”的价值

“喜欢听”是浙江广电集团官方音频新媒体，由新蓝网和城市之声共同运营，通过引导用户与平台的交互与互动，将“听众”转化为“新媒体用户”。“喜欢听”上线未满一年，用户下载量已经突破200万。虽然与前两款产品的下载量数据上相差巨大，但其在用户活跃度、互动量和黏性方面表现优异，高达54%的用户有过打赏行为。

在产品的调性上，“喜欢听”将“互动交互”进行到底，由“直播互动、精品内容、订制问答”这三大主体内容构成产品内容“铁三角”，不断用新玩法黏住用户。

“直播互动”版块提供一个全集成的直播互动界面，将视频直播、打赏、福袋、话题投票、互动点赞等几十种互动玩法进行整合。“精品内容”

版块专门做原创音频产品，2018 年下半年推出了“双超系列”，一个是超音速概念版块，用最长不超过 59 秒的极致短音频，刷新用户的听觉体验；另一个是超声波双耳，通过 5.1 环绕立体声，带给用户高品质的声音产品。“订制问答”版块的核心是垂直领域的知识付费服务，在汽车、财经、房产、家居或者是教育等垂直领域，用户一块钱提问，可退款、围观、追问、评分。

“喜欢听”的一个鲜明特点，就是在产品运营中非常注重打造主播 IP，也可以说是围绕主播来设计功能打造产品。“喜欢听”就是借助广播主播 IP 打造，打通传统广播和音频产品，构建起融媒运营和市场营销的关键纽带，创造出了一个又一个的经典营销案例。

四、“中国蓝”融媒发展的四点体会

第一，内容是看家本领，必须要清醒坚定，把长板做长，不能被带偏。

第二，产品思维和用户意识，必须天天讲，时刻讲，要让各个岗位都能直接面对市场和用户反馈。

第三，主流媒体一定要有自己的根据地，让用户、数据、资源在平台上汇聚积累并催生反应。

第四，媒体融合，各地情况各异，探索路径不同，长得怎么样不重要，活得怎么样才重要。

B.30 江苏广电总台：推动媒体融合纵深发展

何可一*

近年来，媒体格局、舆论生态、传播技术深刻变化，全国各大主流媒体纷纷掀起了推动媒体融合发展的热潮。江苏广播电视总台（以下简称江苏广电总台）作为理念先行、实践较早的省级广电媒体集团，积极创新、先试先行，不断探索，形成了相对完善的媒体融合发展战略。

一、江苏广电总台媒体融合发展情况

面对被“边缘化”的挑战，近年来，江苏广电总台系统谋划媒体融合发展，累计投入超过4亿元，完成了从平台端到制作端到采集端到播出端的软硬件改造，大大改变了广播电视节目的呈现形式。同时，强化传统媒体渠道与移动渠道的互通和联动，从相加到相融不断深化资源、平台、流程、产品上的多种融合，在媒体融合上取得了实质性进展，走在了全国前列。

（一）移动优先战略

江苏广电总台在以融合的思路改造广播电视等传统媒体、提升其传播力影响力的同时，还不失时机拓展新兴渠道，建立立体多样、融合发展的现代传播体系，以“抢终端”为抓手，扩大新兴矩阵宣传触角传播力，发出有效的声音。近年来，江苏广电打造了客户端、网站、手机电视、IPTV、

---

* 何可一，江苏广播电视总台融媒体新闻中心副主任兼网络传播部主任。

移动电视等新媒体集群。2013 年荔枝新闻客户端上线以来，在技术创新、内容运营、媒体影响力等多方面不断创新，稳定发展，取得了瞩目的成绩。截止到 2019 年 3 月 1 日，荔枝新闻客户端下载用户已突破 2100 万，在中央网信办主办的《网络传播》杂志“新闻网站 APP 传播力排行榜”中始终位居前列，在江苏新媒体传播格局中跻身领军阵营，成为全国省级广电新闻客户端中的佼佼者。2017 年 8 月，作为展示江苏、感知江苏的大外宣窗口，集资讯、交流、互动为一体的综合性平台，“我苏”客户端上线后强势出击，充分发挥深耕江苏，全方面展示最江苏的人文风貌、提供最有用的资讯内容，汇聚最共情的互动活动，发挥政务信息发布优势，与荔枝新闻协同作战，进一步提升了江苏广电总台在新媒体领域的传播力、影响力、引导力、公信力。

（二）创新技术驱动

江苏广电总台推进“荔枝云平台”常态化应用，其中公有云平台部署内容云、广告云、移动云报道、云互动、云直播等应用服务产品；私有云平台面向台内融合新闻生产业务及频道的节目生产制作与播出。同时，深度整合最新的信息传播技术，充分运用 4G 传输、流媒体传输、移动直播、无人机采集、全景拍摄等技术，实现内容从可读到可视、从静态到动态、从一维到多维的多媒体化展示形式，积极探索新技术新媒体下的传播新形态，不断丰富新媒体传播样态，深化与用户的互动。

（三）深化体制机制改革

江苏广电总台组建了“融媒体新闻中心”，全面整合电视新闻、广播新闻、新媒体新闻等不同业务板块，建立了“融媒体调度指挥中心”，实现了新闻融合传播的流程再造，推动了所有内容制作发布的云端化，真正打破内容流动的部门壁垒，促进内容资源的深度融合，为新闻报道和节目体系化的集成创新创造条件，提供保障。

（四）优质内容极致创新

在把握正确导向的前提下，大力度改进创新新闻报道。改变广播电视新闻报道的传统样式，尤其注重在新媒体，特别是移动端的创新。荔枝新闻在时政报道上，不是照搬广播、电视的报道，而是充分发挥80后、90后互联网“原住民”的作用，跳出老框框，用创新方式来呈现，利用漫画、长图、动图、超链接、短视频等多种可视化表达手段，让“硬”的时政报道也取得好的传播效果，如在2018年，党的十九大主题报道总点击量超过4000万次，国家公祭日相关重点稿件点击量超2000万次。

(五) 融媒人才培养

人才是媒体发展的根本，尤其是在信息爆炸发展的当下最需要融媒人才。江苏广电总台一直以来都非常重视人才队伍建设，坚持“对外引进”和“内部快速培养”的双轨道并行机制。2017年以来，江苏广电总台启动融媒人才学习提升计划，通过组织“走出去”观摩和“引进来”学习，确定了常态化培训机制。同时，完善薪酬激励考核，打破编制内外人员身份差异，实现按岗定薪、同岗同酬、量化考核、多劳多得的分配模式；实现管理骨干和业务骨干双通道管理，出台了系列激励机制，使员工获得最大化的提升空间。

二、江苏广电媒体融合的特点

自2012年起，从全媒体新闻联动平台上线，江苏广电总台120名广播电视记者转型成为首批全媒体记者，到荔枝新闻客户端上线，到“荔枝云平台”启用，再到融媒体新闻中心成立、融媒体调度指挥制度建立，江苏广电总台在平台、技术、机制、流程等各个方面全面推动媒体融合。

(一) 深度联动，匠心赢得掌声

设立融合共享协同传播机制，已在江苏广电总台的重大型项目中形成共识。通过平台、形式、渠道的叠加，有效汇聚新媒体传播动能，实现“1+1+1>3”的传播效果。对于“荔枝”、“我苏”产品矩阵的内容生产来说，产生了巨大的推动作用。

在庆祝改革开放40周年报道中，由江苏广电总台纪录片制作中心制作，推出了系列人物微纪录片《我们正年轻》。系列共分三季，一共40集，展现了40位主人公在各自专业领域奋斗、开拓与坚守的感人故事，生动呈现了“中国梦”的个体映射和动人光芒。荔枝新闻、“我苏”客户端作为节目新媒体播发平台，在节目播出期间同步推出图文视频专稿、系列短视频插条、集纳专题等，向网友展现正能量满满的新时代中国面孔，引起了广大网友的热烈反响和好评。系列人物专稿被网易、今日头条、一点资讯等新媒体争相转载，截止到2019年3月底，全网总点击量达到1217万。

为纪念马克思200周年诞辰，荔枝新闻深度参与《马克思是对的》节目创意策划、台本创作、现场录制等全环节。开设网络直播，并承担互联网移动端的全方位立体化二次传播：先后推出四分钟网络版节目及《大咖谈马克思》《漫谈马克思小课堂》《诗会马克思》等新媒体衍生精品，制作《青年眼中的马克思》原创街采短视频。五集网络直播仅自有平台累计观看就达到156万次。所有相关稿件累计点击超2000万次。32篇原创内容被中央网信办全网推送，主流媒体与行业媒体均给予高度评价。

（二）融合调度，资源优化配置

2018年江苏广电全台融媒体合作进一步加强，总台融媒体指挥中心启用，形成了多部门选题、文稿、视频共享的全方位协调机制，打造了“一次采写、多元化编辑、多平台分发”的采编播流程，建立了编前会议、统一报题派工、共享素材资源、编辑分工负责等机制，有效实现了重大选题统一策划、采编指挥统一调度、采编力量资源统筹协调，促进了全媒体在内容、渠道、平台等方面的深度融合。2018年，通过江苏广电总台融合新闻渠道发稿18149篇，融合新闻稿件的整体阅读量不断攀登新高，“高原”与“高峰”并存，融合新闻阅读量10万+的稿件共3293条，单条最高阅读量3258万，“荔枝”“我苏”系列产品的品牌影响力、传播效果成井喷态势。

（三）拥抱云端，构建融合优势

2015年上线的江苏广电总台“荔枝云”平台，突破媒体形态边界，打通江苏广电台内、台外平台的信息沟通，建立了“多来源内容汇聚、多媒体制作生产、多渠道内容发布”的全新生产模式。

荔枝新闻不但深度参与了江苏广电总台“荔枝云平台”的建设，还从单纯新闻宣传向公共服务领域拓展，从单向传播向多元化互动传播延伸，以综合性、服务性为主打，助力打造“新闻+”的综合信息服务平台，已先后为南京报业、苏州日报、宜兴广电、金坛广电等媒体开发打造了包括紫金山新闻、i 苏州、宜兴发布、金坛手机台等融媒体产品，荔枝模式正在被迅速复制和推广。

（四）持续创新，走在行业前列

在内容创新方面，加大对互动直播、短视频、网络评论、虚拟现实（VR）等领域的革新与尝试。针对不同用户群体推出多样化的产品，打造多款亮眼交互产品，吸引千万网友热情参与。2017 年策划专题《不忘历史矢志复兴——南京大屠杀死难者国家公祭日》荣获第 28 届中国新闻奖一等奖，取得历史性突破。

江苏广电总台也一直坚持“核心技术”自主开发+自建团队的运营模式，并加强与互联网企业合作，紧跟技术发展潮流。如，2014 年与科大讯飞合作，实现了所有图文稿件的音频识别转化；2016 年实现了多路流自主切换的移动直播功能；2017 年实现了跨年演唱会的多讯道 VR 互动直播。2018 年，随着信息数据爆发式增长，江苏广电总台技术团队侧重投入对私有云、大数据、人工智能（AI）等技术的探索与实践中。

三、“最后一公里”下沉，媒体融合再升级

2018 年 8 月，习近平总书记在全国宣传思想工作会议上，首次对“县级融媒体中心”建设作出重要指示。这也意味着媒体深度融合工作重点已从中央深入地方，触及全盘。基于强大的技术开发能力和系统维护能力，江苏广电“荔枝云平台”被江苏省委宣传部指定为江苏省县级融媒体中心建设的唯一技术支撑平台。

2018年9月，江苏首家依托“荔枝云”完成建设的县级融媒体中心在江苏淮安市洪泽区率先落地，洪泽区融媒体指挥中心在2018年11月投入使用，“蟹都洪泽”APP在2018年12月7日正式开发完成。截至2019年2月，江苏广电总台已对接了49个区县，通州、邳州、如东、仪征等14个区县已快速完成方案设计，进入实施阶段。江苏广电总台按照要求，全面提升对外服务能力，积极开展县级融媒体中心建设的支撑服务，助力全省县级融媒体中心建设全面推进，南通、扬州、通州等地的县级融媒体中心方案已完成设计并签约，准备落地实施。

伴随着“互联网+”时代的到来和最新信息网络技术的迅猛发展，深度推进媒体融合、强化新媒体舆论引导是传统广电在新时代义不容辞的责任和使命，也是在未来的媒体生态格局中可能实现弯道超车的契机与机遇。江苏广电总台将继续秉持“责任塑造形象、品质成就未来”的办台理念，强化责任担当、创新变革思路、聚焦融合拓展，推动媒体融合发展实现新突破，迈上新台阶。

B.31 山东轻快云平台：建设“小、灵、快”的基层广电融媒生态

张晓刚　申玉红　韩雪飞　黄冠卿*

信息化时代，媒体融合是路径、模式、技术等革新的必然结果，是传统广播电视打破瓶颈，守好网络阵地的有效手段。2018 年 8 月 21 日，习近平总书记在全国宣传思想工作会上指出，“要扎实抓好县级融媒体中心建设，更好引导群众、服务群众。”这一重要指示将县级融媒体中心建设上升为国家战略，为县级媒体的改革提供根本遵循。同时，以县级融媒体中心建设为路径，激发媒体活力，提供融合发展的战略机遇。本文以山东轻快融媒云平台五年媒体融合实践为例，探讨新时代县级融媒体中心建设的发展之道。

一、背景与建设情况：变革催生生产和技术的新应用，融合带来模式和渠道的新传播

2014 年 8 月 18 日，中央全面深化改革领导小组第四次会议审议通过了

* 张晓刚，山东海看网络科技有限公司总经理。
申玉红，山东海看网络科技有限公司副总经理兼 IPTV 事业部、轻快事业部总经理。
韩雪飞，山东海看网络科技有限公司轻快事业部总经理助理。
黄冠卿，山东海看网络科技有限公司轻快事业部高级编辑。

《关于推动传统媒体和新兴媒体融合发展的指导意见》，“媒体融合”正式成为国家行动、国家战略。也在这一年，山东广播电视台顺势而为，利用自身新技术、新应用创新媒体传播方式，主动迎合舆论生态、传播技术以及基层经济社会环境和群众信息需求的变化，旗下的“中国互联网百强企业”“山东省文化企业 30 强”山东海看网络科技有限公司在全国率先推出具有自主知识产权，适用于基层媒体融合发展需求的平台型智能产品——轻快融媒云平台，成为全国媒体融合先行先试的典型。截至 2018 年年底，轻快云服务已覆盖全国 26 个省份、200 多家市县广播电视台、1000 多家政企单位，不但为基层媒体借助移动互联网巩固舆论宣传阵地提供了必要的技术支持，更是探索出了一套适用于地方广电投资少、应用多、资产轻、服务重、上线快、风险低的融媒发展模式，为融媒体中心的发展建设积累了丰富的实践经验。

二、调研与建设方案：“去中心化”时代，轻快建立可管可控、区域性中心化的智能融媒体舆论宣传平台

在互联网去中心化的时代特征下，轻快融媒云平台通过媒体融合，助力市县传统媒体打造一个可管可控的区域化新媒体中心化平台。首先，从政治层面来讲，可管可控是首要遵循，县级媒体需要建立中心化的平台模式，树立一体化的发展理念，一手抓舆论宣传，一手通过自有平台打通产业链上下游，盘活当地媒体在各行业积累的丰富资源。其次，在逻辑层面，县级媒体要把服务群众作为重要任务，要求中心化的平台也要具备便民服务的能力，赋予每一个区县媒体“主流舆宣+政务服务+公共便民+产业协作”的逻辑结构。最后，从架构层来看，主平台仅承担运营指导、辅助审核、分享经验、共享资源、培训人才、客户咨询等服务职能。轻快融媒云平台通过“去中心化”+“区域性中心化”的构建方式既能做到核心平台自主可控，又提高了容错能力，单一节点问题不影响其他节点运营。

在建设方面，轻快融媒云平台坚持“1345”原则，围绕一个中心、建

立三个连接、打造四个平台、遵循五个原则，推出简单、实用、高效、安全可复制的“小、快、灵”模式。一个中心指以“引导群众、服务群众”为中心；三个连接是建立省级平台在渠道、产品、技术、内容等方面与市县区位特色资源优势的连接，建立地市县融媒体平台与本地智慧城市建设、大数据平台、行政办公、民生服务的深度连接，建立全国地市县融媒体平台在信息交互、电子商务、数据共享、舆情管理的广域连接；四个平台指主流舆论宣传平台、政府服务平台、公共便民平台、产业协作平台；五大原则是坚持实用高效、移动优先、互联互通、服务保障、连接群众。平台建设不盲目攀比、不贪大求全，充分考虑县级融媒体建设的实际情况，因地制宜力求实效。

互联网的高速发展，大量用户已迁移至移动端，4G 用户规模已超 10 亿。随着 5G 的到来，用户移动化的迁移将更加明显。对媒体来讲，哪里有用户，哪里就是阵地。所以，要建设一个老百姓看得见、用得好、黏得住的平台，引导服务群众一定要靠移动端。轻快媒体云基于云端基础架构，提供移动端内容发布运营平台、中央调度系统两大核心基础平台，包括轻快手机台和轻快融媒两款主要产品，并配合对两微的统一发布及管控功能，三者相辅相成紧密互联，横向纵向“井”字互通，即省市县级媒体自上而下内容的互联互通；与当地大数据局、各地电子政务中心纵向的服务对接互通，同时以互联网思维构建以用户为中心的大数据汇聚平台，既重内容传播又重交互式体验。

三、模式与服务体系：媒体云主导，政企云、产业云并行的三大互联互通云版块，实现多元业务共生的垂直生态系统

（一）轻快媒体云：以政策为指导，以技术为依托，实现“融为一体、合而为一”的基层主流舆论宣传平台

县级融媒体中心必须跟上时代的变化、技术的变迁，加快理念观念、体制机制、管理方式创新，把握移动优先、依托平台、服务为本等关键点。

轻快媒体云基于云端基础架构，提供面向媒体行业的移动端内容发布运营平台、中央调度系统两大核心基础平台，肩负起主流舆论阵地、综合服务平台、社区信息枢纽的功能，在服务中引导群众，在基层舆论引导中真正发挥主导性、关键性作用，满足群众美好生活需要。

（二）轻快政企云：结合智慧城市建设，服务政府、服务民生，实现“智慧媒体+政务服务+公共便民”的综合服务

轻快融媒云平台政企云业务顺应党中央国务院“互联网+政务服务”精神，依托轻快融媒云平台“技术+服务”综合体系，服务政府、企业、民生，助力智慧城市建设。轻快政企云集发票摇奖、本地服务、在线考评、信息查询、权限浏览、监督举报、政务信箱等多项功能于一身，满足精准扶贫、智慧党建、美丽校园等多行业综合信息服务，轻快区域互联的特性更是将街道、社区、乡镇资源进行整合，共同打造智慧社区、智慧街道、智慧乡镇，不仅提高了机关效能，更让“移动互联网”的能量融入为民服务全过程，有效助推智慧建设，打造基层政务信息枢纽。

（三）轻快产业云：协作共享模式为县级融媒体中心建设提供多元化运营模式参考

轻快产业云是基于轻快融媒云平台的强大用户基数及品牌影响力，打造的由主流媒体可管可控的全国资源对接平台。产业云围绕轻快广告分发、轻快旅游协作、轻快商贸联销等产业方向，筛选优质产业项目进行合作，打通了产业链上下游，盘活县级媒体在各行业积累的丰富资源，促成水平聚合+垂直生态，为县级融媒体中心建设提供多元化运营模式参考。

（四）服务体系：遵循“服务即增值”理念，建立运营、智库、培训、客服四层服务体系

从运营层来讲，轻快云平台已与全国200余家地方广播电视台在内容联推、活动联办、节目联播、产业联销等方面建立起抱团协作的创新模式，形成跨地域传播，低成本推广，借力借势携手打造轻快百台联动品牌影响力。

智库层是轻快融媒云平台与合作台联合出品、运营、维护的“智慧抱团”的资料库，其目标和宗旨是为合作台建立一个经验分享、互动交流的线上资源知识综合体。目前已入库3000余份方案，涉及新媒体撰稿发稿、平台运营、活动营销、组织架构、融媒体管理体系、人员考核及绩效考评等多方面。

轻快云平台建立了完善的培训体系，涵盖线下培训班、线上培训、典范台现场交流考察、大中型全国台长研讨会、定制培训班等多种样式。据不完全统计，五年多时间里，通过轻快学院走出来的新媒体学员遍及全国26个省份400余家广播电视台，累计5000余人，为地方广电融合发展提供了强大的人才智力支持。2019年，轻快云平台在中国广播电影电视社会组织联合会的指导下，联合知名院校、专家学者成立“轻快百县融媒智慧支持计划”，以智力输出助推县级融媒体中心建设发展。

提供7×24小时不间断、多渠道电信级专业客户服务，分级分层多角度运营维护；全年不低于300天的技术保障与支撑；全年四次平台版本迭代、每月两次常规版本升级。轻快融媒云平台就这样不断以服务赢得信任，通过层与层之间积分体系互通，形成服务紧耦合，解决了区县媒体资源匮乏、能力缺乏、人力贫乏等现实问题。

四、结语

轻快融媒云平台开创了基层广电融合转型新局面，广播电视服务边界不断拓展，业务范围涉及政务、民生、资讯等，有效助力地方提升社会管理能力。目前，轻快融媒云平台已走出山东，由本地扩展到全国，形成跨地域传播新方式，为地方广电机构特别是县级媒体机构探索出共建共享、协同发展的转型机制，创造平台化媒体优势，为促进媒体传播与城市智慧服务相结合提供了可行的路径。

B.32 广东触电新闻：坚持技术创新打造新型主流媒体平台

蔡伏青*

广东广播电视台（以下简称“广东台”）认真落实中央和省委部署，坚持以技术创新和人才建设为引领，以重大主题宣传为重点，以传播手段创新为依托，以融媒标杆产品为抓手，主动激发体制机制活力，全力打造新型主流媒体。经过两年多的努力，自主打造的新型主流媒体平台——触电新闻客户端（以下简称触电新闻）稳步跻身广电行业同类产品前列，成为广东台以内容协同带动流程协同、产业协同，推动媒体融合向纵深发展的重要支点。

一、打造自主新型融媒平台，提升融合发展核心竞争力

互联网技术是新媒体产品核心竞争力的重要方面，但恰恰也是广播电视发展新媒体的一大短板。为了补齐这一短板，广东台迎难而上，多措并举，以触电新闻项目为依托，建立起一支200余人的互联网团队，打造了包括融媒体生产系统、互联网传播平台、舆情监测分析系统、数字化营销系统等在内的一整套拥有完全自主知识产权的触电新媒体平台。截至2018年

* 蔡伏青，广东广播电视台台长、广东南方广播影视传媒集团有限公司董事长。

年底，触电新闻获得专利5项、计算机软件著作权35项，从而将用户数据以及生存发展权牢牢掌握在自己手中，将网络意识形态管理权牢牢掌握在自己手中。

正是基于以上技术优势，触电新闻针对广电行业特性，对批量短视频生产、优质内容直播和地方资源汇聚等各方面进行了全方位优化，形成全效媒体平台，行业影响力不断提升。截至2019年3月，触电新闻客户端累计下载量5821万，日均活跃用户375万，聚合3万家合作伙伴，其中在广电领域开通触电号近700个，广东21家地市台集体入驻，与全国156家广播电视台达成合作关系。

上线两年来，触电新闻得到了来自行业内外的高度认可，触电传媒被评为“国家高新技术企业”，荣获了总局颁发的“年度优秀案例”奖（广东省唯一入选），连续两年入选了“全国省级广播电视台APP市场指数榜”十佳。

二、打造“广东融媒共享平台”，推动广东县级融媒体中心建设

广东台依托技术平台和资源优势，积极参与广东省县级融媒体中心统一技术平台建设。2018年，触电新闻先后与省内开平、四会两市的县级融媒体中心合作，推动其整体升级，强化了两个中心的生产与分发能力，补全了通联、服务、指挥调度及监管功能。2018年12月，广东台举办了“融媒新势力，共享新生态——广东县级融媒中心建设交流会暨2018媒体融合生态峰会”，吸引了全国省、市、县三级81地新闻机构出席。峰会现场发布了广东县级融媒体中心统一技术平台推荐方案，受到与会机构的高度肯定，纷纷提出合作意向。

触电新闻建设的省级平台，自主可控，最大限度保证了数据安全和信息安全，有助于党管新媒体、党管大数据，同时也有利于扩大主流媒体的影响力，打造区域新型主流媒体。

三、再造采编发全流程，增强主流媒体舆论影响力

通过流程再造、平台再造，实现广播电视资源、生产要素的有效整合，是广播电视推动媒体融合一体化发展的必经之路。广东台以触电新闻平台为支点，不断优化聚集全台优势新闻资讯资源，推进各平台互融互通，取得显著成效。

一是创新内部采编发模式，积极推动“先网后台”。台成立“广播电视融媒中心”，以“触电号”的形式将采编权、首发权下放给台内各栏目的记者和编辑。内容优先从移动端发布，实现海量专业内容的快速汇聚，带动传统媒体记者转型全媒体记者。**二是以重大主题宣传为契机，加大跨媒体分发传播力度。**2018 年，广东台几乎所有重大主题宣传均实现广播、电视和新媒体平台的同步播出。除本台新媒体平台外，触电新闻积极联合合作媒体扩大直播覆盖面。如港珠澳大桥正式开通的报道，有 82 家合作媒体分发了触电新闻的海陆空网络直播。**三是创造性地开发不同形态的融合作品。**2018 年全国两会期间，广东台对在网络上广受欢迎的时政记者进行“包装”，在电视新闻的基础上，推出符合网络受众需求的“时政网红”特色触电号专栏，推送相关报道 2.3 万条，全网点击量上亿，稳居“2018 全国两会省级广电移动传播榜”前列。

作为主流媒体，触电新闻对时政新闻版块进行了着力打造。2018 年时政内容日更新 3000 条，共建时政类事件专题 1212 个。特别是围绕习近平总书记视察广东、改革开放 40 周年等热点，开设《新时代　新作为　新篇章》《沿着总书记指引的道路奋勇前进》《庆祝改革开放 40 周年》《新机构　新担当　新作为》等主题专栏超过 75 个，发布相关稿件 6100 条次，点击量累计超 3 亿人次。触电新闻正成为广东台构建广播、电视、新媒体平台立体传播矩阵的重要入口，成为不断提高新闻舆论传播力、引导力、影响力、公信力的重要保障。

四、构建原创内容矩阵，全方位提升网络传播力

丰富的视音频内容和较强的节目生产能力，是广播电视发展新媒体的优势。触电新闻充分发挥这一优势，特别在深耕广播电视品牌节目内容、增强原创内容生产上不断发力，逐步构建起丰富的内容矩阵。

一是孵化专业短视频 IP。建立短视频孵化中心，大力孵化专业短视频 IP。结合广东台有影响力的节目，开发了《社会纵横》《一派》《现场》《南粤啄木鸟》《马志丹工作室》《小马大哈》《撸起袖子政经干》《触电新闻消费质量报告》等一系列短视频 IP，持续发挥主流媒体优势，在市场上形成强大影响力。

二是构建网络舆论监督群。通过与广东省纪委监委、广东省质监局、消委会等合作，共建一系列舆论监督触电号。其中触电号《现场》从 2018 年 5 月开创至今，自产并发布短视频 3000 条，全网点击近 6 亿。《现场》发起的全民随手拍活动和系列监督报道，引发了高度关注，取得了网络点击和社会效果的双丰收。

三是不断创新正能量主题产品。触电新闻推出 4K 融媒产品《砥砺奋进》MV，联手广东本土词曲人、本土歌手、广东台各频道新闻主播，大胆融合广东音乐元素，结合年轻人喜欢的说唱风格，用数字和广东方言体现广东五年发展的丰硕成果和群众满满的获得感幸福感，全网点击量达到 1.2 亿，线下覆盖人群近 1 亿人次，作品获得广东省媒体融合优秀产品奖和广东省新闻奖。2019 年元旦，触电新闻又推出《我们都是追梦人》系列，与合作伙伴一起生产 70 集人物故事微纪录片，向为梦想努力奔跑的每一位平凡人致敬，献礼新中国成立 70 周年。

五、创新融媒产业发展，破解人才和资金难题

触电新闻的快速发展，得益于大胆的运营机制体制创新和市场化的产业发展思路。**首先是改革体制机制，加强人才配备。**为推动新媒体业务的

放活管好做大做强，广东台专门成立了触电新闻的运营公司。触电新闻通过公司化运作建立起完备的互联网人才队伍。其95%的人员是通过市场招聘或者从知名互联网企业引进。触电团队部分成员先后获得广东省紧缺全职人才、广东省青年文化英才等荣誉称号。下一步，触电新闻将用好“三支力量”，即自身力量、社会制作力量、社会资本力量，继续优化人才结构，夯实创新基础。**其次是积极拓展渠道，探寻自身盈利模式。**触电新闻通过多种渠道发力，形成融合策划整合营销模式，率先实现流量转化，于2018年第四季度成功接入4A广告，逐步生成“内生”资金发展动力。**最后是谋求资本力量，助推产业发展。**2019年，广东广播电视台控股公司——南方新媒体公司获准上市，成为国内首家真正意义上实现IPTV业务独立上市的广电新媒体企业。而触电新闻的快速发展，也引起了资本的极大兴趣，为市场融资提供了条件。2019年上半年触电新闻将争取完成A轮融资，并用2~3年时间成为广东台第二个上市板块。

2019年，广东台将以习近平总书记在中共中央政治局第十二次集体学习时的重要讲话精神为指引，继续在新型传播平台打造上发力，不断强化技术创新和内容创优，不断强化新兴媒体管理和阵地建设，做大做强网上主流舆论，努力在建设新型主流媒体上走在前列。

B.33 腾讯视频：新时代下网络视听平台的坚守与创新

孙忠怀*

2018 年，腾讯视频不断布局优质内容，加快内容创新、技术创新、融合创新，付费用户数量持续增长，产业规模不断壮大。与此同时，切实履行社会责任，推动制播环境改善，成为维护视听行业秩序、推动中国视听行业健康发展的重要力量。

一、应对新变化，承担新使命

2018 年，随着影视行业去泡沫化和加速转型，网络视听行业发展环境更趋健康清朗。产业发展日渐成熟，整体上呈现出内容精品化加剧、内容消费圈层形成、观众审美能力提升、用户消费理念升级、衍生需求众多、付费模式愈加成熟等特征。腾讯视频牢牢把握正确的政治方向和用户的个性化需求，主动承担责任、坚守本心，以精准传播方式，打造多元化、精品化内容，建构垂直性产业生态，积极承担起新时代网络视听媒体应尽的新使命。

全年上线电视剧（网络剧）数量减少，品质提升。在 211 部上线新剧

* 孙怀忠，腾讯公司副总裁、企鹅影视 CEO。

中，题材涵盖青春校园、都市生活、军旅热血等多种现实主义内容，着力推出内容创新、品质过硬、立意高远的作品，收获了高口碑、高热度。女性励志情感剧《正阳门下小女人》凭借精良的制作，扎实的演技，以及创新的叙事表达，引发观众的情感共鸣，仅在腾讯视频的播放量就超过 18 亿，不少网友对剧中接地气的小人物故事以及真实的年代感还原纷纷点赞。

网络综艺类节目向阳而生，品类愈加丰富，品质与创新并重，小而美的垂直品类节目迎来爆发点，温暖美好正能量的节目受用户好评。其中，《奇遇人生》采用“纪录片+真人秀”深度结合的形式，带领观众思考人生，回归质朴，在豆瓣平台的评分高达 8.9。

网络大电影口碑先行，高票房、高评分电影影响力持久。《罪途》系列打破大众对国产网大的认知，凭借精品的制作直击社会痛点，引起观众对社会议题的高度关注，成为网大制作领域的又一标杆。

音乐类在线演出持续圈粉，多元跨界的音乐现场成为年轻人的最爱。2018 年腾讯视频举办音乐在线演出 50 场，累计观看人次超十亿，其中 18~24 岁的年轻用户占比达 8 成。“在腾讯视频看潮音”成为年轻人的娱乐新方式。

动画原创力爆发，匠心国漫引发话题讨论，现象级作品频出。《斗罗大陆》以“青春、梦想”为主题的正向“燃”能量吸引了众多年轻用户，截至 2018 年年底，播放量达到 56 亿，创造国漫最高播放纪录。《豆乐国学》以新颖形式打造国学短剧，通过通俗易懂的方式向学龄前儿童传授国学知识，寓教于乐，深受孩子和家长欢迎。

依托精品内容、庞大的用户群体、较强的用户黏性，腾讯视频不断打造垂直性产业生态。目前已开发了针对儿童群体的视频 APP“小企鹅乐园”，星粉互动社区“doki”，衍生品用户福利平台“草场地”，国漫社区“鹅次元”以及文漫阅读书城等形态多样的创新产品矩阵，进一步拓宽用户的视听体验，全面满足用户多元化的文娱消费需求。

二、坚守本心，正道前行

行业瞬息万变，但最关键的内核不会变。无论制作方式如何升级、传播终端如何多样、舆论生态如何建构，优质内容永远是视听平台的立身之本。作为拥有8200万庞大付费会员的视听平台，腾讯视频深知自身责任，树立和贯彻落实“正能量、高品质、创新性、年轻化”四位一体的平台内容价值观，坚守底线、责任、态度与规则，重点布局爱国主义、现实主义等题材创作，持续为观众呈现具有教育意义的主流价值内容，在坚定文化自信、把握时代脉搏、以精品奉献人民、用明德引领风尚等方面不断努力。

一是在内容创作上，树立和弘扬正确的价值观。腾讯视频打造了一系列青春向上，传播积极向上价值观的节目。体育竞技网剧《蔚蓝50米》还原体校青年的奋斗历程，传递坚持梦想、永不言弃的精神；美食纪录片《风味人间》在全球视野里审视中国美食，挖掘美食背后的民族特色，彰显文化自信的大情怀；正能量网综《超新星全运会》以年轻态的表达方式展现积极向上的精神面貌，激发更多年轻人群参与全民健身的兴趣和热情；场景式读书节目《一本好书》创新节目模式，以舞台剧等手段全新演绎名著中脍炙人口的精彩片段，以可视化的形式带动全社会的读书求知欲。

二是在平台管理上，构筑网络安全防线。腾讯视频坚守安全底线，强化审核管理力度，不给任何价值观扭曲、内容低俗、格调低下的内容提供任何传播空间，同时进一步加强审核力量，积极参加总局网络视听节目审核员培训。截至2018年年底，腾讯视频经培训的审核员超过200人，比上年翻了一番。

三是在阵地建设上，打造新文化传播高地。新时代的网络视听平台不仅是大众文化消费的主力军，更是引领时代风貌的全新文化阵地。腾讯视频正确处理社会效益与经济效益的关系，摒弃单纯地追逐“流量”，将目光聚焦于“正能量”的输出，着力打造出经得起时代检验的视听精品。2018年，腾讯视频潜心规划布局改革开放40周年献礼作品，以“激荡改革四十载、瞭望传奇新时代”为主题，精心打磨了一批精品原创献礼项目，如“精准扶贫”的网络原创短视频项目《扶贫 1+1》，让最具代表性、最有故事的扶贫人物成为新时代的英雄；原创大型纪录片《我们身边的四十个细节》，以小见大勾勒出改革开放 40 年以来的辉煌历程。为营造良好的献礼氛围，腾讯视频集结各频道资源，开展形式多样的展播活动与线下活动，让用户全方位感受改革开放四十周年的时代发展与变迁。

四是在内容建设态度上，由“高原”迈向“高峰”。腾讯视频内容建设的目标要两步走，首先是打造一个好内容的“高原”，接着在这个高原之上的不同领域打造一个又一个爆款或者“高峰”。为了保证优质内容的稳定性与持续性，腾讯视频对于内容的选择有着明确的态度：积极拥抱潜心创作、勇于创新、诚信守则、关注当下、记录时代的作品；坚决摒弃天价片酬、投机倒把、不正当竞争、传递负能量、博取眼球等行为，并将一以贯之坚持下去。

五是坚守规则，守住平台价值内涵。2018 年，面对行业天价片酬、“阴阳合同”等乱象，腾讯视频积极响应政府号召，联合行业伙伴发表声明，抵制行业不良之风，主动启动纠错机制，推动制播环境的改善与产业规则的重塑。腾讯视频身体力行倡导内容为本，推动行业回归创作，规范内容生产秩序。所有正在孵化、制作的项目，都严格遵守全部演员、嘉宾总片酬不得超过制作成本的 40%，主要演员片酬不得超过总片酬的 70% 的规定；同时积极孵化原创人才，为影视行业不断输入新鲜力量。腾讯视频已成功举办三届“青梦导演扶持计划”，共扶持 39 位导演，创作 38 部影视作品，其中青梦计划短片《定军山》，获得第六届中国网络视听大会“年度优秀网络电影短片”荣誉。

三、融合创新，科技向善

视听平台的生存离不开坚守，而未来的发展离不开创新。回顾行业发展的历程，与时代同行至今的企业，最鲜明的特色与最大的动力均为创新，腾讯视频亦如此。

首先，坚持内容创新。随着行业进入高品质、垂直化时代，题材撞车、模式雷同、套路陈旧等问题逐步显现，内容创新乏力、同质化成为制约行业发展的一大问题。内容的创新并不仅仅局限于题材创新，理念创新、形式创新等同样重要。为更大程度地激发“原创力”，腾讯视频逐步完善自身工业化制作流程，搭建起可落地的创新管理体系，并推动一系列原创节目走向国际。2018 年，主打“圈层文化”碰撞的节目《明日之子》代表中国文化产品走进了戛纳电视节，向世界展示了一档节目如何依托于互联网环境，用原创发力构建年轻人表达的新场域；《东方华尔街》开创原创华语迷你金融剧集新形式，树立网剧又一精品标杆；纪录片《风味原产地》以新颖的视角解读中国风味与自然地域的关系，被流媒体平台奈飞（Netflix）买断海外播放版权，开创国产纪录片出海先河。

其次，坚持传播创新。信息技术的升级换代给了内容传播更多的选择，同时也推动媒体融合向纵深发展，主流舆论有了更广阔的渠道触达大众。腾讯视频积极探索与主流媒体呼应，以更高的层面体现平台价值。如携手人民网打造首档互联网公益节目《为爱下厨》，与“春蕾午餐”项目合作，关爱贫困地区青少年儿童成长；联合光明日报融媒体、光明网推出《感动·毕业季》微视频征集活动，征集记录 2018 大学校园毕业季的感动点滴；与央视网合作纪实节目《我的军旅梦》，通过大学生零距离感受真实部队生活，致敬最可爱的人。

再者，坚持技术创新。腾讯视频一直致力于以科技创新服务于人，科技向善、技术为人是腾讯视频的初心与方向。2018 年，通过对用户痛点的深入分析，腾讯视频自主研发上线了“儿童模式”，有效防控青少年近视，并针对色弱用户推出增强模式。这两项创新摘得德国红点设计大奖、IF 设计大奖两项国际奖项，获得行业认可。积极借助业内领先的语音识别技术，实现视频直播实时中英文字幕翻译功能，帮助广大用户更好地理解、欣赏视频内容。同时，腾讯视频也成国内首家支持杜比视界的视频平台，上线

《战狼 2》《将夜》等热门大片，为用户提供更高品质的视听体验。

最后，推动人才创新。人才是行业的未来，网络视听平台具有渠道拓展、成本控制、精准匹配等优势，有责任、有义务为行业发掘人才、培养人才。近年来，腾讯视频联合共青团中央推出“闪光新国漫”全国大学生国漫创造季计划，专项启动“中国好故事动漫征集令”，激发年轻人用文化自信讲好国漫故事，同时，企鹅影视“青梦导演扶持计划”在扶持金额、导师阵容等方面连年升级，为优秀作品产能孵化、青年人才培养等提供助力。

在坚守中创新，在责任中担当。“以人民为中心”的导向是指导腾讯视频创造精品、服务用户的指针，人民才是作品的鉴赏家和评判者，叫好与叫座并不是选择题，赢得人民叫好，市场才能叫座。在通往未来的道路上，腾讯视频无论坚守还是创新，都把满足人民精神文化需求作为出发点和落脚点，并将沿着这条清晰的方向，肩负使命，勇于担当，聚焦精品创作，引领行业风向，努力打造更多无愧于时代的作品，共同筑就新时代的文化高峰。

B.34 爱奇艺：守正创新 优化新时代网络视听产业健康环境

龚　宇*

2018 年网络视听产业迎来了高速发展的一年，爱奇艺在这一年取得了耀眼的成绩。截至 2018 年年底，订阅会员达到 8740 万，会员收入 106 亿元，同比增长 72%；广告收入 93 亿元，同比增长 21%；内容资产达 115.41 亿元，较上年增长 66.7%，其中版权内容及自制内容资产分别达 78 亿元和 37 亿元；全年内容成本投入约 211 亿元，同比增幅达 67%①。爱奇艺主动承担主流媒体的社会责任，强化弘扬中华优秀传统文化、宣扬主流价值观内容的创作传播，坚持孵化制作高品质内容，不迷信大 IP 和流量明星，同时坚持培养新人、相信科技创新的力量、与产业链友善合作，推出了一批叫好又叫座的内容，坚定不移地向全世界推广中国文化，推动多项优质内容走出去。

一、坚持四大原则承担社会责任，满足人民美好生活需要

文艺是时代前进的号角，最能代表和引领一个时代的风貌。作为国内

* 龚宇，爱奇艺创始人 CEO。

① 爱奇艺（NASDAQ：IQ）截至 2018 年 12 月 31 日的第四季度和全年未经审计的财务报告，2019 年 2 月 22 日。

网络视听行业的领军者，爱奇艺深知网络视听行业健康发展的必要性和重要性，文艺不能在市场经济大潮中迷失方向。为了实现“健康的网络视听行业”这一产业共同目标，爱奇艺坚持四大原则来主动承担主流媒体的社会责任，致力于用更符合主流价值观的优质内容，持续让用户获得健康、富有营养的精神享受。

（一）坚持“讲品位、讲格调、讲责任”，抵制“低俗、庸俗、媚俗”

作为主流网络视听平台，爱奇艺深刻认识到行业存在的问题，清楚地意识到方向比速度更重要，也一直希望通过诸多敢为人先的创新举措来带动行业走向更健康的良性发展之路，积极响应中央精神和行业主管部门的各项要求，提高政治站位，做好平台内容的创作与播出规划，坚持以人民为中心的创作导向，切实履行好主流新媒体应尽的责任和担当。

（二）遏制追星、炒星、高片酬、假收视点击

2018 年 8 月，爱奇艺联合其他平台及六大影视制作公司共同发出《关于抑制不合理片酬，抵制行业不正之风的联合声明》，同时联合其他平台签署版权采购行业限价协议，切实遏制当前片酬和版权费畸高的行业乱状。

2018 年 9 月 3 日，爱奇艺向全球宣布关闭全站前台播放量，以综合用户讨论度、互动量、多维播放指标的内容热度值代替原有播放量显示，成为中国第一家关闭前台播放量的网络视听平台。这是爱奇艺在对近年来行业发展态势进行深刻研究之后，为了平台及行业未来的可持续健康发展作出的重大决定，也是一次视听媒体平台就规范收视率点击量乱象所作的前所未有的尝试。此举不仅对中国网络视听行业具有重要意义，同时对包括广播电视行业在内的全媒体产业也产生深远影响。

（三）守正创新，向过度娱乐化坚决说不

截至 2018 年 12 月，中国网络视频用户规模达 6.12 亿，占总体网民的 73.9%。网络视听行业正逐渐成为中国文化和中国故事传播的重要平台，而遵循主流思想、主流价值观是产业健康发展的根本保障。爱奇艺坚持以人民为中心的创作导向，坚持营造风清气正的网络空间，讲好中国故事、传播好中国声音，用心用情用功抒写伟大时代，推出更多讴歌党、讴歌祖国、讴歌人民、讴歌英雄的作品。2018 年爱奇艺播出国内首档实景文博谈话节目《博物奇妙夜》，精选世界文化遗产云冈石窟、丝路起点上的陕西历史博物馆、故宫清明上河图特展以及观复博物馆，借助“博物”的概念用“奇妙”的当代视角，解读有质感的文化、品尝有滋味的历史，节目起到了很好的传播中国优秀传统文化的作用，得到了观众的认可和喜爱。

二、落实平台全面规划，带动行业内容升级

（一）加大主旋律精品内容体系建设，引领行业品质化升级

推动党的建设与业务发展相结合，以党建带动内容创作。积极发挥爱奇艺党委在内容规划和管理的政治核心和政治引领作用，提出党建双引领目标，即党建引领平台内容导向，党建引领企业社会责任发挥，着力构建爱奇艺平台的红色保障和红色引擎，做到党务与业务的互促共赢。

全力做好网络视听节目的创作规划及宣传，积极构建主旋律精品内容矩阵，重磅打造一批高质量的原创、文化、公益和科技类的网络节目，导向上讴歌时代、讴歌党、讴歌人民；内容上积极弘扬中国优秀传统文化，保证现实题材占主流；加大公益、企业社会责任和社会效益的创新融合；质量上除了自制同时联合其他社会公司制作精品力作。

（二）规划重大主题创作与宣传，打造网络新媒体的宣传高地

2018 年，围绕改革开放 40 周年主题宣传，爱奇艺启动改革开放主题大型影视节目展播工程，对总局改革开放献礼剧目等重点作品进行排播，一系列经典剧目《大江大河》《创业时代》《最美的青春》《你和我的倾城时光》《我们的四十年》等重点推出。率先在全端上线“巨变 40 载，奋进新时代”大型专题，除推出改革开放 40 周年的优秀片单外，还特别开设重磅头条、改革开放再出发、献礼剧场、我们成长、家乡巨变、大美中国、文化发展、正青春、强国强军、致富之路、大事记等 11 个精品版块，透过四十年的你、四十年的我、四十年的家、四十年的国等多个视角，深度触达

平台年轻用户，共同唱响时代价值，全面打造视听新媒体主旋律宣传高地。

爱奇艺根据主题主线宣传加强专栏设置和重点内容规划，实现了从“有什么播什么”到“播什么有什么”的转变。针对2019年新中国成立70周年，爱奇艺已规划多个反映当下国富民强的系列大型网络原创节目，其中包括优秀纪录片、展现中国当代年轻人青春励志和传承中国文化的年轻向原创综艺节目等，全面展现新时代新中国新青年的精神风貌，为新中国成立70周年献礼。针对2020年全面建成小康社会、2021年中国共产党建党100周年，爱奇艺也已经进行了提前规划。

三、自制内容走出去，彰显文化自信

近年来，爱奇艺接连推出《河神》《无证之罪》《延禧攻略》《中国新说唱》《热血街舞团》等一批高品质自制剧、自制综艺，不仅成功获得国内众多好评和流量，更不断走向海外辐射国际市场。

2018年《延禧攻略》自上线以来就引发全球“延禧热”，到目前为止仍爆发出超强的长尾效应，成为爱奇艺推出引发全球用户追剧热潮的爆款作品。该剧走出国门，成功发行至亚洲、北美、南美、欧洲、非洲、大洋洲，覆盖70多个国家和地区。

爱奇艺与美国U2K公司正式达成《热血街舞团》的模式授权合作，U2K对《热血街舞团》进行英文版本翻拍，该节目成为中国首档实现海外同步播出的超级网综，成功实现节目内容模式出海。此前该节目已登陆海外主流视频媒体，例如，马来西亚Astro、新加坡StarHub TV、香港myTV SUPER以及Rakuten VIKI平台美洲地区，触达数千万用户。《热血街舞团》在马来西亚播出时更一举拿下Astro全佳HD综艺节目TOP3收视率，获得马来西亚《星洲日报》等多个媒体报道。爱奇艺出品的超级网综《中国新说唱》也与香港now TV NowJelli紫金国际台、马来西亚Astro全佳HD同步播出。爱奇艺聚焦青年文化，以青年文化为纽带、纯网综艺内容为载体，不断升级国内纯网综艺制作的水准，积极打通向世界展现中华文化魅力的通道，让中国元素逐渐走向全球，充分展现“中国制造”的文化自信。

伴随着多个头部内容的出海，表明爱奇艺强大的自制能力、内容分发能力与品牌影响力获得国际认可，“青春、阳光、正能量”的内容价值观也在世界范围内得以弘扬，在不断拓宽平台娱乐内容影响力的同时，进一步助力中国文化的海外输出，展现国人文化自信。

四、持续引领行业创新，打造更加多元产业生态

爱奇艺继续在多元化的内容储备、个性化的产品体验、定制化的营销服务领域发力，引领视频体验革命。同时，不断提升连接人与服务的能力，更好地改变人们的生活。在技术方面，爱奇艺将坚持人工智能技术（AI）研发与创新，构建以技术为驱动的 AI 视听生态，引领产业升级。2018 年爱奇艺利用 ZoomAI 参与了“国剧修复”工程，修复了一批如《大宅门》《士兵突击》《四世同堂》等十几部观众耳熟能详并且喜爱的优秀国产剧。利用 ZoomAI 技术能够大大节省修复时间，一部 1 小时的影片，利用人工智能修复只需要 5 小时，与手工逐帧修复相比，效率提高了 500 倍。

“做一家以科技创新为驱动的伟大娱乐公司”，爱奇艺坚持这样的企业愿景，通过 AI 技术赋能，努力发展成为最懂内容、最懂用户和最懂合作伙伴的视频平台，不仅能够生产出更受用户和行业欢迎的作品，更凭借对用户需求的深入洞察、对内容的精准判断，打造众多自制爆款内容，成功孕育出差异化的精品内容矩阵，为用户构建一个丰富完善的视听娱乐王国，不断引领着行业的发展方向。

网络视听行业进入了新的发展阶段，面临新的调整与挑战，爱奇艺将积极主动响应国家号召，正确对待天价片酬、泛娱乐化等行业问题，加快新时代网络视听节目的高品质发展，聚焦现实题材、传统文化题材，为观众提供更多有品位、有格调的网络视听精神食粮，为青少年观众打造健康绿色的网络视听环境，创作播出更多人民群众喜闻乐见的、经得起群众评价和时代检验的精品力作。

B.35 优酷：努力让世界尽享快乐、智慧和感动

樊路远 *

文娱产业寄托着人们对美好生活的向往。大文娱是阿里巴巴集团进入数字化时代、面向未来发展非常重要的战略选择，既是集团战略的定力和决断力，也是时代的选择。优酷的新使命是让世界尽享快乐、智慧和感动。从这个定位来看，优酷的使命和网络视听平台的责任不谋而合，相向而行，就是在为用户创造快乐的同时，更多地传递积极正向的能量和价值观，让用户在消费内容的同时，能够收获价值，有所成长。

一、坚守主流价值，传递正能量

伴随着国民消费需求结构的调整，网络视听产业已成为承载国民文化消费的重要载体。优酷作为重要的网络视听平台，深知能力越大、责任越大，希望通过优质内容向用户展现家国情怀、团队合作、坚守梦想等新时代年轻人的精神品质，用真善美去积极地影响年青一代，帮助他们树立正确的人生观、价值观和世界观。

2018 年，优酷推出的《这！就是街舞》《这！就是铁甲》《这！就是灌

* 樊路远，阿里巴巴集团合伙人、优酷总裁。

篮》等几档原创节目，分别从街舞、机器人格斗、篮球等备受年轻人欢迎的垂直文化领域切入，获得了不错的口碑。首档切入航天科普领域的综艺《挑战吧！太空》，通过呈现航天科技进步和航天人不懈奋斗的故事，塑造航天员的新时代英雄形象，让年轻人对航天事业有更多的理解和关注。《艾米咕噜》是秉承“中国原创、国际制作、全球发行、文化自信”的创作理念，打造出的具有国际视野和质量的国产原创动画佳作。《京剧猫》是将传统文化中的京剧元素与动画相结合的国产原创动画 IP，以国粹京剧为故事核心，猫为主角，融合了京剧的唱念做打、手眼身法步五功四法的概念，以大量借鉴中国人耳熟能详的经典传统民间故事，向广大青少年受众传递中华优秀传统文化的博大魅力。

积极承担社会责任，推动行业健康持续发展。2018 年，优酷主动关闭前台播放量显示，并与行业主要视频平台和影视制作公司联合发布声明，抑制不合理片酬，抵制行业不正之风，规范行业乱象，营造风清气正、可持续发展的影视环境。

二、打造精品内容，拥抱融媒体

做“全球华语用户美好记忆的创造者”是优酷愿景之一，希望通过精品节目原创，探索媒体融合以及讲好中国故事等实践，为全球的华语用户提供优质的创新内容。

（一）打造精品矩阵，讴歌新时代

2018 年，优酷紧扣时代脉搏，布局规划了一大批思想性、艺术性、观赏性俱佳的纪实、文化、剧集、综艺、动画等节目，打造网络视听优秀节目矩阵，致敬改革开放 40 周年。

纪录片《中国：变革故事》从见证者的角度，聚焦中国人为实现梦想而奋斗的故事，描绘了改革开放磅礴 40 年的时代画卷。文化节目《了不起的匠人　第三季》通过师徒关系，展现东方价值的典型匠人关系，弘扬优秀传统文化。“小正大”剧集《假如没有遇见你》传达了对家的思考，对罕见病患者的关怀，传递生命的态度与情怀，折射人与社会、时代之间的正能量。2019 年，优酷将致力于打造新时代电视剧、动画片、纪录片、网络电影的扛鼎之作，为新中国成立 70 周年献礼。

（二）探索媒体融合，拥抱融媒体

优酷作为商业平台，与传统主流媒体高效协同、融合互动的探索也在不断深入。2019 年 1 月 25 日，在习近平总书记调研人民日报社新媒体大厦现场，优酷与人民日报数字屏媒、中青旅联合发起的“新时代　新家乡”融媒体创新项目展播了最新成果。该项目自 2018 年 5 月在优酷播出的同时，也在人民日报数字屏媒的全国 2 万块大屏同步上线，每期覆盖受众 8000 万人次。

2018 年，优酷成为世界杯央视指定新媒体官方合作伙伴，双方在内容和技术上优势互补，开启了融媒体传播世界杯的元年。在天猫“双十一”晚会中，优酷作为承办方和网络播出平台，在晚会的策划、制作和互动播出方面与东方卫视、浙江卫视也形成了默契联动。优酷还和江苏卫视达成战略合作，双方将在内容生产、产品技术、宣发运营方面深度合作，一起打造融媒体的典范。

（三）讲好中国故事，文化走出去

得益于节目品质的提升，优酷近两年已经有 40 多部网络原创节目输出海外，2018 年节目内容输出不仅进入全球主流渠道，也实现了从单个品种到多品类突破乃至节目模式输出。

《中国：变革故事》在美国探索频道实现了同步播出，《这！就是灌篮》的模式版权被福克斯传媒集团买下，将在中国大陆以外的国家和地区进行模式的本土化开发。此外，在国家广播电视总局赴东南亚和东欧开展广播影视及新媒体交流合作的访问中，优酷选送的《了不起的匠人　第三季》《春风十里不如你》《这！就是街舞》等节目内容，还作为外交访问的文化礼品，赠送给出访国的新媒体平台播出。

在中国视听节目内容品质升级的契机之下，未来全球的影视制播人才、资源有望能够互相打通、融合，将不同国家的文化和现代化的内容制作体系相结合，制作出区域化或国际化的顶级内容，通过故事、模式的共享和本土化，实现全球化发行和传播。优酷将在讲好中国故事、传播好中国声音方面体现出新媒体的中国特色，担当起更大责任。

三、技术赋能内容，创造新增量

作为“优质内容”和“技术创新”双轮驱动的平台，优酷希望通过技术的不断创新，帮助内容生产者连接先进技术，推进内容经营连接产业开发，助力内容生态连接每一个行业上下游参与者，用技术赋能优质内容，让互联网这个“最大变量”成为“最大增量”。

今天的内容行业已经离不开技术在大数据、生产力和智能分析等每个环节的协作与支持。优酷结合视频内容理解能力，通过智能调度和合成技术，实现了部分内容的自动生产。在2018年的世界杯上，优酷启用了人工智能剪辑技术，令这些赛事精彩短视频被迅速生产、上架，让球迷们在第一时间回味比赛乐趣。相较于以往的人工剪辑制作，机器“智能生产”的日均视频产量增长了100余倍，可用率达90%以上。一个进球短视频从进球开始到短视频制作完成开始推送，智能生产只需要30秒，比人工时效提升了5倍，内容生产效率大大提升。在世界杯期间优酷总共生产短视频54000条左右，其中24000条为智能生产，占全部短视频产量的44%。

对于用户而言，最直观的体验就是画面清晰、流畅和内容好看，而对于合作伙伴而言，为在线视频业务量身打造的制作、生产、消费的工业流程可以助力整个行业完成工业化的技术提升。优酷作为文娱产业的生态平台，相信文娱对于每一个用户和合作伙伴的价值，希望能把最棒的画面原原本本呈现给用户，同时也期待越来越多的后期制作、终端设备合作伙伴，参与面向未来的用户体验升级的深入研究，共同构建忠于艺术本身的视频生产消费的新数字工业标准，共同为中国文娱产业的繁荣发展贡献力量。

B.36 搜狐视频："归来"战略进化视频变革新价值

张朝阳*

2018年，搜狐视频以"差异化、标签化"的核心战略打造平台的内容标识和商业价值，并通过回归自制领域，纵向深耕垂直细分市场，基于市场用户需求进行内容布局，进而驱动营销方式和商业产品的全面布局与发力，提供独具特色的视频变革新价值，取得积极成效。

一、重视内容创作，打造自制精品佳作

2018年，搜狐视频通过一系列精心布局，继续打造自制精品，推出更多高品质、差异化、多元化的内容产品。

一是自制剧创新选材，匠心制作。 2018年，在网络剧创作生产快速增长的形势下，搜狐视频不盲目跟风、不粗制滥造，在自制剧方面延续精品路线，坚持创新选材、匠心出品，推出多部精品自制剧，获得观众的良好评价，如《法医秦明　第二季：清道夫》《罪案心理小组X》《拜见宫主大人》《我叫黄国盛》等。其中《罪案心理小组X》把目光聚焦到犯罪心理、微表情新题材，吸引了观众的注意力，其运用微表情识破嫌疑人犯罪心理，是对悬疑类题材

* 张朝阳，搜狐公司董事局主席兼首席执行官。

的新突破，为搜狐自制出品的悬疑系列剧增添一抹新的色彩。

搜狐视频自制剧始终不以大制作为噱头，而是从细分圈层入手，针对用户的差异化需求，力求细分，升级内容。悬疑探案剧《法医秦明　第二季：清道夫》《罪案心理小组 X》等再次让观众烧脑；粉丝向剧《降龙之白露为霜》《奈何 Boss 要娶我》《热搜女王》则是对拥有少女心的女性群众画像的再一次精准描摹；跨次元剧《炮灰攻略》《我在大理寺当宠物》《拜见宫主大人　第二季》《重明卫：大明机密》在破次元壁的基础上，加大了对于其他类型的融合。以《我在大理寺当宠物》为例，这部剧并没有停留在追求新颖切入点的单一层面上，而是用多种元素的融合共同成就了作品的精品化，这使得该剧的投入成本虽"小"，呈现效果却"美"。

2018 年，搜狐视频推出的多部自制产品，持续探索行业新方向，加强对"网生"年轻人群的影响。新增的一大批新剧覆盖玄幻、穿越、言情、青春等题材，帮助搜狐视频在 2018 年真正打造属于自制剧的护城河。尽管没有抢占一些热门 IP，但搜狐视频的流量并没有因此而降低，自制剧的差异化、精品化路线，让搜狐视频实现了自我造血的内循环。

二是自制综艺小而美，独具辨识度。搜狐视频自制综艺避开版权购买的红海，不盲目迷信大制作，深耕小而美，发力细分市场，实现对垂直人群的精准覆盖。如自制综艺《送一百位女孩回家》从内容上来说，其选择人性最柔软的一面直击都市女性的情感需求和痛点，从形式上来说，每集时长在 20 分钟左右，把最精华的对话、最深度的直面自我的时刻呈现出来，用不同层次、不同角度的细腻对谈，来引发受众的共鸣。该综艺第一季播出量 2.8 亿，第二季播出量 4 亿，表现超出市场预期。在行业内容日益同质化的环境中，凭借差异化的运营策略，搜狐视频自制综艺打造出了独具辨识度的节目风格。

这也体现了搜狐视频自制综艺的新策略。搜狐视频自制综艺每月推出一档新节目，一类以《送一百位女孩回家》为范本，聚焦不同行业，关注社会、人文、文化等不同方向的深度作品，包括《送一百位女孩回家　第二季》《神奇图书馆在哪里》等；另一类在传统娱乐内容基础上加上垂直标签，打造兼顾娱乐的同时又有深度人性洞察的综艺，如《好汉两个伴》等。这些自制综艺有着自己的关注点和观察角度，无法用当下现有的节目类型进行概括，但又让每一个触角都能击中都市人群的痛点，做到镜头可以超越舞台、超越现场。

二、强化平台布局，推动可持续性发展

2018 年，搜狐视频通过自制剧、综艺、自媒体、直播、智能电视的平台布局，以矩阵形式进行协同，实现内容的最大化声量和可持续性发展。

一是自媒体全面发力。2018 年，搜狐视频自媒体出品人仍保持爆发式增长态势，搜狐视频的 PGC 自媒体平台已聚集大量专业视频制作出品人团队。截至 2018 年年底，出品人总数超 11000 名，栏目 55000 档，视频超过 450 万条，日新增观看时长 48 万分钟，内容包括了美食、旅游等类别。搜狐自媒体通过 PGC 生产模式，创造了一大批高端的知识型短视频内容，截至 2018 年年底，搜狐视频自媒体的内容已经承载了整个搜狐视频流量的 40%左右。

搜狐视频在内容生产上力争成为精品化垂直化的平台引领者，在娱乐、知识、民生等领域创新突破。通过跨 APP 之间的内容调用，将搜狐视频自媒体内容嵌入新闻客户端，方便用户在各种场景下使用图文、视频及千帆直播。

二是云视听悦厅 TV 布局智能电视应用。云视听悦厅 TV 自上线以来，因其人格化影视标签、人工智能推荐、用户可定制桌面等功能亮点备受好评。其中的人工智能推荐，能够深度挖掘用户的观影偏好，为用户提供更精准的、更个性化的影视推荐功能。此外，通过搜狐视频平台丰富的内容资源，还可以为用户带来更多样化的影视内容。2018 年，云视听悦厅 TV 凭借良好的市场表现及用户口碑获得行业认可。

三是发展搜狐艺人经纪业务。随着平台的加速提升，搜狐在艺人经纪

领域的投入也从跨界投资的方式向培养自己平台艺人的方式转变。通过"狐友国民校花大赛""狐友国民校草大赛"等搜狐自制选秀综艺，已经初步选拔并签约了一批自家艺人，自制剧中签约艺人比例大幅上升，以此将播放平台、内容制作和演员培养几个环节打通，形成了一个闭环。平台利用自身优势培养更多新人，保证自家艺人在时间、成本上都是可控的，一方面可以响应政策，节省片酬，降低成本，把更多资金用在作品本身上；另一方面在艺人面前有足够的主导权，对产品内容质量的提升也有帮助。

四是秉承"工程师文化"，以技术助力营销。搜狐"工程师文化"在提升内容质量的同时，也让营销方式变得更为自然。比如视频物体识别技术，基本能保证剧情中出现的物品能够被及时地识别出来，并在右下角出现相应的广告。而搜狐视频与搜狐旗下的新闻、搜狗、游戏等组成的矩阵对用户信息掌握全面，这样使得大数据广告系统能够施展拳脚。这些数据通过新兴技术，巧妙地将广告诉求融入剧情、综艺等版块，致力实现"剧能营销""场景营销""圈层营销""精准营销"等目标。

三、坚守社会责任，致力净化网络空间

搜狐视频始终坚持把社会效益放在首位，强化平台责任担当，加强意识形态阵地管理，维护网络传播秩序，为营造风清气正的网络空间贡献力量。

一是强化正面宣传，坚守网络舆论阵地。通过在首页首屏首条突出位置常态化推广主流媒体宣传党的理论的视听类节目，加强正面宣传，成为网络舆论重要阵地。在改革开放 40 周年宣传报道上，搜狐视频制作推出专题，并在 PC 端、移动端开辟专区，常态化推送展播及相关报道。千帆直播做好庆祝改革开放 40 周年大会直播，以最大推广力度展现中国改革开放伟大成就。此外，与北京广播电视台联合推广北京经济技术开发区"庆祝改革开放 40 周年"系列纪录片《亦春秋》，展现中国改革开放 40 年和北京经济技术开发区 26 年的伟大发展成就。

二是重视内容审核，建设清朗网络空间。为了响应政府部门管理要求，搜狐视频加大对内容池的清理力度，积极开展自查自纠；建立完善有害敏感信息关键词库和有害视频样本库，提高对有害信息的拦截过滤能力，防范各类有害信息混入平台；加强对审核人员业务培训，提高业务审核能力，让编辑审核团队的每一个成员都能尽职履责做好“把关人”。

展望2019年，搜狐视频始终坚持成为行业最新趋势的开启者、价值投资的坚守者。通过进入内容制造的上游，与产业价值系统内更多的合作伙伴进行创作创新和资源整合，从而实现内容产业价值最大化。通过产品的持续进化，包括精品策略带来的会员增长，以及智能技术所带来的广告投放降本增效、品牌年轻化等一系列动作，合力打造搜狐视频的全新竞争力。

B.37 哔哩哔哩：创新拥抱主旋律，打造新时代青年文化综合体

陈　睿*

9270万月活用户，4.5亿日均播放量，11亿月均互动……这是成立于2009年的哔哩哔哩（以下简称B站）发展至今，向全社会交出的一份答卷。作为一个78%的用户都是18~35岁年轻人的网络文化平台，哔哩哔哩已经不再只是“二次元”的亚文化平台，而已发展成为一个立足正能量、弘扬中国文化、讲述中国故事、服务新时代中国特色社会主义的青年文化综合体。

一、主动创新，以正能量构建青年社区价值观

2018年3月28日，哔哩哔哩在美国纽约时代广场包下了最大的一块显示屏，把五星红旗放在上面。哔哩哔哩的上市并不是为了证明一家公司的成功，而是要实现一个理想，就是要把具有中国特色的原创动画和游戏做到让全世界都喜欢，让全世界为中国人的文化创意赞叹不已。

唱响主旋律，壮大正能量，是习近平总书记在全国宣传思想工作会议上作出的重要指示，也是B站一以贯之的发展理念。在舆论环境日趋复杂、

---

* 陈睿，哔哩哔哩董事长兼CEO。

媒体融合日趋深入、青年群体接触面日趋广泛的今天，如何通过市场化的方法和年轻人喜闻乐见的形式来传达这样的能量和精神，则需要平台和媒介更加积极地探索。B 站作为汇聚众多青年人的文化社区，坚持通过形式和内容的创新，将主旋律和正能量发扬光大。

以上海市嘉定区政府投资出品、B 站予以巨大流量支持播出的《中国唱诗班》为例，其中一集《夜思》主要讲述了顾维钧先生 1932 年作为国联调查团唯一的中国代表，前往东北调查“九一八”事件和伪满洲国成立真相的故事。打开 B 站的视频链接，除了细腻的画面和精彩的故事情节，我们更是感受到来自青少年群体的爱国热潮，满屏的弹幕抒发着青少年的观影感受，“我深爱我的祖国”“有幸成为中国人”，引发青少年观众的强烈共鸣。

B 站懂年轻人，因而知道如何与年轻人对话。年轻人热爱街头的烤串，也一样发自内心地热爱为故宫修缮文物的大国工匠，热爱他们所生所长的祖国。弹幕这种形式，是网络舆情最好的呈现，我们不可能逼迫发弹幕的年轻人说着虚无缥缈的假话和空话，当几乎所有的弹幕都在说“我热爱我的祖国”，这就是视频内容感染力的真实体现。

B 站的实践表明，平台的价值导向深深影响着用户的价值观。在新时代媒体融合背景下，主流媒体要把握新媒体传播发展方式、创新正能量内容的生产、创新优质内容的传播，才能在移动互联网时代把握主动权，抢占制高点，而各类互联网平台要落实企业主体责任，坚持引领主流价值观。商业平台应该通过技术模型的调整、优质内容的整合来为用户呈现更多营养丰富、积极正面的信息，让健康向上的精品力作充满网络空间。

二、引领行业，优质纪录片成为年轻用户精神食粮

《人生一串》是 B 站最新参与出品的一部纪录片，从片名就不难看出，这是一部讲烧烤的作品。2018 年年底到 2019 年年初的两个月间，这部纪录片特别受欢迎，在 B 站上面就有超过 4100 万次的观看量，在豆瓣评分里拿

到了9.0分的高分。这部纪录片之所以受欢迎，就是因为它特别接地气。烧烤往往代表着青春，在加完班、晚自习后，一起去吃烧烤，这个青春的回忆还跟友情或者爱情结合在一起，引发年轻人精神上的共鸣。

为年轻人提供丰富的精神食粮，是B站一以贯之的发展目标。或许在一些人看来，纪录片总是和枯燥乏味联系在一起，其实不然，年轻网民并不是“低俗”“肥皂剧”“哗众取宠”的代名词，优质的纪录片同样会得到年轻网民的追捧，成为他们的精神盛宴。2016年1月，关于纪录片的传统印象就因为B站的一次全新尝试而悄然改变。

打造中国最棒的纪录片产品，B站一直在路上：《寻找手艺》，三个纪录片外行，寻找拍摄了199名手艺人，没有华丽的画面，只有真诚的、真实的、安静的中国人自己的故事；《极地》，从普通人的感情出发，讲述了西藏边疆的日常，有着史诗般的高原画面却又贴近观众的内心。

B站就是在有意无意之间开创了这种新型表达方式的先河：贴近年轻人，贴近现代生活，贴近真实情感。说其无意，是因为可能连B站自己在探索之初也没想到能够获得如此巨大的反响，说其有意，则是因为带着这种理念出发，B站的探索一直在路上，并换来了全社会的认可。B站与央视合作出品的《极地》，先后获得总局颁发的“2017纪录片优秀作品奖”和“2018共筑中国梦奖”，2017年中国纪录片学院奖“最佳系列纪录片奖”和“最佳剪辑奖”，以及2017年度“中国最具影响力的十大纪录片奖”。

在移动互联网新技术、新应用层出不穷的背景下，如何融合应用多种传播形式、深入把握传播规律，是主流媒体和新兴媒体都需要持续探索的命题。《极地》《国家宝藏》《神奇的月球》……B站通过创新的表达方式，在网络平台上引导着更多的青年人塑造更加积极的世界观和价值观，凝聚着青年人的文化共识，这是B站的创新之举，也是B站的重要意义所在。

三、积极传承，引导创作者对传统文化进行创造性转化

复兴不等于复古，这是B站一位创作者所说，也是B站特别认可的一

句话。B 站不仅宣扬中国传统文化，更要对传统文化进行创造性转化。B 站的年轻人非常喜欢中华传统文化，很多 UP 组，包括在海外留学的 UP 组，都在用自己的方式积极传播中国文化。

弘扬中华优秀传统文化，是文艺、宣传工作的核心要义之一。我们认为，复兴中华优秀传统文化的前提就是要让年轻人喜欢，那就一定要通过创新的方式，发动年轻人参与到传统文化当中。B 站的做法不是刻板的重复，而是鼓励年轻人大胆创新，实现文化传播的良性循环。

好的理念终将孕育出优质的作品。可能会令大家略感意外的是，B 站近两年播放量最大的，不是所谓的“二次元”，而是一首古筝演奏曲，播放量达到了 1700 多万，互动量超过 46 万。

在激烈的市场竞争中，一些互联网企业难免急功近利，B 站坚持沉下心来，做一些可能看不到短期利益，甚至有较大风险的项目，纪录片是一例，而中华优秀传统文化的绘画、曲艺亦是一例，但这种文化沉淀亦带来了意想不到的市场回馈。

截至 2018 年年底，B 站已经拥有音乐、舞蹈、娱乐、生活、时尚、科技等 11 个大类 7000 多个兴趣文化圈层，甚至“木工”都已经单独成为一个文化圈层门类；而 B 站的“手书”，则成为深受年轻人喜爱的一种全新的艺术形态，传承发扬了中华优秀传统文化。

习近平总书记在党的十九大报告中指出，“文化是一个国家、一个民族的灵魂。文化兴国运兴，文化强民族强。”传承与传播民族文化，是当今宣传工作者的历史使命，B 站正以其独特的方式为民族文化的传承与传播贡献其应有的力量。

四、不忘初心，推陈出新讲好中国故事

说到 B 站，很多人都会和动画关联起来，B 站最早的一批创作者确实以动画创作者为主，而且 B 站的基础用户与动画爱好者也是高度重合。B 站成立的初心，就是扶持国产动画，但这背后更深层次的含义，则是向全世界

传播中国故事、中国文化和中国创意。

在B站，这已经不是空洞的信念，而是正在发生的实践。前述动画片《中国唱诗班》，就充满了对中国故事和文化的渲染。在一些观看动画片的青少年看来，这部动画片“对人物的刻画细致入微，其一颦一笑，一瞥一眼，一字一句，一步一行尽显中国风骨！”在这部动画片里，“小桥流水，青苔石板，木舟竹篙，丝丝细雨，潋滟水光，绮丽花灯”，这些中国传统文化的典型元素细腻融合，令观众深受感染。

为了推动国产动画，B站还发起“国创扶持计划”，截至目前已经投资了20个国内专业动画团队，参与了近50个头部原创动画项目。2018年12月，B站在上海举办了首届国创发布大会，由B站主导出品的20余部新动画作品得到展示。特别需要指出的是，B站培育的动画片也已经以中文配音的形式登陆日本市场。2017年，《凸变英雄》成为第一部使用中文配音、在日本电视台播出的国产动画，并斩获“2017东京动画大赏”第7名，为中国优秀文化作品登陆世界舞台贡献了平台的价值。

讲好中国故事，是本土传播媒介义不容辞的责任。传统媒体拥有丰富的内容资源，但是仍然存在传播手段单一、资源整合开发缺乏有效统筹等问题，而B站则具备创新的技术和传播手段，以及在媒介传播中发挥着重要作用的年轻人用户群。2018年9月，B站和人民日报全国党媒信息公共平台正式签署战略合作框架协议，联合发起媒体融合公益基金，将持续激发优质内容的生产和创造，助力正能量内容供给侧结构性改革，为中国形象的传播发挥积极作用。

五、坚定信念，让马克思主义在社区生根发芽

把严肃的马克思主义和带着“二次元”基因的B站放在一块，似乎是有点不搭，但是在B站，却是顺理成章的事情。B站多年的实践表明，现在的90后对主旋律、对爱国作品都饱含热情，关键是要考虑用怎样的方式讲述党的理论知识才容易被接受。

党的十九大报告强调，“必须推进马克思主义中国化时代化大众化，建设具有强大凝聚力和引领力的社会主义意识形态”。创新理论传播迫在眉睫，让枯燥的理论活起来，使马克思主义真正入眼、入耳、入脑、入心，成为网络视听内容行业工作者探究与实践的重要方向。为响应党的号召，在马克思200周年诞辰之际，B站与中国社科院开展合作，制作讲述马克思生平和思想的动画片《领风者》，并在全网进行首播。该部作品由中央马克思主义理论研究与建设工程办公室、内蒙古自治区党委宣传部等多部门进行指导，完成剧本的打磨与成片的审核，一经推出便获得了年轻观众的关注与认可，仅上线3天便获得超过300万的点击量和6万弹幕评论量，收获了用户对这种思政教育形式的认可。让马克思主义理论传播“活”起来，“火”起来，用马克思的力量指引大众，凝聚人心，积聚力量。哔哩哔哩将以此为契机，在思政教育领域提供更多正能量的网络视听内容，引导年轻人消减焦虑，构建正确的价值观。

如今，作为拥有9270万月活用户的传播平台，B站已经自觉担负起推动当代中国马克思主义、21世纪马克思主义落地生根、深入人心的职责，一个坚定传播社会主义核心价值观、积极弘扬中国传统文化、传递中国故事中国形象的青年文化综合体已经跃然呈现。在融合发展的自我革命中，B站更是牢牢把握机遇，巩固壮大主流思想阵地，自觉为社会主义正能量传颂、代言。

B.38 华策影视：至臻品质匠心打造网络视听精品佳作

赵依芳*

用户年轻化、圈层崛起、多屏合一、即时互动，移动互联网下的用户习惯、技术迭代和传播生态给影视公司提出了新的课题。华策一直紧跟科技发展和媒体进步，在新的行业环境下，努力探索内容创作的范式转型，积极布局华流出海的渠道阵地，给出了新传播常态下影视公司内容生产和渠道传播变革升级的一个成功示范，规模产量、全网播出量、市场占有率、海外出口额稳居全国前列，努力“让正能量更强劲、主旋律更高昂”。

一、坚持内容为王，规模化生产网络视听精品

伴随互联网媒介的强势崛起，华策看到了新的挑战与机遇，并及时调整战略，一方面推动内容创作深度触网，推出全网剧和纯网剧，打造网感精品佳作，适应“影视+互联网”的新玩法；另一方面，抓住互联网播放媒介崛起的机遇，拓展新的平台资源，开展深度捆绑与合作。经过几年的努力，华策实现了全网视听内容从规模化到精品化的跨越。

一是全网剧精品越来越多。早在 2015 年年初，华策就全新定义了“全

---

* 赵依芳，华策影视集团创始人、总裁。

网剧”，并预测未来将是“SIP（Super IP）全网剧”的天下。“全网剧”是华策针对移动互联时代的到来，针对平台迁移、用户迁移的趋势而提出的概念。与传统电视剧 B 端属性较强的特点相比较，全网剧更有面向 C 端的特质，用户也更为年轻化。2018 年，华策影视出品的《老男孩》《为了你我愿意热爱整个世界》《橙红年代》《天盛长歌》《创业时代》等全网剧密集在各大主流媒体和网络视听平台播出，接连掀起收视热潮。《创业时代》《老男孩》《我只喜欢你》等一批精品剧目获总局推介参加在菲律宾、俄罗斯、蒙古国举办的“影像中国”影视播映公共外交系列活动。

二是纯网剧题材越来越丰富。为了占领网络视听内容阵地，纯网剧精品成为华策发展的重要方向。在互联网时代，华策在创作上让内容更加年轻态、更具网感，形成高网络话题度、高用户参与度、高商业变现能力的“三高”内容，通过组建聚焦网生内容的团队，加速主力内容团队的互联网化，积极探索布局网生内容爆款。

2018 年，华策网剧获得较广泛关注和较好口碑。《天盛长歌》在豆瓣台网剧评分中排名第 4，高达 8.2 分，荣膺 2018 年开播古装传奇类剧目口碑冠军。由华策和腾讯视频联合出品的青春爱情网剧《致我们单纯的小美好》独家登陆腾讯视频。

二、秉持华流出海，加大全球网络视听主流渠道传播

伴随中国实力和中华文化的强势崛起，响应习近平总书记关于推动媒体融合向纵深发展、打造新型传播平台的指导思想，华策影视“质造经典、华流出海”的战略构想全面铺开，在渠道和内容上双轮驱动、双向发力，通过打造“全球娱乐合伙人计划”“华剧场”和中国电视剧出口联盟，打通全球网络视听主流渠道平台，推动自有规模化剧集全力出海落地。

一是加深与海外新媒体平台的深度合作。华策一直致力于海外发行上的突破，早在 90 年代就在很多国际影视节展上“摆地摊”，推动国产影视内容走向世界。通过多年在海外发行渠道上的拓展，华策实现了从一部剧

到规模化剧集出海的突破，并且逐步开展平台建设，不断搭建新的国际合作资源平台，在多个渠道开辟“华剧场”，目前已与10余家海外媒体共同建设覆盖30个以上国家和地区的华语节目播出平台。在YouTube、Dailymotion、Viki、DramaFever等平台，华策均设立了自主运营专区，实现了影视剧内容的自主播出。

为了进一步强化华流出海的实力，华策着力打造“全球娱乐合伙人计划”，与YouTube、JungoTV、Now TV、Dailymotion、DramaFever以及华为、爱奇艺等海内外新媒体平台缔结深度合作，搭建成立全球华语影视联播体，将1万多小时自有影视内容行销全球180多个国家和地区。

二是依托规模化精品化剧集占据出海领先地位。华策“内容为王+华流出海”的双轮驱动战略相辅相成，没有精品化华流出海难以突出重围，没有规模化出海也难以形成气候。近年来，华策进一步加快走出去步伐，大量精品内容相继登陆美国奈飞（Netflix）、葫芦（Hulu）等主流网站，与索尼、福克斯、迪士尼、BBC等国际知名机构建立战略合作关系，不断拓展“华流出海”更广阔的朋友圈。

目前，华策已成为Netflix最大的国产剧内容合作方，其中《何以笙箫默》是截至2018年年底唯一一部进驻Netflix的华语时装电视剧；《天盛长歌》成为首部“Netflix Original Series”级别中国古装剧，无剪辑版被翻译成十几种语言面向全球推送。紧随《天盛长歌》，《致我们单纯的小美好》《锦绣未央》《三生三世十里桃花》《微微一笑很倾城》均已在Netflix上线。此外，《亲爱的翻译官》在华纳兄弟旗下新媒体平台DramaFever的网络点击率高于同档期上线的韩国综艺及韩剧。《我的奇妙男友》与国内同步播出，在Viki和DramaFever的亚洲剧集点击量位居第二，截至2018年年底是Viki平台点击量最高的华语剧集。

三、遵循创意引领，打造网络视听精品内容孵化平台

在网络视听佳作数量不足、网民对精品需求旺盛的背景下，制作公司、

视频平台都投入了网剧、网大生产的浪潮中，网络视听内容制作驶入爆发式增长的快车道。华策作为一家以内容创意为引领的全国文化产业 30 强企业，始终不忘匠心打造更多影视内容精品的使命。

一是初心匠心，深耕网络视听内容。网络视听行业正处于调整期，作品品质是突出重围、赢得生机的唯一法宝。我们深刻认识到，一方面当前网络原创内容的频频创新，已极大改变了传统影视内容和题材生产；另一方面，网络产品已经打破靠惊悚鬼魅等博眼球的创作套路，逐渐扎根现实生活，开掘多样题材。因此，打造专业、创新、多题材的网络视听精品是华策努力的重要方向，也是适应新业态变化的重要发力点。

二是激活创意，打造精品孵化平台。与影视剧一样，网络视听内容的关键同样在于“一剧之本”。内容创意始终是精品力作的生命线。2018 年，华策接连推出精品内容孵化的重量级平台。在 2018 年上海国际电影电视节开幕之际，华策克顿“讴歌新时代”现实主义电视剧创意策划大赛正式启动。该赛事由华策克顿组织主办，中国剧本网协办，面向全社会征集“现实主义题材”创意作品。在第六届中国影视艺术创新峰会上，华策又启动了“首届中国影视新力量创意营”。该创意营旨在发掘潜力创意人才，积聚业内资源支持，扶持一批有梦想、有追求、有能力的创作人才，培养影视创作新生代力量。同时，华策倾力打造的华策克顿大学把开放式培训作为常态工作，帮助员工学习最新的业务动态和海内外影视项目生产优质经验，以提升新形势下影视文化从业者的本领与技能，适应互联网时代影视内容生产的新需要、新变化、新要求。

B.39 灿星文化：坚守使命 仰望星空 讲好新时代背景下的中国故事

田 明*

自2006年成立以来，灿星文化正向着成为华人娱乐制高点、代表中国的世界级媒体集团的目标稳步迈进。2018年，中国视听行业蓬勃发展，对新时代新媒体视听内容提出了新要求。灿星积极响应国家广播电视总局（以下简称总局）的各项政策，初心不会动摇。当下仍然是内容创业者最好的时代，2018年年底国务院发文支持文化企业发展，让灿星更有信心也更有底气“相信梦想，相信奇迹”。中国梦，让世界心动。灿星既要做中国梦的传播者，也要做中国梦的践行者。

一、从“灿星制作”到“灿星创造”

2018年，灿星稳守《中国好声音》《蒙面唱将猜猜猜》《舞林大会》《同一堂课》等电视综艺，拿下《这！就是街舞》《即刻电音》《这！就是原创》等新式S+超级网综，并且实现综艺矩阵的全盘原创化，从“灿星制作”到“灿星创造”，完成质的飞跃。

一是创新引进模式。2018年，暌违已久的《中国好声音》节目名称重

* 田明，灿星文化传媒股份有限公司董事长。

回荧屏，旧貌换新颜，这档节目已与七年前截然不同。灿星的原创动力来自于内心的使命感和从业荣誉感。为证明中国电视人的业务能力，捍卫国有电视品牌和文化资产，灿星连续三年“从零开始”研发全新“好声音”模式，2018 年取得阶段性胜利：原名回归，诸多全新模式亮眼——导师大篷车城市海选、魔镜转椅、黄金座席抢位等原创模式再升级，成功刷新观众固有印象，令老牌综艺焕发全新生命力。

2018 年第四季度与江苏卫视合作的《蒙面唱将猜猜猜》也成功实现综 N 代的自我更新迭代。不同于往季讲述人物关系的空间主要存在于猜评团和唱将之间，《蒙面唱将猜猜猜　第三季》开辟了全新维度，在唱将与唱将之间的人物关系上作深入发掘，打造多对“活久见”的组合形式，成功引导歌手自我剖析、展现真性情，让观众看到许多歌手不为人知的一面。本季《蒙面唱将猜猜猜》再次贡献了诸多推翻人设和避免脸谱化的高水准现场音乐表演，也使这档节目成为成熟音乐人证明实力、打开心扉、挑战自我的首选舞台。

二是聚焦年轻人，拥抱互联网。随着网络视听行业蓬勃发展，内容精品化和垂直细分发展趋势日益显著，观众越来越习惯掌握收视主动权。在这种形势下，灿星在 2018 年成功实现了收视群体的重新定位，聚焦年轻人，深入小众文化圈层，拥抱互联网。

与优酷合作的《这！就是街舞》和与腾讯合作的《即刻电音》全部采用自主研发的原创模式，面向年轻人居多的小众文化圈层，建构专业竞技、公平竞争的真人秀场，激发年轻人展现青春、热血、进取、不屈从、不言弃的精神风貌。以上两档原创节目均取得了不俗的视听成绩。

相较大众文化，小众圈层更渴望得到尊重，更看重艺术性和专业性表达，也自然对制作团队的文化审美和制作能力提出更高的要求。灿星团队秉持节目制作专业度，尊重圈层文化，不盲追不卖弄，不浮于表面，深挖核心价值，力图做精做穿，传播符合时代精神的正能量文化观念和价值取向。

未来，灿星守正创新，仍将致力于创作更多类型新颖、内容丰富、底蕴深厚、制作精良的高品质节目，并与各大网络视听平台合作打造灿星频道，供应海量原创精品，在体量和影响力上成为真正意义的内容航母。

二、牢记职业使命，承担社会责任

作为一家有着新闻人转型背景的内容创业公司，社会责任和传播使命是灿星的企业基因。灿星坚持以做全球化时代触及心灵的真实娱乐为节目理念，自觉把控内容导向，加强团队内部社会主义核心价值观建设。要求灿星的导演要明是非、分善恶、知良莠，做有益身心、传播正能量的节目，深刻认识内容生产一线每个员工身上肩负的重大责任。

一是紧跟政策，强化内容导向。无论外界市场环境如何变化，内容创作都要坚守本分，不投机，不冒进，戒骄戒躁，虚心进取，持之以恒。从2018年到2019年，娱乐文化行业整体处于资本退潮、热钱离场的转型时期，旧的规则在被打破，新的秩序正在建立。内容“向钱看”是舍本逐末的一时买卖，并不可取。一种声音重新成为主流：市场需要良币驱逐劣币。随着总局和中国网络视听节目服务协会等对综艺节目提出新的管理要求，灿星作为从业者也积极地刷新观念、强化审美，在对主持人、嘉宾、评委选手的筛选上严加把关，坚持以人为本的创作，讲述当代中国人的故事，突出有趣的灵魂、折射人性的光芒。

二是聚焦传统文化，突破文化综艺新品类。2018年，灿星制作推出了自己的首档文化类综艺《同一堂课》在浙江卫视播出，同文同宗展现人文价值，同根同脉传承中华文化。通过“不同时空，同一课堂”的设置，将台湾与内地的名人学者交换教学，用22堂别开生面的语文课启发孩子们溯文化源头，唤醒两岸同胞血脉相通的文化基因，同时启发更多观众关注国学、思考教育多样性。《同一堂课》收获了《人民日报》《光明日报》等主流媒体的肯定，被豆瓣网友打出8.5分的高分，充分说明我们的受众对有文化、有内涵、彰显主流价值观的内容表现出了更大的兴趣。目前，《同一堂

课　第二季》已经开机，灿星会坚持用心把这堂荧屏上的语文公开课讲好。

灿星对文化类综艺的尝试不会浅尝辄止。文化是一个非常大的范畴，门类繁多，又各有不同的时间脉络和地域差异。纵向追溯时间源头、连接古今，知道从哪里来，才能更好地知道朝哪里去；横向跨越时空，打破地理界限，增进交流对话，降低噪音，实现沟通真谛。如何更好地从传统文化中汲取营养，完成创造性地呈现和表达，是灿星在今后一段时间里的工作重点。

三是良性营销，探索台网互动更多可能性。内容的营销不仅是市场运作的需求，也是对内容的二次传播和解读，好的内容本身能否产生积极正面的社会影响，健康良性的营销至关重要。灿星始终注重把控自制内容产品的文艺导向，自觉以习近平总书记在文艺工作座谈会上的重要讲话等系列讲话精神为工作指导，坚守主流价值，彰显文化自信。

《这！就是街舞》播出之初，节目中00后年轻队长一开始紧张、犹豫不决的表现引起粉丝质疑，工作人员第一时间控制舆情、疏导情绪。总导演在社交平台直面网友，呼吁大家珍视年轻队长在初次面对独立判断、领导决策的考验时所呈现出的真实状态，正向引导观众关注明星和舞者对于街舞的坚持与热爱、在意和付出。这种幕后与观众的直接交流在节目播出期间一直持续，既是朋友式的陪伴，也起到话外音注释的作用，保证了节目想要表达的街舞文化——自由、态度、创造——被广泛传播、正确接收。

《中国好声音》作为卫视传统强档综艺，灿星积极与平台共同探索新型台网协作方式，努力架构内容与渠道对接联动的新生态。在传播上采取长短视频并行的方式，充分起到黏合剂的作用，带动TV端、PC端、移动端的互动互补，为用户提供更多个性化的内容和应用，提高触达率，扩大影响力。

三、"在线、在场、在播"布局产业链

灿星要讲的故事，不仅局限于综艺节目制作。

一是整合线上线下资源，争取早日实现“在线、在场、在播”的全方位影响力。公司在制作和运营“在播”综艺内容的基础上，利用自身优势整合音乐制作、版权授权以及衍生品业务资源，保证灿星的文化产品时时“在线”；创办四年全日制影视学院、投资合作各地音乐教育产业、完善青少年街舞培训、IP 赛事授权等链条，打造文化地产音乐小镇等，这些布局则是为了搭建好线下平台，达成“在场”愿景，为全民文化娱乐生活提供更优质全面的服务。

二是完善音乐产业链布局。2018 年灿星成功牵手华语音乐顶尖制作人陈泽杉，引进专业人才和一线当红艺人经纪，为公司在音乐产业里的可持续发展寻找到新的突破口。经过多年深耕，灿星打造的一体化音乐服务链条日益完善，一方面通过线下培养选送、线上“原创”加“好声音”两档头部音乐节目的锤炼和筛选，寻找下一个华语音乐巨星；另一方面通过后续完善的产业链流程、专业化运作打造新人新作。未来，灿星会更多进入音乐人经纪事务管理运营领域，充分利用灿星储备的硬件与人才资源，进一步整合资源、优势互补，力争为华语音乐的生生不息贡献原动力。

三是正式进军影视行业。2018 年，灿星影视宣告成立。依托灿星文化的丰富影视资源，独创“大数据+专家团”剧本开发模式，融合大数据研判评估与专家团艺术水准评价机制，集剧本战略规划、IP 采购、剧本开发、剧本评估职能于一体，对于筛选最具市场号召力的影视作品、创作出精品化剧集有着重要意义。

B.40 米未传媒：用理性思维为感性创作保驾护航

马　东*

米未传媒成立于2015年9月，一直以互联网内容的生产平台建设和优质内容开发为着力点，秉承正直、善良、新知、包容的价值主张，先后打造了《奇葩说》《奇葩大会》《饭局的诱惑》《拜拜啦肉肉》等多档高品质网络综艺节目；针对用户日益增长、多样化的需求，开发生产了《好好说话》《马东职场B计划》等互联网音频产品，满足用户在不同场景下的内容需要；深耕新媒体微信公众号“东七门”，与用户保持亲密交流，现已拥有200余万用户。此外，旗下艺人经纪公司同时经营近20位艺人的经纪业务。成立三年来，米未传媒在互联网优质内容生产领域精耕细作、守正出新，交出了令人满意的答卷。

一、立足用户需求，实践产品思维

米未通过不断尝试、复盘、实践，基于对用户需求的探索与洞察，摸索出一套以产品化思维打造互联网精品内容的生产模式，创新开发出丰富的内容产品。以2018年上线的《奇葩说　第五季》为例，立项之初，米未

---

* 马东，米未传媒创始人CEO。

专门成立了一个数据团队，与专业第三方合作进行用户调研，通过科学采样找出《奇葩说》的新老用户进行测试，去了解他们的真实诉求。调研发现，经过四季的积累，《奇葩说》的用户结构基本稳定，最大的用户群体是二三十岁的年轻人，女性占比略高，平均教育水平较高，并且集中在一二线城市。为了进一步了解他们的内容消费需求，数据团队还对用户进行科学抽样，邀请用户参加匿名访问，深入探索用户的内容偏好和消费习惯，再结合已有的用户行为大数据进行综合分析，帮助节目组锚定了第五季节目需要延承和强化的 IP 核心元素，以及需要迭代、舍弃的陈旧部件。

在《奇葩说》辩题生产中，节目组确立了“收集—筛选—加工—测试”的工序，即：前期通过各种年轻人高频使用的网络渠道、平台广泛收集用户在生活中的真实疑问、困惑和关心的话题，然后导演组对信息进行归类提炼，筛选出值得探讨的高频话题；第二步，导演组和专业辩手集中对这些话题进行加工，投放到在线用户测试中，并对输出结果进行反复打磨，不断迭代，从而确保在《奇葩说》中讨论的不是“一己悲欢”，不是“杯水风波”，而是能够面向“最大公约数”的话题。所以，《奇葩说　第五季》会有“高薪不喜欢和低薪喜欢（的工作）怎么选”“在外地不开心要不要告诉爸妈”“爸爸每周陪孩子低于 12 小时就要被取消称号，是否该支持”这些贴近青年人现实生活、切中当下年轻人痛点的辩题。

此外，充分运用数据手段及时采集用户反馈，进行产品迭代。每一期节目上线后，米未会进行舆情分析，结合后台的播放数据与导演组进行讨论。分析发现，《奇葩说》用户对于辩论双方高密度、快节奏的观点对撞有很高的关注度，这一点在前几季节目的视频播放数据结果中已得到印证，同时也是前期用户调研中提及度、好感度较高的节目环节设置。为了重点继续承载这种功能，节目专门设置了“开杠”环节，并在剪辑中特意增加精彩对辩的比重，最后结果显示，播放曲线和用户的驻留时长明显优化，甚至超出了节目组的预期。

再以音频产品为例。米未在内容研发阶段引入“多元思维模型”理论，同时结合专业导师的意见，提炼出每一篇内容的核心知识点。例如《马东携奇葩天团亲授“好好说话”》这款音频产品，有一个维度讲的是“沟通”，希望帮助用户看清沟通的本质，更好地处理人际关系。在内容筹备过程中，编辑阅读了大量心理学、传播学、语言学等专业书籍，并邀请各领域研究者加入研发，提供指导意见。所以，当编辑集中在一起讨论内容方案时，各自能从不同的学科领域、不同的角度出发，提出有针对性的问题和解决途径。除此以外，音频产品不同于视频网综，它只能依靠“声音”唤醒听众的注意力，因此，米未在内容生产阶段同样坚持产品思维，特别注重顺应“听众逻辑”。每位编辑都经过专业的“口语化写作培训”，让每位用户“既听得懂，也听得进”。用专业知识解决实际问题，用通俗趣味的语言服务听众，这是用户需求与产品定位的深度契合。截至 2018 年年底，《马东携奇葩天团亲授“好好说话”》在喜马拉雅平台售出 23 万份，播放共计 7400 万次，长期占据畅销榜前列。

二、坚持“正直、善良、新知、包容”价值主张

除了用产品思维建立起高效、精准的内容生产模式，米未始终秉承着“正直、善良、新知、包容”的价值主张，通过在节目中的真诚表达，潜移默化地引导着节目用户对生活的思考与感知。

例如，《奇葩说　第五季》中“键盘侠是不是侠”这一辩题，直指当下网络舆论生态中的负面现象。在面对这样的社会公共问题时，我们始终坚持“正直”的价值导向。节目播出后，关于网络暴力的讨论引发了全网热议，相关话题词“#陈铭女儿遭网络暴力#、#李诞谈键盘侠#”登上了微博实时热搜第二名，网友纷纷转载传播节目中辩手的金句“一个人，只有温暖纯良了，才有资格谈论爱与自由”。节目获得《人民日报》、共青团中央点赞和报道。《人民日报》在报道中写道：“就像主持人说到的，我们今天自由的网络上，大家都有很多渠道去表达自己的意见，我们也应该努力去保护这种环境，但是更重要的是责任。我们要对自己的言论及其后果有所

判断，打字之前想一想，理性发声，让网络言论发挥它应有的价值。”

此外，“全人类知识共享你支持吗”的选题正体现出米未价值观中的“新知”。如用一个新鲜有趣的“脑洞”引申出“人类与文明的关系”的宏大议题，就是让《奇葩说》能站在时代前沿做一名“瞭望者”，尽可能向观众呈现广阔的社会图景。当期节目中，有着丰厚知识储备的辩手在“开杠”环节口若悬河、慷慨陈词，网友们赞叹高密度的知识输出堪称“神仙打架”，相关话题词当晚登上微博热搜首位，引发了众多知识文化类公众号跟进评论。有文章表示“辩手的精彩表现，让人看到知识的震撼力量，更让人相信在读书上花的任何时间，都会在未来某一个时刻给你回报”。还有一期节目的辩题“我不合群，我要改吗?”，呼吁大众倾听那些被定义为“不合群”的孤独个体的心声，辩手颜如晶说“不合群只是表面孤独，但是如果我合群了，我就是真的内心孤独”，为那些被“不合群”标签伤害的人们温柔辩护，引发了场内外观众的共鸣，也体现出节目“善良”的底色。此外，音频产品《马东的职场 B 计划》摒弃了传统职场课程“打怪升级”的观念，回归问题的本源，去洞察年轻人在职场中的定位、诉求是什么，建议初入职场的青年通过了解自己、了解他人和了解职场三个层次来真正解决工作中遇到的难题，传递出“包容”的价值主张。

三、打造内容垂直生态 持续创造高价值

米未认为，内容的本质是解决人心的焦虑。内容创新、节目升级的本质就是不断地寻求解决用户焦虑的路径。当前，互联网内容市场迎来新的拐点：消费升级、审美转移、情感代沟……用户永远有新的需求。常常有人提问，内容生产者究竟应当迎合需求还是引领需求？米未在经过多年内容创作实践后认为，其实这并不矛盾。内容创作者看到的用户需求有时并不是该群体真实的需求，如仅停留在对用户表层需求的简单满足，其创新力度是有限的，也是能够被轻易超越和取代的。因此，米未在判断用户需要什么样的内容时，会格外留意那些隐藏在表层话语、行为表达之下的潜

在需求。这也要求米未团队中的内容创作者，既需要用内容产品来使用户的需求显性化，更需要发现新的用户需求、创造新的需求。

米未自创立以来，始终聚焦于生产头部内容，因为头部内容能够在更短时间、更大范围、更深层次上满足用户需求。通常，内容创作者会从盈利模式去划分内容领域的金字塔，从游戏到电影、电视剧再到网络电影、网络剧、网络综艺，每一种形态都会对应一种商业模式。但在米未看来，内容就是内容，不要再用某种形态去固化内容，因为技术发展和传播手段永远是出乎意料的，关键是要想到技术发展支撑的到底是什么，要勇敢尝试新内容和新内容生产方式。例如，在创作《饭局的诱惑》之前，米未从洞察年轻群体喜欢的线下游戏入手，结合网络综艺元素，打造了全新的综艺形态，继而延展开发了手机游戏产品《饭局狼人杀》，旨在让用户形成“观看+参与游戏”的体验闭环。此外，米未从视频节目的用户反馈中得到启发，制作开发了收听更便利的音频产品，满足用户在更多日常场景中对内容消费的需求……这些表面上似乎是截然不同的内容形态，也属于不同的商业模式。但本质上，米未只在核心创意所产生的知识产权这件事的上下游来延展，将互联网技术领域的前沿手段与内容语言相结合，开发服务目标用户的优质内容产品，并不会拘泥于内容形态和商业模式。

互联网内容领域已经全面进入精品化时代。伴随着产业的迅速发展，米未传媒“年轻态，正能量，高价值”的节目制作原则也日益清晰。米未将紧紧抓住这一时代机遇，坚持在主流正道上寻找创新方向，在文化版图中开辟市场空间，推出更多“讲品位、讲格调、讲责任”的优质网络综艺产品，助力互联网内容经济这一新兴产业的持续、高速、健康发展，不断丰富广大人民的网络空间和精神世界。

B.41 慈文传媒：创新突破，讲好中国故事

马中骏*

慈文传媒股份有限公司成立于2000年，是首批被授予《电视剧制作经营许可证（甲种）》的民营影视公司，近20年来，慈文传媒秉承“中国故事，东方审美，世界表达”的理想和理念，坚持精品原创和IP开发并重，相继出品了《凉生，可不可以不忧伤》《那些年，我们正年轻》《楚乔传》《老九门》《谜砂》《花千骨》《西游记》《神雕侠侣》《七剑下天山》《家》《半生缘》《双响炮》《射雕英雄传》等近80部影视作品。已发展成为一家涵盖影视、游戏和经纪业务的大型泛娱乐传媒集团，多次荣获“全国十佳电视剧出品单位”称号，连续多年被认定为“国家文化出口重点企业”。2015年7月，慈文传媒借壳禾欣控股登陆A股市场，借力互联网加速转型升级为以精品IP为核心的泛娱乐产业优质运营商，致力于在新时代持续生动传播中国好故事，弘扬时代精神与主流价值观。

一、坚持与时俱进，深耕影视内容创作

慈文近20年来一直坚持深耕影视内容创作，专注于讲好中国故事。在传播媒介、行业话语权与受众审美不断改变的时代发展背景下，慈文作为影视行业的“老兵”，坚守文艺作品创作规律，不断探索新时代影视作品应

* 马中骏，慈文传媒董事长。

该具备的新形态、承担的新功能。

一是坚持原创与改编两条腿走路，将现实主义精神与现实生活根植于影视内容创作中。2018年，为纪念改革开放四十周年，慈文出品的现实题材年代剧《那些年，我们正年轻》，聚焦中华人民共和国成立初期“两弹一星”研发事业，讲述了一群怀有报国之心的年轻人从大城市来到西南边陲，积极投身于国防建设，为航天梦想奉献一生的感人故事。剧作运用艺术手法融入诸多真实事件和人物，不仅唤起老一辈人的家国记忆，也让当代年轻人了解那段充满民族精神、英雄情结与青春昂扬的特殊岁月。该剧播出后获得专业媒体与观众好评。《光明日报》评论为“剧作并没有以呆板的说教或‘流水账’式的记录来图解主题，而是用一个‘情’字来贯穿始终，让爱情、亲情、友情和民族情感深融互映，从‘小我’中洞观‘大我’，以‘小人物’折射‘大时代’”。

二是关注时代生活，挖掘时代精神。《老马家的幸福往事》讲述改革开放的时代背景下一户上海家庭的故事；《非缘勿扰》关注时下社会“80后不婚族”；《加油吧实习生》将“半只脚迈入社会的实习生群体”作为主角搬上了荧幕。

三是坚持以剧本为核心，尊重影视创作规律。《那些年，我们正年轻》剧本创作历时七年，其间主创者翻阅大量相关报告文学，实地采访多位已入耄耋之年的退休技术员，购买与剧作相关的珍贵历史影像资料。拍摄过程中，该剧在当年的“两弹一星”研究基地实地取景，导弹、火箭零部件、军装等道具和生活场景也务求真实还原，力求做到细节真实。正如导演韩晓军所说：“时代变迁，为国奉献的方式会有所改变，但这份精神不能忘，也不敢忘。”

二、注重内部孵化与外部合作，携手打造慈文“品牌+”

深耕精品内容，多题材多渠道探索创新是慈文品牌始终不变的发展路径。如何保持几十年如一日的前瞻性，及时抓住行业风口，取决于影视公司的生命——创作团队，慈文长期致力于在内部打造年轻化、专业化、多类型业务团队，并取得了显著成果。

一是注重内部孵化年轻团队，勇于尝试为新人制作团队提供机会，让各团队专注开发自己擅长的题材，打造精品之作。慈文新团队蜜淘影业创立伊始，2017年周播剧《楚乔传》就创下了收视、点击量纪录。2018年，蜜淘影业出品的《凉生，我们可不可以不忧伤》，在黄金档播出时首播即进收视前三甲，次黄档播出时26天蝉联同时段收视第一。微颗影业是2016年成立的另一个年轻团队，该团队将“创新”贯穿“剧”始终，以剧为核心，将创意范围拓展至游戏、动漫、衍生品、艺人经纪等，玩出新意与花样。2018年，赛车题材作品《极速青春》获得收视与口碑双丰收。2019年，反映当代军旅生活和战斗的当代军旅实战类改编大剧《弹痕》也将由这支年轻而有创造力的团队完成，将“新”执行到底。

二是发挥创意开发中心“把关人”的重要作用，为业务团队提供剧本参考意见，为IP购买提供市场依据。创意开发中心承担着慈文影视内容全产业链的“把关人”角色，包括版权购买、剧本创作、拍摄制作、后期调整等各个环节，不断优化各类影视项目的制作周期和作品质量。2018年，该中心发力评估优化与培育IP工作，一方面更为注重剧本项目的评估优化工作，并辅助编剧不断完善剧本内容。另一方面，培育IP是围绕原创版权核心创意，延伸出版、漫画、游戏、周边等产业链条，拓展维度更大。

三是紧握核心优势，加强对外合作与多领域发展，打造慈文“品牌”多样化、立体化发展路径。积极拓展与视频平台的战略合作，在2B端①的长剧集以及2C端②的网络剧、网络电影、短剧集等内容方面进行突破创新。2018年，慈文与企鹅影视、IP方南派泛娱联合投资拍摄《沙海》，与网络视听平台深度联动合作，不断加大对网生内容的投资力度，这部网络剧也为腾讯视频带来400万新付费会员，产生长尾效应。2019年1月，慈文与爱奇艺签订新的战略合作协议，拟独家或联合其他平台开展采购合作、定

① 2B，即To Business，面对企业。

② 2C，即To Customer，面对用户。

制剧合作，拟成立项目联合运营的合资公司。另外，慈文也涉足垂直领域，进一步打开慈文泛娱乐产业发展空间。2018 年，慈文首次携手东方卫视投资、制作综艺《下一站传奇》。

三、秉承“世界表达”理念，积极发力影视产品“走出去”

“讲好中国故事，展现东方审美，面向世界表达”是慈文传媒“走出去”战略的核心理念。截至 2018 年年底，慈文海外整体销售规模超过 3000 万美元。同时，作为“影视文化进出口企业协作体”的常务理事单位，慈文以《关于进一步加强和改进中华文化走出去工作的指导意见》为指导，通过对外文化交流，成功进入日韩、欧洲、北美市场，成为中国故事走向世界的重要窗口和桥梁，并创造众多“第一次”：第一次把反映当代中国百姓生活的电视剧送进越南主流播出平台；第一次实现在优兔（YouTube）平台收入中，美国受众收入占比接近半数；第一次让中国古装剧进入墨西哥主流荧屏。慈文人始终抱着赤诚的创作之心，秉持专业态度，真实立体描绘新时代中国人的形象状态，用有质量的作品向国内外传递中国声音，讲好中国故事。

2017 年《楚乔传》剧集播出期间，美洲、欧洲、非洲、澳大利亚、新西兰、中东地区的 YouTube 平台与国内同步播出，57 万网友分享，YouTube 账号订阅用户在四十天内从零提升到 25.3 万，观看时长超过 28 亿分钟。2018 年该剧被翻译成阿拉伯语、英语、法语等 26 种语言在世界传播，覆盖美洲、澳洲及部分拉美国家，IMDB 评分高达 8.4 分。2018 年，慈文与“影视文化进出口企业协作体”签订了《凉生，我们可不可以不忧伤》海外推广合作协议，向海外观众传递新一轮的文化形象，继续开拓海外市场。

慈文在坚持国产剧“走出去”的同时，正不断寻求国际合作伙伴，积极尝试中外合拍等新方式。在 2018 年法国戛纳秋季电视节（MIPCOM）与亚洲 MCN[①] 品牌葡萄子传媒（WebTVAsia）签署共同开发和制作影视剧《上海 1920》的协议，用最具国际表达的方式讲述中国故事。

---

① MCN，即 Multi-Channel Network，多频道网络。

B.42 笑果文化：用产业化路径探索喜剧内容的创新

叶　烽*

笑果文化创立于2014年，是一家深耕年轻态喜剧的文化创新型产业公司，先后出品了《吐槽大会》《脱口秀大会》《周六夜现场》《故事王》等年轻态喜剧节目，并在线下布局噗哧脱口秀，通过发力线上内容、线下演出、消费场景三大领域，打造新型生活方式，增加“喜剧人口”，形成年轻态喜剧生态闭环，用产业的方式不断探索喜剧之路。

一、喜剧亦可工业化生产

笑果文化自成立以来，不断深耕内容领域，拓宽喜剧内容的边界，从以喜剧脱口秀为代表的《吐槽大会》到场景喜剧《周六夜现场》再到“脱口秀+二次元”的《故事王》，笑果文化目前拥有三档播放量突破“10亿+”的节目，《吐槽大会　第三季》更是单集最高播放量突破3.1亿，以最终播放量23亿收官，开创全新的节目纪录。作为一档具有顽强生命力的节目，《吐槽大会》更新至第三季仍能给观众新鲜感，与笑果文化过去几年对于行业及制作标准的探索密不可分。在节目制作过程中，笑果文化逐步摸索出

* 叶烽，笑果文化创始人、董事长。

年轻态喜剧的发展逻辑和一套工业化的生产流程，这也成为笑果文化能够持续不断产出优质内容的保障。

内容创作方面，以李诞、王建国、程璐为代表的资深脱口秀编剧构成内容创作团队，通过长期的线下演出和节目创作形成精准判断喜剧内容的扎实理论。在节目创作初期，从专业角度梳理稿件逻辑，通过前期采访挖掘嘉宾“槽点”，判断与嘉宾属性匹配调性相符的编剧，后期通过多次读稿会不断调整稿件以达到最佳的喜剧效果。

节目制作方面，每一期节目的录制则犹如艺术品加工，除需要充足的前期准备，严丝合缝的配合更为重要。以《吐槽大会》录制为例，每一期都需要经过 8 大工序和 42 个动作，仅仅是敲定嘉宾就需要 8 个步骤，录制过程中更需要各个职能岗位的配合。

场景喜剧对于制作流程有更严格的要求。《周六夜现场》采用类直播拍摄手法，每次录制需要搭建 8 个场景，准备道具 200 余件，近百名导演合作完成，一气呵成的录制现场要求演员必须在前期做好充足的准备。为了呈现给观众最好的体验，每一期节目编剧团队都要完成 100 个剧本，通过读稿会、彩排等步骤，最终选择最精华的 6 个展现出来。现场收声部分，为了给观众更好的体验，节目摒弃了传统的佩戴小蜜蜂或者麦克风的方式，以两台无线吊杆车进行收声；除此之外，观众笑声皆是现场采集，现场 200 个观众使用 20 个收声器，以采用点声源的收声技术，保证音质漂亮干净。

工业化的制作流程让节目录制更有效率和精准度，成为高效产出精良内容的保证，并且通过工业化的生产步骤为行业梳理出必要的发展逻辑，巩固行业根基。

二、重视线下发展，激活喜剧生态

线下布局与发展是笑果文化打通喜剧内容产业链的重要一环。自 2015 年起，笑果文化逐步发展线下，成立全资子公司笑友文化专门负责线下布局，旗下噗哧脱口秀更是以沉浸式体验逐步扩大年轻态喜剧影响，不断激

活受众的幽默因子。线下发展既保证能够将源源不断的新鲜血液注入行业，为喜剧内容的蓬勃发展提供后备军，更是通过沉浸式体验不断扩大“核心喜剧人口”，让更多观众真切地体验到喜剧的魅力。

截至 2018 年，噗哧脱口秀已入驻北京、上海、广州、深圳、南京、杭州、苏州、重庆、成都等十余座城市，平均每月进行 120 场脱口秀活动，累计覆盖观众超过一百万人次。

作为线下演出市场的重要城市，北京、上海两地的脱口秀演出更是迅速发展。除新人演员外，观众时常可以捕捉到程璐、海源、Rock、庞博等知名脱口秀演员的身影。通过笑果文化对脱口秀文化的普及，周末看一场脱口秀演出已经成为年轻人再正常不过的休闲娱乐方式。

除线下演出外，笑果文化还不断探索消费领域。2018 年 5 月 20 日，全国第一家以喜剧为主题的线下消费场景——噗哧 HUB 开业，意为用幽默连接一切。噗哧 HUB 将喜剧脱口秀表演空间与线下娱乐年轻态消费场景合体，主张年轻态的喜剧精神，除进行脱口秀表演，还引入更多的线下交流，如特别展览、喜剧分享会、跨界脱口秀等。

2018 年 6 月 24 日，笑果文化与丁香医生联合举办的“喜剧养生夜”专场演出在噗哧 HUB 举行，演出现场邀请到 5 位噗哧脱口秀演员以及 5 位丁香医生知名 KOL（Key Opinion Leader，关键意见领袖），携手以“用幽默解读常见疾病”的方式进行脱口秀表演。此后，笑果文化与连咖啡、喜马拉雅等多个不同消费属性的品牌进行合作，既打通了不同行业的脉络，拓宽了脱口秀的受众面，又挖掘出不同行业的脱口秀人才，贮备了更多优秀的脱口秀演员。

2018 年 8 月 20 日，笑果文化联合自如共同举办喜剧周末。将年轻人喜欢的品牌和 IP 用喜剧态度和精神集合起来，打破了以往脱口秀时间和空间的界限，现场参与者不仅能够近距离感受脱口秀，还可以体验到更多丰富有趣的娱乐项目，并在活动中找到同类完成社交。这样的多元跨界，更利于脱口秀与年轻人生活相融合，使其成为一种新的生活社交方式。

三、夯实“喜剧土壤”，挖掘、培养行业人才

2017年2月，噗哧学院首届训练营开营，这也是国内首个系统化教授年轻态喜剧行业技能的公益培训项目，笑友文化CEO、知名脱口秀演员史炎担任噗哧学院院长。噗哧学院通过理论加实践的方式授予课程，上午教授理论课，通过理论知识普及年轻态喜剧行业背景及文化发展路径，下午教授创作课，通过传授创作方法指导学员写出稿件。课程结束后，安排表演课实际演练，找出稿件和表演中的不足，加以完善。史炎表示：“我更愿意把我的精力投入人才的挖掘、培养以及整个观众土壤的培育上，因为这个是脱口秀的根基，把这事做好就行。”截止到2018年年底，噗哧学院目前已为行业输出上百人，首届训练营毕业生庞博更是在《脱口秀大会》上夺得冠军，成为《吐槽大会》常驻嘉宾。

笑果文化相继推出书籍课程《手把手教你玩脱口秀》以及音频培训课程《吐槽是门手艺》《幽默工具箱》，通过最简便的媒介渠道打通传播壁垒，扩大年轻态喜剧的影响力，将幽默、乐观的生活态度传播给更多人，并培养他们对于年轻态喜剧行业的初步认知。

除此之外，笑果文化还联合中国传媒大学教授、著名主持人张绍刚共同举办脱口秀进校园活动，通过校园演出吸引更多大学生从年轻态喜剧观众转变为从业人员。据调查仅2017年就有4万人开始学习脱口秀，其中600人成为脱口秀演员。在2018年有十余位应届毕业生成为笑果文化的专职脱口秀演员和编剧，他们也成为国内首批把脱口秀演员、编剧作为职业选择的大学生，这对于年轻态喜剧行业的发展具有重大意义。

笑果文化怀抱两大愿景，一是持续打造爆款内容，满足新生代精神文化需求；二是让幽默成为一种心态、一种价值观，全面渗透人们的生活，影响生活消费的方方面面。

B.Ⅴ

附　录

B.43 2018年网络视听新媒体大事记

2018年至2019年3月

2018年

1月3日，东方明珠新媒体股份有限公司与中国联通签署战略合作协议，在渠道与品牌联合推广、内容产品融合销售等方面开展全方位深入合作。

1月30日，中国互联网络信息中心（CNNIC）发布第41次《中国互联网络发展状况统计报告》。截至2017年12月，网络视频用户规模达5.79亿，同比增加3437万，占网民总体的75%；手机网络视频用户规模达到5.49亿，同比增加4870万，占手机网民的72.9%。

2月2日，国家互联网信息办公室（以下简称网信办）发布《微博客信息服务管理规定》，对微博客服务提供者主体责任、真实身份信息认证、分级分类管理、辟谣机制、行业自律、社会监督及行政管理等方面进行规范，明确国家互联网信息办公室负责全国微博客信息服务的监督管理执法工作。

2月5日，优酷网络剧《反黑》在美国在线视频平台奈飞（Netflix）上线，面向全球195个国家和地区播出。

2月8日，中央宣传部（以下简称中宣部）、网信办、文化部、国家新闻出版广电总局、全国“扫黄打非”工作小组办公室作出部署，进一步开展针对网络直播平台传播低俗色情暴力等违法有害信息和儿童“邪典”动漫游戏视频的集中整治行动。

2 月 14 日，总局出台《关于加强网络直播答题节目管理的通知》，从导向要求、平台和主持人资质等方面规范网络直播答题行为。

3 月 2 日，人民网、腾讯、歌华有线成立视频合资公司，共同发力直播和短视频领域。

3 月 16 日，总局发布《关于进一步规范网络视听节目传播秩序的通知》。要求坚决禁止非法抓取、剪拼改编视听节目的行为；加强网上片花、预告片等视听节目管理；加强对各类节目接受冠名、赞助的管理；严格落实属地管理责任。

3 月 21 日，根据中共中央印发的《深化党和国家机构改革方案》，在国家新闻出版广电总局广播电视管理职责的基础上组建国家广播电视总局，作为国务院直属机构。其主要职责是：贯彻党的宣传方针政策，拟订广播电视管理的政策措施并督促落实，统筹规划和指导协调广播电视事业、产业发展，推进广播电视领域的体制机制改革，监督管理、审查广播电视与网络视听节目内容和质量，负责广播电视节目的进口、收录和管理，协调推动广播电视领域走出去工作等。

3 月 29 日，中国超高清视频（4K）产业发展大会在广州召开，中国超高清视频产业联盟启动。

3 月 28 日至 29 日，视频网站哔哩哔哩（B 站）和爱奇艺先后在美国纳斯达克成功上市。

4 月 4 日，总局会同属地管理部门约谈“今日头条”“快手”网站主要负责人，责令两家网站对违规开展视听节目服务，播出有违社会道德节目等扰乱网络视听行业秩序的行为立即进行整改。

4 月 10 日，总局依法责令“今日头条”永久关停存在导向不正、格调低俗等突出问题的“内涵段子”客户端软件及公众号，并要求该公司举一反三，全面清理类似视听节目产品。

4 月 16 日，国家广播电视总局正式挂牌。

4 月 19 日，根据中共中央近日印发的《深化党和国家机构改革方案》，新组建的中央广播电视总台（以下简称总台）举行揭牌仪式。总台整合中央电视台（中国国际电视台）、中央人民广播电台、中国国际广播电台，作为国务院直属事业单位，归口中央宣传部领导。同时，中央电视台（中国国际电视台）、中央人民广播电台、中国国际广播电台建制撤销，但对内保留原呼号，对外统一呼号为“中国之声”。

4 月 20 日至 21 日，全国网络安全和信息化工作会议在北京召开。中共中央总书记、国家主席、中央军委主席、中央网络安全和信息化委员会主任习近平出席会议并发表重要讲话，强调要提高网络综合治理能力，形成党委领导、政府管理、企业履责、社会监督、网民自律等多主体参与，经济、法律、技术等多种手段相结合的综合治网格局；要加强网上正面宣传，旗帜鲜明坚持正确政治方向、舆论导向、价值取向；推进网上宣传理念、内容、形式、方法、手段等创新，把握好时度效，构建网上网下同心圆，更好凝聚社会共识，巩固全党全国人民团结奋斗的共同思想基础；要压实互联网企业的主体责任，决不能让互联网成为传播有害信息、造谣生事的平台。

4 月 22 日至 24 日，首届数字中国建设峰会在福州举行，本届峰会以“以信息化驱动现代化，加快建设数字中国”为主题。

4 月 26 日，总局局长、党组书记聂辰席会见腾讯公司董事会主席兼首席执行官马化腾一行。聂辰席强调一是要深入贯彻习近平新时代中国特色社会主义思想，特别是习近平总书记的网络强国战略思想，通过网络视听节目弘扬主旋律、传播正能量。二是要落实党管媒体原则，始终确保正确的政治方向、舆论导向、价值取向，切实维护国家意识形态和文化安全。三是要切实履行社会责任，落实“管建同步”要求，主动发挥带头作用，推动业界把社会效益放在首位，营造清朗网络空间。

4 月 28 日上午，中央广播电视总台下属的中国国际电视总公司与阿里巴巴集团签订技术合作协议，双方将在云平台、大数据、移动客户端、信息化平台建设等方面进行合作。

5月3日，科技部、中宣部、网信办、文化和旅游部、总局联合印发《国家文化和科技融合示范基地认定管理办法（试行）》，对基地的定义、申请标准和认定结果提出了明确要求。

5月10日，总局会同属地管理部门以约谈、整改、下架、永久关闭问题产品等措施，严肃问责了“今日头条”“快手”，带动了一批社会直播和短视频网站自查自纠，共计自查清理下线问题音视频节目150余万条。

5月11日，安徽广电传媒产业集团与腾讯在深圳签订战略合作协议，推动“互联网+智慧广电”发展。

5月17日，中国首个基于5G测试网络的8K视频应用平台“5G+8K试验网”正式首发，16家企业宣布共同成立“5G+8K”产业联盟，倡议进一步加强各产业链伙伴在业务领域合作。

5月22日，总局广播科学研究院成功加入国际移动通信标准化组织第三代合作伙伴计划（3GPP），全面参与5G标准制定各项工作，重点推动广播电视与5G通信融合技术标准制定，助力实施智慧广电战略。

5月22日，中国移动通信集团有限公司（以下简称中国移动）旗下咪咕公司正式成为2018年央视世界杯新媒体及电信传输渠道指定官方合作伙伴。

5月24日，江苏有线与腾讯签署战略合作协议，双方将在“互联网+智慧广电”方面展开深度合作。

5月25日，北京国际电视技术研讨会（ITTC2018）在北京召开，会上发布了中央广播电视总台组织编制的《中央广播电视总台4K超高清电视节目制播技术规范》《基于4K超高清图像+环绕声/三维声的家庭影院配置规范》，推动全国4K制播技术体系的规范建设。

5月28日，中国电影家协会网络电影工作委员会在京成立。

5月29日，优酷获得2018世界杯央视新媒体平台的分销直播权。

6月4日，总局公布《2017年全国广播电视行业统计公报》显示，2017年网络视听节目服务收入142.98亿元，其中，用户付费收入112.75亿元，占网络视听节目服务总收入78.86%；节目版权收入21.99亿元，占网络视听节目服务总收入15.38%。

6月5日，总局局长聂辰席会见时任中国移动董事长尚冰一行。聂辰席指出，中国移动要深入学习贯彻习近平新时代中国特色社会主义思想和党的十九大精神，树牢“四个意识”，坚定“四个自信”，坚决落实意识形态工作责任制，强化节目内容监管，弘扬主旋律，传播正能量。

6月12日，工业和信息化部（以下简称工信部）信管局印发《关于推进中国广电与其他骨干网单位网络互联互通相关工作的通知》。明确了中国广播电视网络有限公司成为互联网骨干网单位的身份，通过工信部京沪穗互联网交换中心（NAP点）和全国13个骨干直联点与其他骨干网单位进行网间互联。

6月15日，总局批准中国移动通信集团有限公司在广东省范围内开展IPTV传输服务。中国移动用户依照总局的相关规定，可通过IPTV体验直播电视、时移电视和视频点播等服务。

6月21日，快乐购收到中国证券监督管理委员会核发的《关于核准快乐购物股份有限公司向芒果传媒有限公司等发行股份购买资产并募集配套资金的批复》，湖南广电旗下快乐阳光、芒果互娱、天娱传媒、芒果影视和芒果娱乐五家公司整体作价115亿元打包注入快乐购，芒果TV成为首家登陆A股的国有控股视频平台。

6月22日，聂辰席会见阿里巴巴集团董事局主席马云一行。聂辰席强调阿里巴巴要切实履行社会责任，坚持把社会效益放在首位，弘扬主旋律，传播正能量，巩固壮大主流舆论阵地。希望双方聚焦高质量发展，拥抱新技术，创造新动能，推动新时代广播电视持续健康发展。

6月27日，中宣部、文化和旅游部、国家税务总局、总局、国家电影局等联合印发《通知》，加强对影视行业天价片酬、“阴阳合同”、偷逃税等问题的治理，控制不合理片酬，推进依法纳税，促进影视业健康发展。《通知》要求每部电影、电视剧、网络视听节目全部演员、嘉宾的总片酬不得超过制作总成本的 40%，主要演员片酬不得超过总片酬的 70%。

7 月 5 日，总局印发《国家广播电视总局关于学习宣传贯彻〈中华人民共和国英雄烈士保护法〉的意见》，要求网络视听领域广泛宣传英雄烈士精神和事迹，保护英雄烈士合法权益，引领全社会崇尚、学习、捍卫英雄烈士的良好风尚。

7 月 6 日，总局发布《关于做好暑期网络视听节目播出工作的通知》，对暑期相关网络视听节目作出安排，要求各省级广电行政部门要督促各视听网站在暑期进一步严把节目导向关、内容关，持续监测清理低俗有害节目，严防不良内容侵害青少年身心健康。

7 月 11 日，快乐购发布公告，公司名称由“快乐购物股份有限公司”变更为“芒果超媒股份有限公司”，证券简称由“快乐购”变更为“芒果超媒”。

7 月 16 日，国家版权局、国家互联网信息办公室、工信部、公安部联合启动“剑网 2018”专项行动，对网络转载、短视频、动漫等重点领域开展版权专项整治。

7 月 16 日，全国首家影视产权交易中心在浙江横店正式运营，以市场化方式引进和整合专业服务商，围绕信息发布、资产定价和风险管理三大核心区块，充分利用互联网、大数据、区块链等信息技术和金融工具，打造线上线下相结合、文化与资本相融合的全产业链影视产权交易平台。

7 月 18 日，聂辰席会见中国联通董事长王晓初一行。聂辰席强调加强内容监管，进一步调控治理综艺娱乐、歌唱选拔、真人秀节目，坚决治理追星炒星、泛娱乐化和高价片酬问题；强化自主创新，加强技术合作，积极研发关键技术关键标准，努力推动关键设备国产化；加强业务融合，打通广电网络与互联网资源，促进荧屏声频与网络视听应用、广播电视终端与移动通信终端互动融通，努力实现差异化发展。

7月31日，经中央广播电视总台授权，中国国际电视总公司正式启动与中国移动在5G技术研发、4K超高清频道建设、内容分发、大数据以及资本等六大领域的全面战略合作，实现资源共享、优势互补和互利共赢。

8月1日，全国“扫黄打非”工作小组办公室、工信部、公安部、文化和旅游部、国家广播电视总局、国家互联网信息办公室联合印发《关于加强网络直播服务管理工作的通知》。明确了行业监管中网络直播服务提供者、网络接入服务提供者、应用商店等的各自责任，突出对网络直播行业的基础管理，细化了直播行业相关规定的执行标准，建立健全网络直播长效监管机制。

8月6日，总局印发《关于公布2018年度网络视听节目内容建设专项资金扶持项目案例部分评审结果的通知》，共有18个项目获得专项资金扶持。

8月10日，工信部、国家发展和改革委员会联合印发《扩大和升级信息消费三年行动计划（2018-2020年）》，提出加快提升新型信息产品供给体系质量，积极拓展信息消费新产品、新业态、新模式；健全文化、互联网等领域分类开放制度体系。

8月20日，中国互联网络信息中心（CNNIC）发布第42次《中国互联网络发展状况统计报告》。截至2018年6月，中国网络视频用户规模达6.09亿，较2017年年底增加3014万，占网民总体的76%；手机网络视频用户规模达到5.78亿，较2017年年底增加2929万，占手机网民的73.4%；短视频用户规模达5.94亿，占网民总数的74.1%；网络直播用户规模达4.25亿，网民使用率为53%。

8月21日，全国宣传思想工作会议在北京召开。中共中央总书记、国家主席、中央军委主席习近平出席会议并发表重要讲话，强调宣传思想战线正本清源的任务取得重大成效，现在进入了守正创新的重要阶段。强调做好新形势下宣传思想工作，必须自觉承担起举旗帜、聚民心、育新人、兴文化、展形象的使命任务。强调要坚持营造风清气正的网络空间；必须科学认识网络传播规律，提高用网治网水平，使互联网这个最大变量变成事业发展的最大增量；要推出更多健康优质的网络文艺作品。

9月3日，爱奇艺正式宣布关闭显示前台播放量，将逐步以内容热度代替原有播放量。

9月7日，总局科技司印发《广播电视媒体网站IPv6改造实施指南（2018）》，列出了广播电视媒体网站IPv6改造实施的总体目标。到2020年年末，全面推进广播电视媒体网站IPv6改造，所有地市级广播电视媒体网站系统完成改造，支持IPv6访问；到2025年末，所有广播电视媒体网站相关各类系统及应用全面支持IPv6访问。

9月10日，无线交互广播电视工作组在北京召开第一次总体组会议，会议确定将为2022年北京冬奥会提供基于5G/无线交互广播电视技术的超高清广播电视网服务，实现超高清内容回传、超高清电视广播和移动接收。

9月10日，总局印发《4K超高清电视技术应用实施指南（2018版）》，指导电视台和有线电视、卫星电视、IPTV、互联网电视等规范开展4K超高清电视直播和点播业务，保障4K超高清电视制播、传输、接收及显示质量。

9月11日，中国机构编制网发布《国家广播电视总局职能配置、内设机构和人员编制规定》事项公告。规定阐明总局的主要职责、内设机构、行政编制等规定。

9月21日，中国网络视听节目服务协会互联网电视工作委员会举办2018年互联网电视行业合作发展恳谈会，7家互联网电视集成服务牌照方签署《中国互联网电视集成服务机构自律公约》。

9月28日，歌华有线、百度、爱奇艺联合发布新一代兼具电视直播和视频点播的AI融合机顶盒“歌华小果”，这是中国有线电视运营商和互联网公司在硬件、软件、内容、运营、营销等多个层面进行深度合作的产品。

10月1日，国内首个超高清电视频道CCTV-4K超高清频道在中央广播电视总台开播。

10 月 10 日，芒果 TV 发布“超芒计划”，进行超级 IP 的孵化与开发，助力构建动漫、网络综艺、网络剧、网络电影联动互通的网生内容体系，实现内容 IP 价值的最大化。

10 月 11 日，总局局长聂辰席会见时任中国电信董事长杨杰一行。聂辰席强调，要深入学习贯彻习近平新时代中国特色社会主义思想，坚决落实意识形态工作责任制，加大对音视频节目的监管力度，强化互联网思维，创新理念方法，运用大数据、云计算、人工智能、区块链等信息技术，不断提升节目监测监管水平；要进一步调控治理综艺娱乐、歌唱选拔、真人秀、亲子类节目，坚决治理追星炒星、泛娱乐化和高价片酬问题。

10 月 12 日，总局公布 2018 年“弘扬社会主义核心价值观 共筑中国梦”主题原创网络视听节目征集推选和展播活动展播补助名单，31 家网络广播电视台和 13 家重点视听节目网站入选。

10 月 13 日，总局与湖南省人民政府签订部省共同推进的中国（长沙）马栏山视频文创产业园建设合作协议，将对马栏山视频文创产业园提供网络视听节目制作生产、服务监管、公共服务和交流合作平台建设以及人才培养等五大政策支持，共同探索推动网络视频发展新路径，为全国网络视频高质量发展、创新性发展积累经验。

10 月 16 日，广东广播电视台综艺频道 4K 超高清开播，成为全国首个开播的省级电视 4K 超高清频道。

11 月 7 日，第五届世界互联网大会在浙江乌镇召开。会上新华社联合搜狗发布全球首个合成新闻主播——“AI 合成主播”，展现与真人主播无异的信息传达效果。

11 月 9 日，总局发布《国家广播电视总局关于进一步加强广播电视和网络视听文艺节目管理的通知》。强调坚持同一标准、同一尺度，统筹广播电视与网络视听节目的健康有序发展；要求各级广播电视主管部门要探索建立网台联动的有效管理机制，严把文艺节目的内容关、导向关、人员关、片酬关，绝不给问题节目留下空隙和死角。

11 月 14 日，中央全面深化改革委员会第五次会议审议并通过了《关于加强县级融媒体中心建设的意见》，强调组建“县级融媒体中心”对于整合县级媒体资源、巩固壮大主流思想舆论的重要意义。要深化机构、人事、财政、薪酬等方面改革，调整优化媒体布局，推进融合发展，不断提高县级媒体传播力、引导力、影响力。要坚持管建同步、管建并举，坚持正确政治方向、舆论导向、价值取向，坚守社会责任，把社会效益放在首位。

11 月 15 日，国家互联网信息办公室和公安部发布《具有舆论属性或社会动员能力的互联网信息服务安全评估规定》，该规定明确了具有舆论属性或社会动员能力的互联网信息服务的具体情形，要求各互联网信息服务提供者自行或者委托第三方开展安全评估并提交所在地地市级以上网信部门和公安机关。

11 月 22 日，总局在贵州召开推进全国“智慧广电”建设现场会，安排部署推进全国“智慧广电”建设工作。

11 月 22 日，总局印发《关于促进智慧广电发展的指导意见》。提出，力争用 3~5 年时间，在内容制作、分发传播、用户服务、技术支撑、生态建设以及运行管理等方面智慧化发展协同推进，初步形成布局合理、竞争有序、特色鲜明、形态多样、可持续发展的智慧广电新格局，使人民群众能够享受更加丰富、更加优质、更加便捷的广播电视服务。

11 月 23 日，总局公布 2018 年度优秀网络视听作品推选活动评审项目名单，16 个剧情类作品、37 个非剧情类作品以及 9 个大学生原创作品入选。

11 月 26 日，总局发布《关于公布中国经典民间故事动漫创作工程（网络动画片）2017 年重点扶持项目的通知》，确定 5 部网络动画片作为重点项目进行资助。

11 月 27 日，总局公布 2018 年网络视听节目精品创作传播工程，31 部作品列入《2018 年网络视听节目优秀作品创作规划》。

11 月 28 日至 12 月 1 日，第六届中国网络视听大会在四川成都召开。聂辰席主旨演讲强调，要强导向，努力做主流思想文化建设者；要强作品，努力做优质精神食粮提供者；要强创新，努力做新业态、新服务提供者；要强管理，努力做清朗网络空间维护者。

12 月 9 日，东方明珠新媒体股份有限公司与中国移动旗下咪咕文化科技有限公司达成战略合作。东方明珠将旗下优质版权内容，包括体育、影视剧、纪录片、综艺等资源与咪咕优先进行合作。

12 月 18 日，庆祝改革开放 40 周年大会在人民大会堂举行，共 97 家持证视听节目网站对大会开幕会实况进行了转播。

12 月 18 日，国务院办公厅印发关于《文化体制改革中经营性文化事业单位转制为企业和进一步支持文化企业发展两个规定的通知》，提出创新文化产业投融资体制，推动文化资源与金融资本有效对接，鼓励有条件的文化企业利用资本市场发展壮大，推动资产证券化，鼓励文化企业充分利用金融资源，投资开发战略性、先导性文化项目。

12 月 20 日，湖南电广传媒股份有限公司与华为技术有限公司签署《战略合作协议》，双方将围绕 5G 端到端系统建设、5G 行业应用示范、4K 等 5G 视频业务孵化、全媒体云及 5G 人才培养等领域开展深度合作。

12 月 25 日，工信部印发《工业和信息化部关于加快推进虚拟现实产业发展的指导意见》，对中国的虚拟现实技术发展提供指导意见。

12 月 25 日，爱奇艺正式上线“竖屏控剧场”，成为国内长视频平台在站内上线的首个竖屏剧场。

12 月 26 日，总局广播电视节目收视综合评价大数据系统基本建成并开通试运行。

12 月 27 日，国务院办公厅印发《关于推进政务新媒体健康有序发展的意见》，提出到 2022 年，形成全国政务新媒体规范发展、创新发展、融合发展新格局。

12 月 28 日，总台与中国电信、中国移动、中国联通及华为公司在北京共同签署合作建设 5G 新媒体平台框架协议，打造“5G 新媒体平台”。

2019 年

1月2日，由广西网络广播电视台等机构建设的“华丽播”（China Live Channel）项目在印度尼西亚新媒体平台 OONA 正式落地，开拓中国与东盟国家优秀影视节目交流合作新空间。

1月4日，中国网络视听节目服务协会发布《网络短视频平台管理规范》《网络短视频平台内容审核标准细则》，从机构把关和内容审核两个层面为规范短视频传播秩序提供依据。《网络短视频平台管理规范》对平台应遵守的总体规范，账户管理、内容管理和技术管理规范提出 20 条建设性要求。《网络短视频内容审核标准细则》面向短视频平台一线审核人员，针对短视频领域的突出问题，提供操作性审核标准 100 条。

1月10日，国家互联网信息办公室发布《区块链信息服务管理规定》，为区块链信息服务的提供、使用、管理等提供有效的法律依据。

1月15日，总局组织编制的《县级融媒体中心省级技术平台规范要求》和《县级融媒体中心建设规范》发布实施。

1月18日，优酷宣布即日起关闭前台播放量，以热度指数代替原有的播放量指标。

1月25日，中共中央政治局就全媒体时代和媒体融合发展举行第十二次集体学习。习近平总书记强调，全媒体不断发展，出现了全程媒体、全息媒体、全员媒体、全效媒体。加快推动媒体融合发展，使主流媒体具有强大传播力、引导力、影响力、公信力，形成网上网下同心圆，使全体人民在理想信念、价值理念、道德观念上紧紧团结在一起，让正能量更强劲、主旋律更高昂。要从维护国家政治安全、文化安全、意识形态安全的高度，加强网络内容建设，使全媒体传播在法治轨道上运行。

2月15日起，总局发布《关于网络视听节目信息备案系统升级的通知》，“网络剧、微电影等网络视听节目信息备案系统”将新增“重点网络影视剧信息备案系统”模块，对重点网络影视剧实行规划备案和上线备案管理。

2月19日，总台“全国县级融媒体智慧平台”暨央视网新版全终端上线启动仪式在北京举行，100家县级融媒体中心矩阵号入驻平台。

2月27日，四川广播电视台与华为公司签署战略合作协议，启动双方在5G新技术、超高清产业、人工智能、媒体融合、区块链、微服务、云安全等领域战略合作，共同助推智慧广电建设，构建共赢生态圈。

3月1日，工信部印发《超高清视频产业发展行动计划（2019-2022年）》。该计划明确，按照“4K先行、兼顾8K”的总体技术路线，大力推进超高清视频产业发展和相关领域的应用，到2022年，中国超高清视频产业总体规模超过4万亿元，4K产业生态体系基本完善，8K关键技术产品研发和产业化取得突破，形成一批具有国际竞争力的企业。

3月1日，中国互联网络信息中心（CNNIC）发布第43次《中国互联网络发展状况统计报告》。截至2018年12月，网络视频用户规模达6.12亿，同比增加3309万，占网民整体的73.9%，手机网络视频用户规模达5.90亿，同比增加4101万，占手机网民的72.2%；网络音乐用户规模达5.76亿，较2017年年底增加2751万，占网民总体的69.5%，手机网络音乐用户规模达5.53亿，较2017年底增加4123万，占手机网民的67.7%；短视频用户规模达6.48亿，用户使用率为78.2%；网络直播用户规模达3.97亿，同比减少2533万，用户使用率为47.9%。

3月21日，中国广播电视网络有限公司与中国中信集团有限公司及阿里巴巴集团分别签署了战略合作框架协议，标志着有线电视网络“全国一网”融合发展向前迈进了重要一步。

3月27日，总局在北京召开全国IPTV建设管理工作会。会议总结IPTV建设管理取得的成绩，分析存在的问题，安排部署下一步工作任务，促进IPTV持续健康发展。总局局长聂辰席出席并讲话，要求提高政治站位，坚持问题导向，全力推动IPTV建设管理规范有序、高质量发展。

3月27日，由总局、总台联合主办、IPTV总分平台共同实施的庆祝中华人民共和国成立70周年大型全媒体活动《歌唱祖国·一首歌一座城》在北京启动。活动将在全国各地区选取 70 首代表不同城市的歌曲，通过“城”与“歌”的结合，集中展现一个时代的声音，记录新时代、书写新时代、讴歌新时代。

3 月 29 日，总局发布《未成年人节目管理规定》，围绕引导、规范未成年人广播电视和网络视听节目创作、制作和传播设定了一系列制度措施。

B.44 2018年以来视听新媒体相关政策法律法规目录

编号	发布时间	文件名	发文机构/文号
1	2018年2月	微博客信息服务管理规定	国家互联网信息办公室
2	2018年2月	关于加强网络直播答题节目管理的通知	新广电发〔2018〕26号
3	2018年3月	关于进一步规范网络视听节目传播秩序的通知	新广电办发〔2018〕21号
4	2018年3月	深化党和国家机构改革方案	中共中央
5	2018年6月	五部委《通知》要求加强对影视行业天价片酬、“阴阳合同”、偷逃税等问题的治理，控制不合理片酬，推进依法纳税，促进影视业健康发展	中央宣传部、文化和旅游部、国家税务总局、国家广播电视总局、国家电影局
6	2018年7月	关于做好暑期网络视听节目播出工作的通知	广电办发〔2018〕44号
7	2018年8月	关于加强网络直播服务管理工作的通知	全国“扫黄打非”办公室、工信部、公安部、文化和旅游部、国家广播电视总局、国家互联网信息办公室
8	2018年8月	关于印发《扩大和升级信息消费三年行动计划（2018—2020年）》的通知	工信部联信软〔2018〕140号
9	2018年9月	广播电视媒体网站IPv6改造实施指南（2018）	国家广播电视总局科技司
10	2018年10月	关于取消部分规章和规范性文件设定的证明事项材料的规定	国家广播电视总局令第2号
11	2018年11月	关于促进智慧广电发展的指导意见	国家广播电视总局

续表

编号	发布时间	文件名	发文机构/文号
12	2018年11月	具有社会舆论属性或社会动员能力的互联网信息服务安全评估规定	中央网信办、公安部
13	2018年11月	关于进一步加强广播电视和网络视听文艺节目管理的通知	广电发〔2018〕60号
14	2018年12月	关于加快推进虚拟现实产业发展的指导意见	工信部电子〔2018〕276号
15	2018年12月	关于推进政务新媒体健康有序发展的意见	国办发〔2018〕123号
16	2018年12月	关于印发文化体制改革中经营性文化事业单位转制为企业和进一步支持文化企业发展两个规定的通知	国办发〔2018〕124号
17	2018年12月	金融信息服务管理规定	国家互联网信息办公室令3号
18	2019年1月	网络短视频平台管理规范	中国网络视听节目服务协会
19	2019年1月	网络短视频内容审核标准细则	中国网络视听节目服务协会
20	2019年1月	区块链信息服务管理规定	国家互联网信息办公室
21	2019年1月	县级融媒体中心省级技术平台规范要求	国家广播电视总局
22	2019年1月	县级融媒体中心建设规范	国家广播电视总局
23	2019年2月	关于网络视听节目信息备案系统升级的通知	广电办发〔2018〕158号
24	2019年3月	未成年人节目管理规定	国家广播电视总局令第3号

B.45 2018年度网络视听节目内容建设专项资金扶持项目案例部分名单

为引导和鼓励优秀网络视听节目制作播出，不断提升网络视听节目内容品质，国家广播电视总局（以下简称总局）2018年继续开展网络视听节目内容建设专项资金扶持项目评审工作。

根据《网络视听节目内容建设专项经费使用管理暂行办法》和《网络视听节目内容建设扶持项目评审章程》，经各省级广电行政部门、总局有关直属单位和中央直属单位推荐，总局网络视听节目内容建设专项资金评审委员会审核，最终确定2018年度网络视听节目内容建设资金扶持项目案例部分名单。

类别	序号	项目名称	报送单位
重大宣传项目	1	十九大融媒体专题	中央人民广播电台
	2	央视网时政头条工程	央视网
	3	《喜迎十九大重走党史路——全国党端在联动》	苏州广播电视台融媒体中心
	4	《听总书记讲故事》	上海广播电视台
	5	“十九大精神十九人讲”——《学习同心圆》特别党课	阿基米德（上海）传媒有限公司
	6	《习近平治国方略：中国这五年》	五洲传播出版社

续表

类别	序号	项目名称	报送单位
重点推广项目	7	《赣风》	江西网络广播电视台
	8	天山网“民族团结一家亲”原创系列微视频活动	天山网
	9	触摸中国 VR 互动体验展——芬兰行	五洲传播出版社
	10	“蓝直播”——门户级正能量事件类直播品牌	陕西网络广播电视台
	11	生命时速·紧急救护 120	SMG 互联网节目中心
	12	“车生活”智能车联网平台	中央人民广播电台
	13	小央视频	央视网
	14	无线数字广播网与无线局域网智能融合传播平台	中广传播集团有限公司
优秀内容管理项目	15	重点网络原创视听节目内容研判全覆盖工程	国家广播电视总局监管中心
	16	《中国 3 分钟》创作团队	中国互联网新闻中心（中国网）
	17	央视新闻新媒体部团队	中央电视台
	18	荔枝新闻	江苏网络广播电视台

B. 46 2018年度优秀网络视听作品推选活动扶持项目补助名单

为引导和鼓励优秀网络视听节目制作播出，不断提升网络视听节目内容品质，国家广播电视总局（以下简称总局）2018年继续开展网络视听节目内容建设专项资金扶持项目评审工作。

根据《网络视听节目内容建设专项经费使用管理暂行办法》和《网络视听节目内容建设扶持项目评审章程》，经省级广电行政部门和中央直属单位等推荐，专家评审委员会审议，最终确定2018年度优秀网络视听作品推选活动扶持项目名单。

一、非剧情类单元

（一）年度优秀新闻短视频

序号	推荐方	版权方	作品名称
1	直报	中央电视台新闻中心新媒体新闻部	从深圳到雄安
2	上海局	澎湃新闻网	慰安妇之子罗善学：我是个不该出生的人
3	直报	中央广播电视总台	总台专访普京
4	直报	新华通讯社	领航
5	直报	中央电视台	习近平亲民外交六个瞬间 *Xi's Personal Moments on World Stage*
6	直报	新华网股份有限公司	跃然纸上看报告

（二）年度优秀短视频（非新闻类）

序号	推荐方	版权方	作品名称
1	上海局	上海收乐网络科技有限公司	18 本画册，画给永远的爱人
2	直报	中国军网八一电视	生来倔强
3	直报	中央电视台总编室	党章中的党史
4	直报	中国青年报社	无声之舞
5	直报	人民日报中央厨房	致老兵：我们的二十四分之一
6	直报	中国日报社	好运中国丨英国小哥又穿越中国快速发展的终极答案原来是这个！
7	直报	新华通讯社	那年，我们 21
8	直报	新华通讯社	礼物

（三）年度优秀网络视听专题节目

序号	推荐方	版权方	作品名称
1	直报	新华网股份有限公司、咪咕视讯科技有限公司	直播联合国第三集：特殊的勋章
2	北京局	北京天盈九州网络技术有限公司（凤凰网）、广州万燕文化传媒股份有限公司	一路书香
3	北京局	北京微然网络科技有限公司（梨视频）	地球病了
4	直报	咪咕数字传媒有限公司、咪咕文化科技有限公司	王冠咪咕馆——球财世界杯
5	直报	光明网传媒有限公司、咪咕文化科技有限公司	“致非遗敬匠心”非物质文化遗产系列直播活动——北京玉雕
6	直报	解放军新闻传播中心广播电视部广播节目室	烽火家书
7	直报	中国互联网新闻中心	中国精神
8	直报	人民网股份有限公司	56 个民族儿女寄语十九大

（四）年度优秀网络音频节目

序号	推荐方	版权方	作品名称
1	直报	中央广播电视总台	梁家河
2	广东局	深圳市天播网络传媒有限公司	康震品读古诗词
3	广东局	深圳市天播网络传媒有限公司	余秋雨·中国文化必修课

续表

序号	推荐方	版权方	作品名称
4	直报	学习出版社、求是杂志社全媒体发展中心、喜马拉雅 FM	习近平新时代中国特色社会主义思想三十讲——从零到懂，30 天听懂新思想
5	直报	中央广播电视总台	中小学语文诵读库

（五）年度优秀网络纪录片

序号	推荐方	版权方	作品名称
1	直报	中国网络电视台	公仆之路
2	上海局	上海宽娱数码科技有限公司	极地
3	直报	中国网络电视台	三日可见：“见证爱的中转站”
4	湖南局	湖南快乐阳光互动娱乐传媒有限公司	我的青春在丝路——八月季
5	广东局	腾讯新闻、北京三多堂传媒股份有限公司	我的时代和我第三集：许渊冲

（六）年度优秀网络综艺节目

序号	推荐方	版权方	作品名称
1	湖南局	湖南快乐阳光互动娱乐传媒有限公司	变形计之平行世界
2	北京局	北京爱奇艺科技有限公司	博物奇妙夜　第二期
3	广东局	深圳市腾讯计算机系统有限公司	见字如面　第二季　第八期
4	北京局	优酷信息技术（北京）有限公司、上海市智虫网络科技有限公司	这！就是铁甲　第十集
5	福建局	舞刀弄影文化传媒（厦门）有限公司	人类实验室　人言

二、剧情类单元

（一）年度优秀网络剧

序号	推荐方	版权方	作品名称
1	广东局	深圳市腾讯计算机系统有限公司	忽而今夏
2	北京局	优酷信息技术（北京）有限公司	白夜追凶
3	广东局	深圳市腾讯计算机系统有限公司	东方华尔街
4	北京局	优酷信息技术（北京）有限公司	假如没有遇见你

续表

序号	推荐方	版权方	作品名称
5	北京局	优酷信息技术（北京）有限公司	虎啸龙吟
6	北京局	北京爱奇艺科技有限公司	你好，旧时光

（二）年度优秀网络电影长片

序号	推荐方	版权方	作品名称
1	广东局	深圳市腾讯计算机系统有限公司	那年 1987
2	北京局	念响映画（北京）文化传媒有限公司	狂战
3	广东局	深圳市腾讯计算机系统有限公司	罪途（系列）

（三）年度优秀网络电影短片

序号	推荐方	版权方	作品名称
1	重庆局	贵州省黔东南州公安消防支队	爸爸的滋味
2	广东局	深圳市腾讯计算机系统有限公司	定军山
3	北京局	北京爱奇艺科技有限公司	驯兔记

（四）年度优秀网络动画片

1. 短片

序号	推荐方	版权方	作品名称
1	上海局	上海宽娱数码科技有限公司	中国唱诗班·夜思
2	北京局	中国传媒大学动画学院	春困

2. 系列片

序号	推荐方	版权方	作品名称
1	北京局	北京爱奇艺科技有限公司	四海鲸骑
2	北京局	北京爱奇艺科技有限公司	无敌小鹿故事篇

三、大学生原创单元

（一）年度优秀大学生剧情短片

序号	推荐方	版权方	作品名称
1	直报	北京电影学院	斯琴图的冬天
2	直报	北京电影学院	余烬
3	直报	北京电影学院	NH4+

（二）年度优秀大学生纪实短片

序号	推荐方	版权方	作品名称
1	直报	同济大学艺术与传媒学院（杨佳一）	来自东方的追光者
2	直报	中国传媒大学电视学院	昆曲把青春抛得远？（我说@北京系列之二）
3	直报	安徽师范大学	托拉海
4	直报	中国传媒大学电视学院	中国新闻传播教育人物志

（三）年度优秀大学生公益短片/公益广告

序号	推荐方	版权方	作品名称
1	直报	浙江理工大学团委	共青团说：浙理正青春
2	直报	厦门大学新闻传播学院	以心传心迈向新时代

《中国视听新媒体发展报告（2019）》编写机构

编　写　组

魏党军	罗建辉	杨　烁	王　玮	董年初	张晨晓
刘少栋	范　洁	李园园	刘晓辉	孔　妍	史文璇
董潇潇	赵京文	潘红梅	王文涛	沈雅婷	鲍　楠
孙文涛	张　雾	汪文斌	傅　琼	陈　思	刘雁翎
李远东	庄卓然	张苗苗	周　菁	余清楚	田舒斌
李向荣	钱　蔚	景　临	赵景春	蔡怀军	王　斌
王海滨	祝云光	何可一	张晓刚	申玉红	韩雪飞
黄冠卿	蔡伏青	孙忠怀	龚　宇	樊路远	张朝阳
陈　睿	赵依芳	田　明	马　东	马中骏	叶　烽
吉　京	高　星	王德慧	曹云霞	李　娟	李明毫
赵李伟	张武琪	徐伊然	刘剑秋	何　涛	

保　障　组

宋　锋	李亚飞	曹淑芹	余　进	王　东	靳　丹
吕岩梅	陈秀敏	戚　雪	王小溪	于秀娟	刘继生
李秋红	王　羽	胡　祥	李　岚	罗　艳	莫　桦
黄田园	彭　锦	朱新梅	周力上	顾　芳	贺　涛
刘汉文	支菲娜	孙　晖			

编　辑　部

主　任：陈　林

成　员：董潇潇　赵京文　王德慧

《中国视听新媒体发展报告（2019）》撰稿人名单

B. Ⅰ　总论

视听新媒体发展亮点与展望

国家广播电视总局发展研究中心课题组

B. Ⅱ　导向与管理

B.1　坚定方向 凝聚力量 展现新时代网络视听新气象新作为

中共中央宣传部副部长，国家广播电视总局局长、党组书记　聂辰席

B.2　凝心聚力 推动网络视听产业更好更快发展

国家广播电视总局副局长、党组成员　高建民

B.3　坚持守正创新 以三个“聚焦”推动网络视听工作高质量发展

国家广播电视总局网络视听节目管理司司长　魏党军

B.4　网络视听节目精品化是大发展必由之路

中国网络视听节目服务协会副会长　罗建辉

B.5　北京局：守正创新 多措并举 谱写新时代首都网络视听事业产业发展新篇章

北京市广播电视局党组书记、局长　杨　烁

B.6　上海局：管理优化 服务细化 推动上海网络视听行业高质量发展

上海市文化和旅游局巡视员　王　玮

B.7　“重点网络原创视听节目内容研判全覆盖工程”助力网络原创节目高质量发展

国家广播电视总局监管中心视听处编辑　史文璇

B.Ⅲ　行业扫描

B.8　互联网视听节目服务发展报告

国家广播电视总局发展研究中心研究人员　赵京文

B.9　IPTV 发展报告

爱上电视传媒（北京）有限公司董事长　潘红梅

B.10　互联网电视发展报告

国家广播电视总局二九三台工程师　王文涛

国家广播电视总局发展研究中心研究人员　沈雅婷

B.11　网络剧发展报告

国家广播电视总局监管中心视听处编辑　鲍　楠

B.12　网络综艺发展报告

国家广播电视总局监管中心视听处处长　孙文涛

B.13　网络电影发展报告

国家广播电视总局监管中心视听处编辑　张　霁

B.14　短视频发展报告

中央广播电视总台央视发展研究中心主任　汪文斌

中央广播电视总台央视发展研究中心发展战略研究部战略研究组组长、主任编辑　傅　琼

B.15　2018 中国网络视频精品节目发展现状与趋势解析

北京大学视听传播研究中心研究员；北京航空航天大学人文与社会科学高等研究院讲师　陈　思

北京大学新闻与传播学院博士生　刘雁翎

B. 16　5G 与广播电视融合发展报告

中国广播电视网络有限公司业务部业务管理处主管　李远东

B. 17　网络视听新技术发展与应用报告

阿里巴巴集团副总裁、优酷 COO /CTO　庄卓然

B. 18　未来视听媒体发展报告

国家广播电视总局发展研究中心研究人员　张苗苗

B. 19　部分发达国家视听新媒体产业发展报告

国家广播电视总局发展研究中心研究人员　周　菁

B. Ⅳ　看大势 · 说未来

B. 20　人民网：守正创新 昂扬奋进 唱响视频主旋律

人民网总编辑，厦门大学新闻传播学院院长，高级编辑　余清楚

B. 21　融视频：新华网的形态变革与业态转型

新华网董事长、总裁、党委书记　田舒斌

B. 22　央广网：坚持守正创新 高起点构建全媒体传播格局

央广网执行总裁　李向荣

B. 23　央视网：智能互联网时代独特发展之路

央视网董事长、总经理　钱　蔚

B. 24　共青团中央：加强网络新媒体建设 将党的声音有效传播给青年

共青团中央宣传部部长　景　临

B. 25　国网公司：紧跟智慧广电战略 加快推动广电网络转型升级

中国广播电视网络有限公司董事长　赵景春

B. 26　芒果超媒：生态矩阵新引擎，媒体融合主力军

芒果超媒总经理、芒果 TV 总裁　蔡怀军

B. 27　咪咕视讯：以创新促发展 打造新媒体领域国家队

咪咕视讯科技有限公司总经理　王　斌

B.39　灿星文化：坚守使命 仰望星空 讲好新时代背景下的中国故事

灿星文化传媒股份有限公司董事长　田　明

B.40　米未传媒：用理性思维为感性创作保驾护航

米未传媒创始人 CEO　马　东

B.41　慈文传媒：创新突破，讲好中国故事

慈文传媒董事长　马中骏

B.42　笑果文化：用产业化路径探索喜剧内容的创新

笑果文化创始人、董事长　叶　烽

B.Ⅴ　附录

B.43　2018年网络视听新媒体大事记

国家广播电视总局发展研究中心研究人员　吉　京（整理）

B.44　2018年以来视听新媒体相关政策法律法规目录

国家广播电视总局发展研究中心研究人员　高　星（整理）

B.45　2018年度网络视听节目内容建设专项资金扶持项目案例部分名单

国家广播电视总局发展研究中心研究人员　王德慧（整理）

B.46　2018年度优秀网络视听作品推选活动扶持项目补助名单

国家广播电视总局发展研究中心研究人员　王德慧（整理）